구약 종주

하느님의 얼굴을 찾는 여정

구약 종주

하느님의 얼굴을 찾는 여정

안소근 지음

성서와함께

차 례

I 길을 떠나기 전에

　　1. 칼날 같은 하느님의 말씀　　13
　　2. 멀리서 바라본 성경의 모습　　18
　　3. 구약 시대의 역사　　24

II 오경, 구약성경의 바탕

　　1. 오경 입문　　33
　　2. 성경의 진리성　　38
　　3. 창세 1-11장　　43
　　4. 창세 12-50장　　48
　　5. 탈출 1-18장　　53
　　6. 탈출 19-40장　　58
　　7. 레위기　　63
　　8. 민수기　　68
　　9. 신명 1-11장　　74
　　10. 신명 12-34장　　79

III 여호수아부터 왕국 분열까지

1. 역사서 입문	87
2. 여호수아기	92
3. 영토 정복의 역사	97
4. 판관기	103
5. 왕정에 관하여	108
6. 사무엘기	113
7. 열왕기	118
8. 열왕기의 예언자들	123
9. 역대기	128

IV 유배 전 예언자들

1. 예언서 입문	137
2. 예언서의 형성 과정	142
3. 아모스서	147
4. 호세아서	152
5. 이사야서 입문	157
6. 이사 1-39장: 아하즈 시대	162
7. 이사 1-39장: 히즈키야 시대	167
8. 미카서	172
9. 북 왕국 멸망 후	177
10. 스바니야서, 나훔서	183
11. 하바쿡서	188
12. 다윗 왕조의 마지막	193
13. 예레미야서	198
14. 애가	203

V 유배기의 예언자들

1. 유배기의 역사   211
2. 에제 1-32장   216
3. 에제 33-48장   221
4. 이사 40-55장   226
5. 주님의 종의 노래   231

VI 귀향 후

1. 귀향 후의 역사	239
2. 이사 56-66장	245
3. 하까이서	250
4. 즈카르야서	255
5. 에즈라기, 느헤미야기	260
6. 요나서	265
7. 룻기	270
8. 요엘서	275
9. 말라키서	280
10. 토빗기	285
11. 유딧기	290
12. 에스테르기	295

VII 시서와 지혜서

1. 시편 303
2. 아가 308
3. 지혜문학 입문 313
4. 잠언 318
5. 욥기 323
6. 코헬렛 328
7. 집회서 333

VIII 구약 시대의 끝자락

1. 헬레니즘 시대 341
2. 마카베오기 상권 346
3. 마카베오기 하권 351
4. 묵시문학 356
5. 다니엘서 361
6. 지혜서 366

종주를 마치며 371

유배 전
예언자들

오경, 구약
성경의 바탕

여호수아
부터 왕국
분열까지

길을
떠나기 전에

I 길을 떠나기 전에

구약 시대의 끝자락

시서와 지혜서

유배기의 예언자들

귀향 후

길 안내

구약 종주를 위해 여행 짐을 꾸립시다. 무엇보다 먼저 마음의 준비가 필요합니다. 가장 의미 깊은 여행이 될 수 있도록, 우리 눈앞에 펼쳐질 경치의 아름다움을 잘 받아들일 수 있도록, 떠나기 전에 마음 자세를 갖춥시다. 그다음, 지도를 펼치고 우리가 갈 곳을 찾아봅니다. 먼저 그 땅 전체의 모습을 한눈에 바라보고, 이어서 지도를 짚어 가며 앞으로 갈 길을 미리 그려 보면 좋겠습니다.

1

칼날 같은
하느님의 말씀

"하느님의 말씀은 살아 있고 힘이 있으며 어떤 쌍날칼보다도 날카롭습니다. 그래서 사람 속을 꿰찔러 혼과 영을 가르고 관절과 골수를 갈라, 마음의 생각과 속셈을 가려냅니다"(히브 4,12).

무서운 말씀으로 들리세요? 하지만 참된 말씀입니다. 하느님의 말씀은 그 말씀을 읽고 듣는 나보다 강합니다. 나를 꺾어 놓고야 맙니다. 그래야 마땅합니다. 성경을 읽다가, 이런 말씀은 듣기 싫다고, 없었으면 좋겠다고 느낀 적이 있으십니까? 듣기 싫은데도, 라디오나 텔레비전을 끄듯이 꺼버릴 수 없고 어쩔 수 없이 들어야 했던 경험이 있으십니까? 그런 것은 싫다고, 구미에 맞고 듣기 좋은 말만 골라 읽겠다고 생각하신다면 지금 바로 성경을 덮고 서점에 가서 훨씬 더 가벼운 책을 고르는 편이 낫습니다. 하느님의 말씀이 내 '관절과 골수'를 가르고 내 '마음의 생각과 속셈'을 드러내는 것이 싫다면, 무엇 때문에 성경을 읽으십니까?

성경에서 하느님의 얼굴 찾기

그리스도교는 다른 몇몇 주요 종교와 달리 스스로 '계시 종교'라고 말합니다. 그리스도교의 하느님은 인간이 합리적으로 추론해서 찾아낸 하느님도 아니고 열심히 정진하여 발견한 하느님도 아닙니다. 하느님 편에서 먼저 당신 자신을 인간에게 드러내 보이셔서 인간이 하느님을 알게 된 것입니다. "아브라함의 하느님, 이사악의 하느님, 야곱의 하느님"(탈출 3,6)이라고 일컬어지는 그 하느님은, 인간이 혼자 생각해서 알아낼 수 있는 분이 아닙니다. 그러니 내가 지금 가지고 있는 하느님의 모습을 고집할 것이 아니라, 성경을 통해 드러나는 하느님의 모습을 받아들여야 합니다.

교리를 배운 신자로서 내가 하느님에 대해 어느 정도는 알고 있지만, 그분의 신비를 다 알고 있다고는 말할 수 없습니다. 다시 말해, 하느님에 대해 내가 모르거나 잘못 알고 있는 부분이 분명히 있다는 말입니다. 그것이 인간의 조건이요 한계라면 겸손하게 인정하면 됩니다. 하지만 당신 자신을 계시하시는 하느님이 아닌 내 마음대로 상상해 낸 하느님을 나의 하느님으로 모시고 있다면, 그것은 우상입니다. 깨뜨려 버려야 할 그릇된 하느님의 상입니다.

하느님께서 인간에게 말씀을 들려주실 때 하시는 일이 바로 '깨뜨리는 일'입니다. 성경에서 하느님을 만났던 이들은 자신들이 이전에 가지고 있던 하느님에 대한 생각을 버려야 했습니다. 신약에서 예수님의 제자들이 수난 예고를 받아들이지 못했듯이, 구약의 이스라엘도 결코 평탄치 않았던 그들의 역사에서 자신을 드러내시는 하느님의 모습에 당황했습니다. 하느님의 말씀을 받아 전했던 예언자들이 반대 받으며 살아야 했던 것을 보아도, 하느님의 말씀은 분명 달콤한 것만은 아니었습니다. 심판을 선고해도 회개하지 않고 구원을 선포해도 기뻐할 줄 모르던 이스라엘은, 하느님의 말씀에 꺾이기보다 그 말씀을 내 마음에 들게 맞추고 싶어 하는 인간의 모습을 보여 줍니다.

성경은 우리가 하느님을 알 수 있는 원천입니다. 신앙이 없는 사람의 눈으로 호기심에서, 또는 다른 종교에 대한 관심으로 성경을 읽는다면, 그리스도교의 하느님이 어떤 하느님인지 객관적인 진술을 할 수 있을 것입니다. 한 걸음 더 나가면 창세기가 어떻게 형성되었고 어떤 내용을 담고 있는지를 밝힐 수도 있을 것입니다. 역사를 연구하기 위해 성경을 읽는 사람이라면 그렇게 하겠지요. 하지만 이것은 아직도 성경을 성경으로 읽는 것이 아닙니다. 성경을 성경 곧 신앙의 규범으로 읽는다면, 그 성경은 나의 신앙을 규정하는 것이어야 합니다. 내가 생각하는 하느님과 성경의 하느님이 다른 분일 수 없습니다. 성경의 하느님에 대해 말한다는 것은 내가 다른 하느님이 아니라 그 하느님을 믿어야 한다는 것을 의미합니다. 성경이 나를 바꾸어 놓아야 한다는 뜻입니다.

어떻게 읽을 것인가

그래서 성경을 읽는 태도는 다른 책들을 읽는 태도와 다를 수밖에 없습니다. 내가 성경을 판단하는 것이 아니라 성경이 나의 기준이 되어야 합니다. 정도의 차이는 있어도 지금까지 살아오면서 느꼈을 수도 있고 아니면 앞으로 느끼게 될 수도 있겠지만, 성경이 제시하는 기준은 우리에게 적지 않은 것들을 요구합니다. '마음의 생각과 속셈을' 드러내는 하느님의 말씀은, 내가 하느님과 달리 생각하고 달리 판단할 때에 그것을 적나라하게 보여 주면서 회심을 불러일으킵니다. 두려워할 일만도 아닙니다. 그렇게 할 수 있는 힘은 쌍날칼보다 날카로운 하느님의 말씀에서 나오기 때문입니다.

이제부터 그런 하느님의 말씀을 만나기 위하여 구약성경의 책들을 읽으려 합니다. 전체 흐름을 파악할 수 있도록, 시대 순서를 따를 것입니다. 하느님 백성의 역사가, 우리가 성경을 종주하기 위한 대략의 지도입니다. 역사에 따라 광야를 걸어가고 산을 오르고 강을 건너면서, 그 시기를 배경으로 하는 성경의 책들을 통하여 역사 안에 드러나는 하느님의 모습을 찾아가겠습니다. 길을 떠나기 전 먼저 멀리서 성경 전체를 한번 바라본 다음, 그 안으로 들어갈 지도를 준비하기 위하여 구약 시대의 역사를 간략하게 살펴보겠습니다. 성경의 책들이 형성된 정확한 순서보다 그 안에 들어 있는 내용의 순서를 따라 창세기부터 시작하고, 지혜문학서들은 뒤에 모아서 다룰 것입니다. 중간에 때로는 성경 진도를 멈추고 한 시대의 역사나 성경 이해에 관련된 한 가지 주제를 다룰 것입니다. 이 과정이 하느님의 얼굴을 찾는 여정이 되기를 바랍니다.

"우리가 지금은 거울에 비친 모습처럼 어렴풋이 보지만 그때에는 얼굴과 얼굴을 마주 볼 것입니다. 내가 지금은 부분적으로 알지만 그때에는 하느님께서 나를 온전히 아시듯 나도 온전히 알게 될 것입니다"(1코린 13,12).

2

멀리서 바라본 성경의 모습

 산티아고 길을 걸으려면, 국토 종단을 하려면, 또는 국내의 모든 성지를 순례하려면, 먼저 우리가 가야 할 길 전체를 한번 짚어 보아야겠지요. 우주선을 타고, 아니면 그것은 너무 비현실적이니 비행기를 타고 땅을 바라본다고 상상하십시오. 우리가 여행할 땅이 한눈에 들어올 만큼 높이 올라가서, 그 땅의 경계선을 짚어 봅시다.

 가장 쉬운 방법은 《성경》의 차례를 펼치는 것입니다. 마치 여행사에서 만든 관광 안내서처럼, 차례에는 모든 것이 일목요연하게 정리되어 있습니다. 그런데 사실 그 차례는 결코 간단하게 만들어진 것이 아닙니다. 개신교에서 나온 성경만 보아도, 들어 있는 책들이 조금은 다릅니다. 유다교로 가면 신약성경이 없으니 또 다르고, 혹시 히브리어 성경이라도 펼쳐 보면 차례가 많이 다릅니다.

유다교의 히브리어 성경

히브리어 성경에는 토빗기, 유딧기, 마카베오기, 지혜서, 집회서, 바룩서, 그리고 에스테르기 일부와 다니엘서 일부가 없습니다. 정확한 설명은 아니지만 쉬운 설명을 택한다면 (종주를 위한 지름길!) 우리 성경에 있는 책들 가운데 유다교 성경, 또는 히브리어로 된 구약성경에 없는 이 책들이 제2경전입니다.

이 책들이 들어 있지 않은 상태에서 유다교에서는 구약성경을 세 부분, 곧 토라, 예언서, 성문서로 구분합니다. 구약성경에 속한 책들은 대략 토라, 예언서, 성문서 순으로 형성되었습니다. 그 가운데 토라에 속하는 창세기, 탈출기, 레위기, 민수기, 신명기가 구약성경에서 가장 중요한 부분이고, 이어지는 예언서에는 전기 예언서 네 권(여호수아기, 판관기, 사무엘기, 열왕기)과 후기 예언서 네 권(이사야서, 예레미야서, 에제키엘서, 열두 소예언서)이 포함됩니다. 우리 《성경》의 차례와 비교해 보시면 '예언서'라는 개념에 차이가 많다는 것이 눈에 띌 것입니다. 유다교 전통에서 예언서들은, 토라에서 모세가 가르쳐 준 율법을 이스라엘이 역사에서 실천하는 (또는 실천하지 않는) 모습을 보여 줍니다. 마지막으로 성문서에는, 토라와 예언서 이외의 모든 책이 포함됩니다. 예언서가 이스라엘 백성의 삶과 많이 관련되어 있다면 성문서는 개인의 삶과 관련된 경우가 많습니다. 여기까지가 히브리어 성경의 구성입니다.

그리스도교의 성경

이스라엘 백성 가운데 적지 않은 이들이 외국 땅에 살게 되면서, 히브리어를 모르는 이들이 많아졌습니다. 이들을 위해 구약성경이 그리스어로 번역됩니다. 이 그리스어 구약성경은 아주 초기부터 큰 권위를 갖고 있었고 신약성경의 저자들도 자주 이 성경을 사용했습니다.

그런데 구약성경의 그리스어 번역본에는 히브리어 성경에 포함되지 않은 책들이 더 들어 있습니다. 그것들이 위에 언급한 제2경전에 속하는 책들입니다. 그리스도교 안에서는, 히브리어 성경에는 없고 그리스어 성경에만 들어 있는 책들을 성경으로 인정할 것인지에 관하여 의견들이 엇갈렸습니다. 예를 들어 성경을 라틴어로 번역한 중요한 인물 예로니모는 이들을 인정하지 않으려 했고, 아우구스티노는 이들을 포함시킬 것을 주장했습니다. 가톨릭교회에서는 아우구스티노와 같은 의견이 우세하여 유다교에서보다 더 많은 책을 성경으로 인정하게 되었고, 그 순서와 분류법도 그리스어 성경을 따르게 되었습니다. 반면 개신교에서는 루터 이래로 히브리어 성경에 속하는 책들만을 구약성경으로 인정하여, 제2경전은 성경에 포함시키지 않습니다.

중요한 교부들 사이에서도 서로 의견이 나뉘었다는 사실에서 알 수 있듯이, 유다교와 같은 구약성경을 사용하기로 한 개신교의 결정과 제2경전을 포함시키기로 한 가톨릭교회의 결정에 어떤 절대적인 이유가 있었다고 말하기는 어려운 듯합니다. 그러나 경전이라는 것은 신앙의 규범이 되는 책들로서 교회 안에서, 교회에 의해서 규정되는 것이기에, 가톨릭교회에 속하는 우리는 가톨릭교회에서 경전으로 인정한 책들을 모두 성경으로 받아들입니다. 《공동번역 성서》에서는 제2경전을 구약성경의 마지막 부분에 모아 두었다가, 나중에는 지금의 《성경》에서처럼 차례를 바꾸었습니다.

> **제2경전과 외경:** 제2경전이라고 해서 권위나 중요성이 덜한 것은 아닙니다. 다만 개신교 신자들과 신학적 대화를 할 때에는 그들이 이 책들을 신학의 근거로 인정하지 않기 때문에 논거로 사용하는 데에 어려움이 있습니다. 한편 고대에 유포된 종교 서적들 가운데 경전에서 제외된 책들은 외경이라 부릅니다. 대표적인 구약 외경으로는 에녹서, 희년서 등이 있습니다.

율법서, 역사서, 지혜서, 예언서

이제 성경에 속한 책들의 순서를 살펴봅시다. 《성경》의 차례를 보시기 바랍니다. 히브리어 성경의 토라가 그대로 오경으로 들어와 있고, 이어서 역사서라는 새로운 범주가 자리를 잡았습니다. 그리스 문화에서 유래한 분류이지요. 이어서 시서와 지혜서, 그리고 마지막으로 예언서가 그 뒤를 따릅니다.

히브리어 성경에 속하는 책들만을 구약성경으로 인정하는 개신교에서도, 차례는 달리하여 예언서가 구약성경의 마지막 부분에 자리합니다. 이 점이 그리스도교 구약성경의 특징이기도 합니다. 크게 본다면 율법과 예언서로 대변되는 성경 안에, 시서와 지혜서가 그 중간으로 들어간 것이라고 볼 수 있습니다. 율법은 구약의 토대로서 첫자리를 차지하고, 예언서들은 미래를 향해 열린 책으로 해석되어 마지막 위치에 놓입니다. 우리에게는 그다음에 신약성경이 있기 때문이지요. 부활하신 예수님께서 엠마오로 가는 길에 "모세와 모든 예언자로부터 시작하여 성경 전체에 걸쳐 당신에 관한 기록들을 그들에게 설명해 주셨다"(루카 24,27)는 말씀에서 알 수 있듯이, 그리스도교의 전망에서 구약 전체는 신약에 대한 예언이 되고 신약 안에서 성취되고 완성됩니다. 이것이 우리가 사용하고 있는 성경의 전체 모습입니다.

성경 배열표

	유다교 성경 (Tanak)			가톨릭 성경(구약)			개신교 성경(구약)	
토라	창세기 탈출기 레위기	민수기 신명기	오경	창세기 탈출기 레위기	민수기 신명기	오경	창세기 탈출기 레위기	민수기 신명기
예언서	**전기 예언서** 여호수아 판관기 **후기 예언서** 이사야서 예레미야서 에제키엘서 호세아서 요엘서 아모스서 오바드야서 요나서	사무엘 상하 열왕기 상하 미카서 나훔서 하바쿡서 스바니야서 하까이서 즈카리야서 말라키서	역사서	여호수아기 판관기 룻기 사무엘 상하 열왕기 상하 역대기 상하 에즈라기	느헤미야기 *토빗기* *유딧기* 에스테르기(칠십 인역 추가분 포함) *마카베오기 상하*	역사서	여호수아기 판관기 룻기 사무엘 상하 열왕기 상하 역대기 상하 에즈라기	느헤미야기 에스테르기
성문서	시편 욥기 잠언 룻기 아가 코헬렛	애가 에스테르기 다니엘서 에즈라기 느헤미야기 역대기 상하	시서와 지혜서	욥기 시편 잠언 코헬렛	아가 *지혜서* *집회서*	지혜서	욥기 시편 잠언 코헬렛	아가
			예언서	이사야서 예레미야서 애가 *바룩서* 에제키엘서 다니엘서(칠십인 역 추가분 포함) 호세아서 요엘서 아모스서	오바드야서 요나서 미카서 나훔서 하바쿡서 스바니야서 하까이서 즈카르야서 말라키서	예언서	이사야서 예레미야서 애가 에제키엘서 다니엘서 호세아서 요엘서 아모스서	오바드야서 요나서 미카서 나훔서 하바쿡서 스바니야서 하까이서 즈카르야서 말라키서

* 제2경전에 해당하는 성경을 사체로 표시하였다.

3

구약 시대의
역사

멀리서 우리가 여행할 땅의 전체 모양을 보았으니, 이제 여행용 지도가 될 구약 시대의 역사 전체를 손으로 짚으며 따라가 보겠습니다. 성경을 율법서, 역사서, 시서와 지혜서, 예언서의 순서대로 읽을 수도 있지만, 우리는 성경 각 권의 역사적 배경을 고려하여 시대 순으로 읽으려고 하기 때문입니다. 아직은 여행을 시작하는 것이 아니니, 너무 빨라서 따라가기 힘들다고 걱정하지 않으셔도 됩니다.

왕정 설립 이전
창세기의 아브라함, 이사악, 야곱 이야기는 역사적으로 확인할 수 있는 내용이 아닙니다. 이스라엘의 선조들이 기원전 2천 년대에 떠돌이 유목 생활을 했다는 것 정도만 말할 수 있습니다. 창세기에 그려진 선조 시대의 모습은 기원전 1800년경 정도의 생활상에 해당하는 듯합니다.

역사적 연대를 따질 수 있는 때는 이집트 탈출부터입니다. 이것 역시 정확하지 않지만, 기원전 1200년대에 모세의 인도로 이스라엘의 조상들이 이집트를 떠나 가나안 땅으로 들어갔을 것입니다. 모든 이스라엘인이 이집트에서 올라온 것은 아니었다고 생각하지만, 이 사건은 이스라엘이 하나의 민족으로 형성되는 데 결정적인 역할을 합니다. 탈출기는 바로 이때에 야훼 하느님과 이스라엘이 특별한 관계를 맺었다고 전해 줍니다.

그러나 모세는 하느님께서 이스라엘에게 주시기로 약속한 땅에 들어가지 못하고 요르단 강 동쪽에서 세상을 떠납니다. 모세의 후계자 여호수아가 이스라엘 백성을 이끌고 요르단을 건너 하느님께서 약속하신 땅으로 들어가, 그 땅을 정복하고 열두 지파에게 분배합니다.

여호수아가 세상을 떠난 뒤부터 왕정이 설립되던 때까지를 판관 시대(기원전 1200-1030년경)라 부릅니다. 왕정으로 넘어가기 이전의 과도기였습니다. 이때 이스라엘은 열두 지파로 나뉘어 있어 견고하게 통일된 상태가 아니었습니다. 판관기는 이민족들의 침입을 받을 때마다 하느님께서 판관을 일으키시어 이스라엘을 구해 주셨다고 전합니다. 판관은 일시적인 지도자로 뽑힌 사람이라 그 직책을 세습할 수 없었습니다. 하지만 이스라엘을 계속 침범하는 필리스티아 같은 세력들에 맞서기 위해, 이스라엘 백성은 다른 민족들처럼 왕정을 세워 달라고 요구합니다.

왕정 시대, 왕정 붕괴, 유배

이스라엘에서 왕정은 찬반 논란이 그치지 않은 제도였습니다. 그러나 그 당시는 왕정을 세우지 않을 수 없는 처지라, 처음에는 벤야민 지파의 사울이 임금으로 뽑힙니다. 하지만 그의 왕국은 오래 지속되지 못합니다. 기원전 1010년경 유다 지파의 다윗이 왕위에 올라 온 이스라엘을 다스리는 통일 왕국을 이루고 예루살렘을 수도로 정합니다. 기원전 970년경에는 그의 아들 솔로몬이 즉위하여 왕국을 크게 번성시킵니다. 하지만 외적으로 번성했던 그 왕국은 분열 요인들을 내포하고 있었고, 솔로몬이 죽은 다음 기원전 933년경에 왕국은 둘로 갈라집니다. 솔로몬의 신하였던 예로보암이 반란을 일으켜 북쪽에 이스라엘 왕국을 세우고, 솔로몬의 아들 르하브암은 남쪽의 유다 왕국만을 다스리게 되었습니다. 그 이후 유다에서는 왕국이 멸망할 때까지 다윗 왕조가 쭉 이어졌지만, 반란으로 시작한 북쪽의 이스라엘에서는 여러 차례의 반란으로 왕조가 몇 번 바뀌었습니다.

이제부터 이스라엘 역사에서 복잡한 부분이 시작되니, 연대표(29쪽)를 보시기 바랍니다. 왕정이 설립된 이후 내내 이스라엘은 외세에 시달렸습니다. 그래서 이스라엘 역사의 흐름을 알기 위해서는, 기원전 8세기 이래 메소포타미아와 팔레스티나 지역을 지배했던 큰 세력이 누구인지를 파악하면 됩니다. 기원전 8세기에는 아시리아가 패권을 잡았습니다. 이 아시리아가 기원전 722년에 북쪽의 이스라엘 왕국을 멸망시켰습니다. 아시리아의 뒤를 이어 큰 세력을 쥔 나라는 바빌론(또는 바빌로니아)이었습니다. 기원전 587년에 바빌론이 남쪽의 유다 왕국을 멸망시켰습니다. 다윗 왕조가 무너지고 예루살렘 성전도 불에 탔습니다. 이스라엘의 역사를 뒤흔든 가장 큰 사건이었습니다. 많은 이가 바빌론으로 유배를 갔습니다.

귀향 후

바빌론 유배 50년 만에 페르시아가 바빌론을 무너뜨리자, 페르시아 임금 키루스는 바빌론에 끌려와 있던 유다인들을 팔레스티나로 돌아가게 했습니다. 유배에서 돌아온 시기의 중요한 인물은 에즈라와 느헤미야였습니다. 그들의 활동에 힘입어 이스라엘은 미약하나마 재건된 성전을 중심으로 하는 공동체를 형성하였습니다.

　기원전 336년에는 마케도니아의 알렉산드로스 대왕이 즉위하여 짧은 시간에 페르시아도 꺾고 광대한 제국을 이루었습니다. 그의 후계자들이 제국의 영토를 나누어 지배하는 과정에서 이스라엘은 기원전 160년대에 큰 곤경에 빠집니다. 셀레우코스 왕국의 임금이 헬레니즘 문화를 강요하며 유다교를 금지시키자, 이에 저항하여 일어난 마카베오 형제들은 일시적으로나마 독립을 쟁취하고 하스몬 왕조를 세웁니다. 그러나 이 하스몬 왕조의 내분으로 기원전 63년에 로마군을 끌어들이게 되어 결국 이스라엘은 다시 외세의 지배를 받게 됩니다. 기원후 66년에 독립하기 위해 항쟁을 시작했지만 로마군에게 진압되고, 마침내 70년에 예루살렘이 함락되고 성전이 파괴됩니다.

이스라엘의 역사를 최소한으로 요약해 보았습니다. 성경의 하느님은 전쟁 한 번 겪지 않은 평화와 번영의 역사를 통해서가 아니라 바로 이렇게 끊임없이 죽음을 체험한 역사 속에서 생명을 주시는 당신을 알게 하십니다. 이 역사의 모든 순간은 하느님을 알아가는 시간이었습니다.

"주님, 당신 백성에 대한 호의로 저를 기억하소서"(시편 106,4).

간략한 이스라엘 연대표

연도	사건	당시의 강대국
기원전 1250	이집트 탈출	이집트
1200	판관 시대	
1030	사울 임금	
1010	다윗 임금	
970	솔로몬 임금	
933	왕국 분열(북 왕국 이스라엘, 남 왕국 유다)	
722	북 왕국 이스라엘 멸망	아시리아
587	남 왕국 유다 멸망	바빌론
538	유배에서 귀환, 이후에 성전 재건	페르시아(키루스)
332	알렉산드로스 임금의 정복	마케도니아(알렉산드로스)
160년대	마카베오 항쟁	그리스(셀레우코스 왕국)
142	유다 독립(하스몬 왕조)	
63	하스몬 왕조 붕괴, 로마군이 예루살렘 점령	로마
기원후 70	예루살렘 함락, 성전 파괴	로마

오경,
구약성경의
바탕

유배 전
예언자들

여호수아
부터 왕국
분열까지

길을
떠나기 전에

II 오경, 구약성경의 바탕

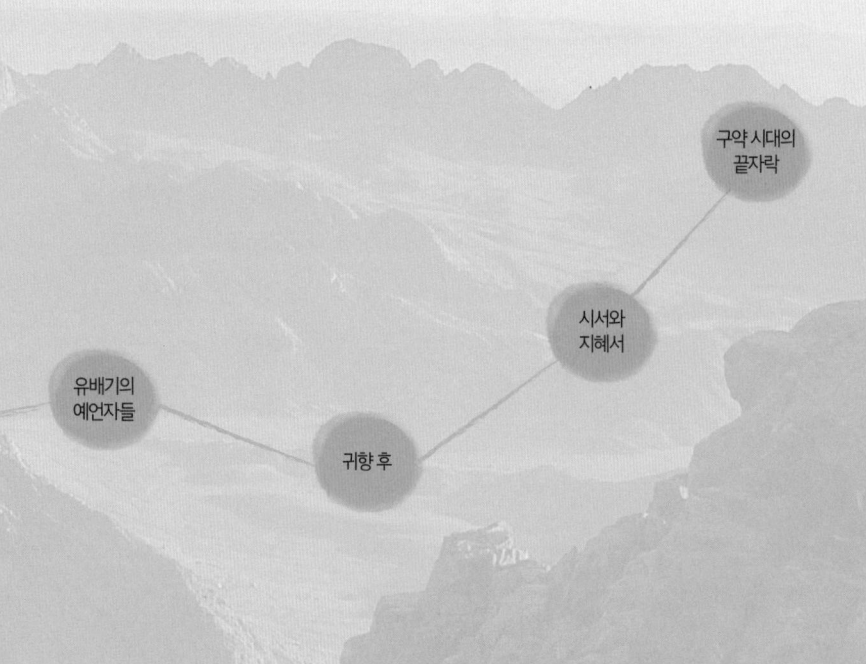

길 안내

이제 구약 종주를 본격적으로 시작합니다. 구약성경의 첫 부분은 오경, 곧 율법서입니다. 히브리어 성경에서는 토라라고 합니다. 이 책들에서는 하늘과 땅이 처음 만들어지던 때부터, 이집트 땅에서 종살이를 하던 하느님의 백성 이스라엘이 하느님의 강한 손으로 해방되어 하느님께서 약속하신 땅을 향해 걸어가는 과정까지를 보여 줍니다. 세상을 창조하신 하느님, 이스라엘을 당신의 백성으로 부르시는 하느님, 그 백성을 구원하시고 믿음과 희망으로 걸어가게 하시는 하느님을 만나러 우리도 길을 떠납시다.

오경 입문

- 모세의 죽음과 오경의 주제

추리소설을 읽을 때, 앞에서는 알아보지 못했던 작은 사건들의 의미를 결말에 이르면 알아듣게 됩니다. 그제서야 모든 것이 의미 있는 단서였음을 깨닫게 됩니다. 성경의 책들을 읽을 때에도 저는 그 방법을 즐겨 씁니다. 흔히 마지막 부분을 보면 그 안에 들어 있는 여러 요소가 무엇을 뜻하는지 해석할 수 있는 열쇠를 찾을 수 있기 때문입니다.

오경의 끝, 완결되지 않은 결말?

구약성경의 첫 부분은 오경五經 또는 히브리 말로 토라, 곧 율법입니다. 이 부분은 신명기 34장에서 모세의 죽음으로 끝납니다. 자연스러운 결말일 수도 있지만, 완결되지 않은 결말이기도 합니다. 하느님께서 모세를 부르실 때에는 당신이 이집트에서 고난을 겪고 있는 이스라엘을 보았고 그들을 이집트인들의 손에서 구하여 가나안 족이 사는 곳으로 데리고 올라가려 한다고 말씀하셨는데(탈출 3,7-8 참조), 모세가 그 땅으로 백성을 인도해 들어가지 못한 채 끝나기 때문입니다.

그래서 폰 라트(G. von Rad) 같은 학자는 구약성경의 첫 부분이 신명기로 끝나는 오경이 아니라 여호수아기로 끝나는 육경六經이어야 한다고 주장했습니다. 그 땅을 목적지로 하여 출발했으니, 그 땅에 들어가 정복하고 분배까지 끝내 열두 지파가 각각 자신의 땅을 받는 것으로 줄거리가 완결되어야 한다는 것입니다. 그 밖에도 사경설四經說(창세기~민수기), 구경설九經說(창세기~열왕기 하권) 등 다른 견해를 주장하는 이들도 있습니다.

하지만 우리가 지닌 구약성경의 전통은 창세기부터 신명기까지의 다섯 권을 토라 또는 모세의 율법이라 불러 왔습니다. 유다교에서는 제2경전을 포함하지 않는 히브리어 성경을 토라, 예언서, 성문서로 나누어 왔고, 이러한 구분은 성경 자체에도 표시되어 있습니다(집회서 머리글 참조).

신명기의 마지막 장인 34장에서는 하느님께서 모세와 얼굴을 마주 보고 사귀셨고 모세와 같은 예언자는 다시 일어나지 않았다고 하여(신명 34,10 참조), 모세와 그다음 세대를 뚜렷이 구별합니다. 모세 이후의 모든 사람이 모세를 통해서 율법을 받았기 때문입니다. 이어지는 여호수아기의 첫머리에서는 여호수아에게 모세의 율법을 되새기라고 명하고 있어서(여호 1,7-8 참조) 하느님의 말씀을 직접 듣고 율법을 가르친 모세 시대와 율법을 배우는 여호수아 시대를 구분 짓고 있습니다. 그러니 신명기에서 큰 매듭이 지어지는 것으로 보아야 한다는 말인데, 그러면 그 다섯 권을 묶어 주는 주제는 무엇일까요? 신명기가 모세의 죽음으로 끝나니, 물론 모세는 이 책들의 중요한 주제입니다. 그런데 그 모세를 어떤 인물로 이해해야 할까요?

약속의 땅을 바라보며

오경의 결말 부분에 계속 머물러 봅시다. 모세는 기력이 다해서 안타깝게 요르단 강을 건너지 못하고 죽은 것이 아니었습니다. 그는 "죽을 때에 나이가 백스무 살이었으나, 눈이 어둡지 않았고 기력도 없지 않았다"(신명 34,7)라고 나옵니다. 이 말은 모세가 일찍 죽어 하느님의 계획을 이루지 못한 것이 아니라 거기서 죽는 것이 하느님의 계획이었다는 뜻입니다. "주님의 종 모세는 주님의 말씀대로 그곳 모압 땅에서 죽었다"(신명 34,5).

느보 산 위에서 하느님은 모세에게 "저것이 내가 아브라함과 이사악과 야곱에게, '너의 후손에게 저 땅을 주겠다.' 하고 맹세한 땅이다"(신명 34,4)라고 말씀하십니다. 여기서 창세기와 신명기가 이어집니다. 아브라함은 땅의 약속을 받았고, 모세도 아직 그 약속의 실현을 기다리고 있습니다. 그 약속은 오경이 계속되는 동안 내내 유효합니다. 땅의 정복이나 땅의 소유가 아니라 '땅의 약속'이 오경 전체를 관통하는 주제인 것입니다. 탈출 3,10을 다시 꼼꼼히 읽어 보십시오. 하느님은 당신이 이스라엘을 이집트에서 가나안으로 데리고 올라가겠다고 말씀하시지만(탈출 3,8), 모세에게는 "내 백성 이스라엘 자손들을 이집트에서 이끌어 내어라" 하고만 말씀하십니다. 약속의 땅으로 데리고 들어가는 것은 모세의 몫이 아닙니다. 칼데아의 우르에서 하란으로 온 아브라함이 "가거라"(창세 12,1) 하는 말씀을 듣고 하느님께서 보여 주실 땅을 찾아 낯선 길을 떠났듯이, 모세의 역할은 이스라엘로 하여금 이집트를 떠나게 하는 것이었습니다.

이스라엘이 이집트에 자리 잡고 살고 있어도, 그곳은 하느님께서 이스라엘이 머무르기를 바라신 곳이 아니었습니다. 이집트 땅에서 종살이하던 그들의 삶은 하느님께서 그들에게 바라신 당신 백성의 삶이 아니었습니다. 그래서 모세는 이스라엘을 앉은 자리에서 일어서게 합니다. 이집트에서 먹던 고기를 그리워하는 나약한 이스라엘에게(민수 11,4 참조), 눈을 들어 주님께서 주실 땅을 바라보게 합니다. 이스라엘로 하여금 편안한 현재의 삶에 안주하지 않고, 이 세상을 따라 살지 않고, 자기들이 이 세상에서 이방인이며 나그네일 따름이라고 고백함으로써 자기들이 본향을 찾고 있음을 분명히 드러내게 하는 것(히브 11,13-14 참조), 그것이 모세가 한 일이었고 오경이 우리에게 일깨우는 내용입니다.

우리는 아직 약속의 땅을 차지하지 않았습니다. 거룩한 도성 새 예루살렘이 신랑을 위하여 단장한 신부처럼 차리고 하늘로부터 하느님에게서 내려올 때까지(묵시 21,2 참조), 우리는 약속에 대한 믿음으로 살아갑니다. 지금 우리가 살고 있는, 이 모습 이대로의 세상이 하느님께서 약속하신 땅이라고 여겨서는 안 됩니다. 그래서 오경은 이 땅에서 순례하는 우리를 위한 책입니다.

"우리는 하늘의 시민입니다. 그리고 그곳에서
구세주로 오실 주 예수 그리스도를 고대합니다"(필리 3,20).

2

성경의 진리성

"한처음에 하느님께서 하늘과 땅을
창조하셨다"(창세 1,1)

어느 날 기차에서 만난 어떤 분이 저에게, 어렸을 때에는 성당에 다녔는데 과학을 공부하면서 신앙을 버리게 되었다는 이야기를 하셨습니다. 진화론을 믿기 때문에 성경에서 말하는 것을 믿을 수 없다는 말씀이었습니다. 대화를 시작하기는 했지만 시간이 부족했습니다. 아쉬웠습니다. 누군가 그분에게 성경 읽는 법을 제대로 알려 드리기만 했어도 그분이 신앙을 버릴 필요는 없었을 것이라는 생각을 했습니다.

창세기의 역사성?

창세기와 자연과학, 창세기와 역사의 문제, 그리고 진리의 문제. 만일 어떤 사람이 저에게 창세기의 모든 진술을 사실로 믿어야 한다고 주장한다면, 저는 창세기 1장과 2장 중 어느 것을 믿어야 하는지 되묻겠습니다. 창세기 1장에서는 하느님께서 식물을 먼저 만드시고 마지막에 인간을 만드셨다고 하는데, 2장에서는 먼저 인간을 만드셨고 그 후에 나무들이 자라게 하셨다고 나옵니다. 어떻게 하시겠습니까? 창세기의 첫 부분만 읽어 보아도, 창세기 저자의 의도가 세상이 어떻게 생겨났는지 그 순서와 방법을 정확하게 전달하는 데에 있지 않다는 사실을 알 수 있습니다.

창세기 1-11장의 태고사뿐 아니라 12-50장의 성조사와 관련해서도, 역사적 사실성 여부를 입증할 수는 없습니다. 성서고고학이 처음 생겼을 때 고고학자들은 성경의 역사적 사실 여부를 확인해 줄 증거를 찾고 싶어 했습니다. 좋은 의도에서였을 것입니다. 그런데 결과는 예상을 빗나갔습니다. 탈출기와 여호수아기의 내용은, 입증할 수 있는 부분이 전혀 없지는 않았지만 성경에서 말하는 많은 부분이 있는 그대로의 사실은 아니었습니다.

자연과학과 연관한 문제에서 가장 유명한 것이 갈릴레오 사건입니다. 성경에 하느님께서 태양을 멈추셨다는 구절이 나옵니다(여호 10,12-14 참조). 움직이고 있어야 멈출 수가 있으니까, 태양이 움직인다는 결론이 나옵니다. 그래서 태양이 도는 것이 아니라 지구가 돈다고 주장했던 갈릴레오를 교회는 용납할 수 없었던 것입니다. 결국, 갈릴레오는 재판정을 나오면서 혼잣말로 읊조렸다고 하지요.
"그래도 지구는 돈다."

창세기가 말하려는 것은

성경을 읽을 때 잘못된 태도는 두 가지입니다. 하나는, 역사학이나 자연과학의 지식을 근거로 내세우면서 성경은 믿을 것이 못 된다고 여기는 태도입니다. 또 하나는, 성경의 말씀이 진리라고 주장하면서 역사학이나 자연과학에서 말하는 것이 틀렸다고 여기는 태도입니다. 이 두 가지 태도가 모두 잘못된 이유는 똑같습니다. 성경이 말하고자 하는 것이 무엇인지를 알아듣지 못했기 때문입니다.

어렸을 때, 귤은 왜 주황색이냐고 식구에게 물었던 기억이 납니다. 여러 가지 대답을 들었습니다. 그 중에는 하느님께서 그렇게 만드셨다는 대답도 있었고, 귤은 먹히기 위한 것이라 스스로 먹힐 수 있도록 예쁜 색을 띠게 된다는 대답도 있었습니다. 귤의 색깔에 대한 설명은 이 중에서 하나만 선택해야 하는 것이 아닙니다. 세상과 인간을 설명하는 방법 역시 그러합니다. 창세기가 하느님께서 세상을 6일간에 걸쳐 만드셨다고 말할 때에는, 이 세상이 존재하던 첫 6일 동안의 역사를 사실 그대로 기록해 놓은 것도 아니고 세상이 생겨난 과정을 자연과학적으로 기술해 놓은 것도 아닙니다. 창조 이야기가 말하고자 하는 것을 한 가지만 꼽는다면 이 세상이 하느님으로부터 기원하여 존재한다는 것입니다. 그래서 세상 만물은 본래 선하고 귀중하다는 것, 그리고 특히 인간은 하느님께서 만드신 이 세상을 돌볼 책임을 맡고 있으며 하느님으로부터 받은 특별한 존엄성을 지니고 있다는 것이 창조 이야기의 주제입니다.

창조 이야기 다음으로 11장까지 이어지는 태고사 역시 나름대로 이 세상에 대해 설명해 주는 역할을 수행합니다. 이 이야기들은 하느님께서 선하게 만드신 세상 안에 악이 공존해 있고, 그러나 하느님의 복이 악의 힘보다 강하다는 것을 말해 줍니다. 또 창세기 12-50장의 성조사는 유목 생활을 하던 이스라엘의 선조들이 갖게 된 신앙을 전해 줍니다. 그들은 점차로 하느님을 알게 되었고 살면서 하느님과 만나는 체험을 했으며, 이를 자녀들에게 전해 주었습니다. 그 이야기들은 처음부터 기록으로 전해진 것이 아니라 오랜 세월 말로 전해졌으며, 완성된 형태로 고정되기까지 계속 변화되었습니다. 때로 후손들은 조상들의 역사에서 자신들의 처지와 같은 모습을 보았고 그래서 그 이야기를 다시 하는 가운데 자신들의 흔적을 남겼습니다. 이 때문에 아브라함이나 야곱이나 요셉 같은 선조들의 역사에 유배를 겪은 이스라엘의 역사도 반영되어 있습니다.

역사적으로 말하자면 이집트를 탈출한 이스라엘 후손의 수는 60만 명이 아니었고, 예리코를 함락시킨 것은 여호수아 시대의 일이 아니었습니다. 그러나 여기서 멈추어 성경을 거짓이라고 여기고 거부해서는 안 됩니다. 이집트를 탈출한 이들이 60만 명이라고 말하는 것이 무슨 의미인지, 여호수아가 예리코를 함락시켰다는 이야기는 우리에게 어떤 의미를 갖는지를 더 생각해야 합니다.

"어떤 사람들은 성경을 쓴 거룩한 저자들이 사실을 기록하는 일에 역사적 오류나 부정확함에서 자유롭지 못했다고 비난한다. 이 경우 좀 더 자세히 조사해 보면 저자의 이런 약점은 당시 사회에서 늘 사용하던, 실제로 통상적인 것으로 고정되어 버린 고대인의 일반적 표현 양식과 그들 고유의 설화 구사법에 기인하는 것일 뿐 결코 다른 것이 아님을 알 수 있다"(비오 12세, 회칙 《성령의 영감》 38항).

> **성경의 진리성:** 성경의 진리성의 원천은 성령의 '영감'입니다. 이 주제에 대해서는 교황청 성서위원회에서 나온 문헌 《성경의 영감과 진리》(박영식 번역, 2014년, 한국천주교주교회의 발행)를 참조할 수 있습니다.

3

창세 1-11장

"하느님께서 보시니 좋았다"(창세 1,10)

"아름다운 이 세상 소풍 끝내는 날 / 가서, 아름다웠더라고 말하리라."(천상병, 〈귀천〉 중에서) 여러분은 세상 소풍을 끝내고 귀천하는 날, 가서 세상이 아름다웠더라고 말씀하시겠습니까, 아니면 추한 것뿐이었다고 말씀하시겠습니까? 창세기의 첫 부분은 우리에게 그 대답을 알려 줍니다.

창세기는 크게 두 부분으로 나뉩니다. 아브라함이 등장하는 12장을 분기점으로, 1-11장은 이스라엘만의 이야기가 아닌 온 인류의 기원에 관한 내용이기에 태고사 또는 원역사라고 불립니다. 12-50장은 아브라함, 이사악, 야곱, 요셉으로 이어지는 이스라엘 성조들에 관한 전승을 담고 있기에 성조사라고 합니다.

1-11장에는 두 가지 모습이 나옵니다. 아름다운 모습과 추한 모습, 선과 악, 하느님의 창조와 인간의 죄입니다. 여기서 다시 분기점이 되는 것은 아담과 하와가 하느님의 명을 어기고 선악과를 따 먹는 3장입니다. 그 이전까지의 세상을 특징짓는 말은 "하느님께서 보시니 좋았다"(창세 1,10 등)입니다. 1장의 창조 이야기와 2장의 창조 이야기는 서로 다른 전승이지만, 1-2장은 공통적으로 하느님께서 처음에 생각하신 그대로의 '좋은' 세상을 보여 줍니다. 그리고는 3장 이후로 인간의 죄가 거듭되고 그 아름다운 세상이 망가지는 이야기가 나옵니다.

이 세상의 현실은 선과 악을 모두 포함하고 있습니다. 세상에는 분명 아름답고 좋은 것들도 있고, 추하고 악한 것들도 있습니다. 그런데 창세기는 본래의 세상은 하느님께서 보시기에 좋은 세상이었다고 단언합니다. 비록 죄가 세상에 들어와 그 '좋음'이 손상되기는 했어도, 세상은 그 자체가 선하다고 말합니다. 이렇게 창세기의 첫 장에서 이 세상이 "하느님께서 보시니 좋았다"라고 말하는 구약성경의 세계관은, 창조의 선성善性에 대한 믿음이라고 요약할 수 있습니다. 구약성경의 세계관은 영과 육을 구별하면서 물질을 악한 것이라고 보는 이원론적 세계관과 정면으로 대립합니다. 물질은 선합니다. 모든 것은 하느님으로부터 오고, 하느님께 속해 있습니다. 하느님께서는 그 세상을 강복하십니다.

죄보다 강한 하느님의 강복

그런데 3장에서는 아담과 하와가 선악과를 따 먹고, 4장에서는 카인이 아벨을 죽입니다. 6장에서는 사람들의 악이 온 땅에 가득 차서 하느님께서 창조를 후회하시고 홍수로 모든 것을 없애기로 작정하시는 데에 이릅니다. 창조 이전과 같은 혼돈 상태로 되돌리시려는 것입니다. 마지막 11장에는 인간이 하느님께 도전하는 바벨탑 이야기가 나옵니다. 그래서 3-11장은 인간의 죄가 점점 증가하는 것을 보여 주면서 1-2장과 대조를 이룹니다. 세상은 점점 추하게 변해 가는 듯합니다.

하지만 3-11장은 절망적이지 않습니다. 매번, 인간의 죄보다 더 큰 하느님의 복이 죄를 지은 인간을 살려 주시기 때문입니다. 처음부터 다시 읽어 봅시다. 하느님은 아담에게 선악과를 따 먹는 날 반드시 죽으리라고 하셨지만(창세 2,17), 아담을 죽이지는 않으셨습니다. 그때 하느님께서 아담을 죽이셨다면 하느님과 인간 사이의 역사는 거기서 끝났을 것입니다. 그러나 하느님께서는 아담을 에덴동산에서 쫓아내면서도 오히려 가죽 옷을 입혀 주어 그를 보호해 주십니다.

카인에게도 마찬가지로, 카인이 아벨을 죽였다 해서 다른 사람이 카인을 죽이도록 허락하지 않으십니다. 카인에게 표를 해 주시어 아무도 그를 해치지 못하도록 막아 주십니다. 오히려, 카인을 용서하시는 하느님은 카인을 죽이려는 자에게 일곱 배로 갚으시리라고 말씀하십니다. 무서운 말씀입니다. 하느님은 죄인을 죽이는 인간을 용서하지 않으십니다.

노아의 홍수 때에도 하느님은 노아에게 방주를 마련하도록 이르시어 인간과 모든 동물을 보존하십니다. 홍수가 끝난 다음에는 노아가 바치는 제사의 향기를 맡으시고, "사람의 마음은 어려서부터 악한 뜻을 품기 마련, 내가 다시는 사람 때문에 땅을 저주하지 않으리라"(창세 8,21) 하고 말씀하십니다. 진흙으로 빚어져 죄로 기울 수밖에 없는 인간의 나약함을 아시고, 그런 인간의 죄 때문에 세상을 멸망시키지는 않겠다고 하시는 것입니다.

바벨탑 이야기에서도, 하느님은 인간의 죄가 하늘까지 이르기 전에 그 교만을 먼저 꺾고 사람을 흩으심으로써 인간이 멸망당하지 않게 하십니다.

이렇게 보면, 3-11장의 이야기들은 죄의 증가만을 보여 주는 것이 아니라 매번 그 인간의 죄보다 더 큰 하느님의 자비와 강복의 힘을 보여 줍니다. 인간의 죄에 하느님께서 자비를 베풀지 않으셨더라면 인류 역사는 아담에서 끝났을 것입니다. 그러나 하느님께서 본래부터 선하게 만드신 세상과 그 세상을 보존하시는 하느님의 자비는 인간의 죄보다 더 강합니다. 인간이 아무리 이 세상을 망가뜨려도, 하느님의 계획과 하느님의 자비를 꺾지는 못합니다.

세상은 선합니다. 그것을 믿지 못하겠다면 성경의 신앙을 지니고 있지 않고 이 세상의 세계관과 타협한 것입니다. 온 세상 사람 모두가 세상은 타락했고 말세이고 이러다가 멸망할 것이라고 말하더라도, 창세기의 신앙을 가진 우리는 그렇게 말하면 안 됩니다. 하느님의 강복과 자비에 대한 믿음이 있다면, 손상되어 있는 이 세상에 희망이 없다고 말할 수 없습니다.

나중에 지혜서 저자는 이렇게 말할 것입니다.

"하느님께서는 만물을 존재하라고 창조하셨으니
세상의 피조물이 다 이롭고 그 안에 파멸의 독이 없으며
저승의 지배가 지상에는 미치지 못한다"(지혜 1,14).

4

창세 12-50장

"내가 너에게 보여 줄 땅으로 가거라"(창세 12,1)

아무것도 없는 사람에게 하느님께서 약속을 주십니다. 아무것도 없는 사람이 하느님의 약속만 믿고 떠납니다. 이스라엘의 역사는 그렇게 시작됩니다.

후손의 약속, 성조들의 이야기

창세 11,27-32에 테라의 족보가 나옵니다. 그런데 이 족보는 가득 채워진 모습이 아닌 텅 빈 모습을 보여 줍니다. 아브라함의 아내 사라이는 임신하지 못하는 몸이어서 자식이 없었다고 나오고(창세 11,30), 아브라함의 아버지 테라는 가나안 땅으로 가려고 칼데아의 우르를 떠났지만 하란에서 자리를 잡고 살다가 거기서 죽었다고 적혀 있습니다(창세 11,31). 목적지에 도달하지도 못했고, 땅도 없고 후손도 없는 처지입니다.

빈손인 아브라함에게 하느님께서 지금 살고 있는 곳을 떠나라고, 큰 민족이 되게 하겠다고 말씀하십니다(창세 12,1-2). 사라이가 임신하지 못하는 몸일 바에야, 무슨 희망을 가지고 땅을 찾아 떠납니까? 그런데 하느님은 후손을 먼저 주시고 그 후손에게 땅이 필요하니 다른 땅을 찾아가라고 하시는 것이 아니라, 머물러 있던 곳을 떠나면 다른 곳에서 많은 후손을 얻게 되리라고 말씀하십니다. 약속에 대한 믿음이 없이는 그 이후의 역사가 펼쳐지지 않습니다. 창세 12-50장에서 계속되는 성조사의 핵심은 그 약속이고, 약속에 대한 인간의 응답이 믿음입니다.

아브라함은 곧 길을 떠나 가나안까지 갔지만 약속은 쉽게 이루어지지 않습니다. 가장 큰 위기는 하느님께서 아브라함에게 어렵게 얻은 아들 이사악을 제물로 바치라고 하실 때에 닥칩니다(창세 22장). 약속이 성취되려면 이사악이 있어야 합니다. 이사악이 태어나기 전에 아브라함은 하가르의 아들 이스마엘이라도 하느님의 사랑을 받기를 바랐고 그에게라도 희망을 걸려고 했지만, 하느님께서는 굳이 사라에게서 태어난 아들에게서 그의 후손들이 이어지리라고 다짐하셨습니다(창세 17장).

여기서 문제의 핵심은, 아들을 제물로 바칠 수 있느냐 없느냐가 아닙니다. 외아들을 바치는 것이 아무리 어렵다 해도, 더 큰 문제는 이사악에게 약속이 걸려 있다는 데에 있습니다. 모순되는 상황입니다. 이사악을 죽이면 하느님의 약속이 이루어질 수 없습니다. 하느님께서 이사악을 죽이라고 하신다면 당신 스스로 약속을 위험에 처하게 하시는 것이 됩니다. 하지만 아브라함은, "하느님께서는 약속하신 것을 능히 이루실 수 있다고 확신하였습니다"(로마 4,21).

약속을 믿는 것이 아니라 약속하신 분을 믿습니다. 후손의 약속은 꼭 이루어져야 하기 때문에 무슨 일이 있어도 이사악을 꼭 살려 내야 하는 것이 아닙니다. 아브라함이 믿는 것은 하느님입니다. 그분께서 말씀하셨다면, 아무리 약속을 위협하는 일이라 하더라도 따릅니다. 어떤 길을 통해서든 약속을 이루시는 하느님을 믿기 때문입니다. '야훼 이레', 주님께서 마련하신다. 이것이 아브라함의 믿음입니다.

땅의 약속, 섭리의 하느님

아브라함이 살던 곳을 떠나 가나안으로 왔듯이, 야곱도 집을 떠나 외삼촌 라반의 집에서 오랜 기간을 머무르다가 다시 집으로 돌아왔고 요셉도 이집트에서 살고 있습니다. 대대로 반복되어 온 떠돌이 삶, 그것이 이스라엘 조상들의 역사였고 또한 이스라엘의 역사였습니다.

성조들은 그 떠돌이의 삶을 믿음으로 살아갑니다. 요셉은 형들의 미움을 받아 이집트로 팔려 갑니다. 그곳에서 사람들의 신임을 받기도 하지만 큰 어려움들도 겪습니다. 그러다 나중에는 가나안에 기근이 들었을 때에 양식을 구하러 이집트로 내려온 형들을 만나게 되고, 이스라엘 집안이 이집트에 자리 잡고 살게 되는 계기를 마련합니다(창세 37-50장). 그런데 그 마지막에 이르러, 아버지 야곱이 세상을 떠나고 나자 요셉의 보복을 두려워하는 형들에게 요셉은 이렇게 말합니다. "두려워하지들 마십시오. 내가 하느님의 자리에라도 있다는 말입니까? 형님들은 나에게 악을 꾸몄지만, 하느님께서는 그것을 선으로 바꾸셨습니다. 그것은 오늘 그분께서 이루신 것처럼, 큰 백성을 살리시려는 것이었습니다"(창세 50,19-20).

인간들의 손으로 엮인 사건들 속에서 요셉은 하느님의 섭리를 깨닫습니다. 자신이 이집트에 내려오게 된 것도, 지금 이스라엘 집안이 같이 내려오게 된 것도 이 백성을 살리기 위한 하느님의 계획이었음을 알아차립니다. 그뿐만이 아닙니다. 요셉은 이집트 땅에서 죽음을 맞으면서도, 하느님께서 반드시 이스라엘 집안을 찾아오시어 그들을 조상들에게 약속하신 땅으로 데리고 올라가실 것이라고 믿습니다. 그리고 그때 자신의 유골을 가지고 올라가라는 말을 남깁니다.

이 유언은 성경의 중요한 단락들에서 계속 기억됩니다. 탈출 13,19에서 이스라엘이 이집트를 떠나는 순간 모세는 그 유언을 기억하며 요셉의 유골을 가지고 나옵니다. 그리고 여호 24,32에서는 영토 정복과 영토 분배가 모두 끝나고 여호수아가 세상을 떠난 것을 전하는 마지막 장면에서, 요셉의 유골을 스켐에 묻었다는 사실을 언급합니다. 요셉 이야기는 거기서 비로소 끝나게 됩니다. 빈손으로 약속을 붙잡고 살았던 이들, 그들이 성조들이었고 이스라엘은 이러한 성조들의 이야기를 통하여 자신의 기원과 신앙의 기원을 설명했습니다.

조상들의 믿음에 대해 말하는 히브리서 11장을 꼭 읽어 보시기를 권합니다. "이들은 모두 믿음 속에 죽어 갔습니다. 약속된 것을 받지는 못하였지만 멀리서 그것을 보고 반겼습니다. 그들은 더 나은 곳, 바로 하늘 본향을 갈망하고 있었습니다"(히브 11,13.16).

5

탈출 1-18장

"내가 주님임을 알게 될 것이다"(탈출 7,5)

탈출. 얼마나 많은 사람이 이 단어를 보면서 마음속에 간절한 염원을 느낄까요? 탈출기라는 책은 그 염원에 응답합니다.

역사에서 계속되는 탈출

탈출기는 출애굽기라고 부르다가 성경 번역을 새로 하면서 제목을 새로 붙인 책입니다. 처음에 낱권으로 출간된 탈출기에는 어떤 의미로 이 책을 '탈출기'라고 부르기로 했는지 설명하는 내용이 들어 있었습니다. 아주 짧게 말하면, '출애굽'은 한 번 있었던 사건이지만 '탈출'은 그렇지 않습니다. '출애굽'은 기원전 13세기, 모세 시대에 이스라엘이 이집트('애굽'은 이집트의 중국식 음차 표기)를 떠난 사건입니다. 그러나 탈출은 속박으로부터, 억압으로부터, 불의로부터, 인간에 대한 하느님의 계획을 거스르는 모든 것으로부터 벗어남을 의미합니다. 한 번 있었던 과거의 사건이 아니라 역사에서 반복되었고 현재에도 미래에도 계속되는 사건입니다. 탈출기에 기록된 이 과거 사건은 그러한 탈출들의 원형입니다.

이집트 탈출 사건의 규모가 과연 어느 정도였는지는 미지수입니다. 60만 명이 나왔다(탈출 12,37)는 것은 여러 면에서 불가능합니다. 실제로는 이스라엘 민족 가운데 어느 특정 집단의 체험이었으리라 봅니다. 그러나 이 체험은 이스라엘에게 하느님이 어떤 분이신지 그 얼굴을 보여 주는 큰 사건이었습니다. 그 의미를 모두가 공유하게 되었기에 60만, 즉 '우리 모두'가 이집트에서 나왔다고 말할 수 있었던 것입니다.

하느님 이름의 계시

탈출기는 크게 두 부분으로 나뉩니다. 1-18장은 이집트 탈출에 관한 설화 부분이고, 19-40장은 주로 법률 부분입니다. 처음에 이집트 땅에 머물고 있던 이스라엘은 열 가지 재앙을 거친 다음 14-15장에서 갈대 바다를 건너고 16-18장에서 광야를 지나 시나이 산에 도착합니다. 19-40장에서는 움직임 없이 시나이 산에 머뭅니다. 레위기 전부와 민수기 10장까지의 배경도 시나이 산이 될 것입니다.

탈출기의 전반부, 1-18장에 기록된 이집트 탈출은 이스라엘이 하느님을 알아 가는 과정이었습니다. 처음에는 모세도, 이스라엘도,

파라오도 주님이 누구신지를 몰랐습니다. 그래서 모세는 하느님의 부르심을 처음 들었을 때 그분의 이름을 물었습니다(탈출 3,13 참조). 이스라엘 백성에게, 자신을 보내신 분이 누구신지를 말하기 위해서 였습니다. 그리고 모세가 파라오에게 이스라엘을 내보낼 것을 요구했을 때 파라오는 주님이 누구이기에 나에게 이스라엘을 내보내라고 명령하느냐고 되묻습니다(탈출 5,2 참조). 아직 아무도 그분을 모릅니다.

이름을 묻는 모세에게 하느님은 "나는 있는 나다"(탈출 3,14)라고 대답하십니다. 뜻을 알기 어려운 대답입니다. 이 대답은 대략 세 가지 의미를 담고 있는 것으로 해석됩니다.

첫째, 나는 그냥 나이지 더 이상 무엇이라고 말할 수 없다는 뜻입니다. 어떤 이름을 붙인다면 여러 신 중의 하나가 되고 말테니까요. 인간의 언어 안에 하느님이 갇히는 상황이 되어 버립니다. 그래서 그냥 '나'라는 것 외에 아무런 정보를 주지 않으시는 것입니다.

둘째, '있는' 분, 존재하시는 분이라는 뜻입니다. 그리스어와 라틴어 번역을 거치면서 그러한 의미가 더욱 부각되었고 이는 철학에서 하느님을 이해하는 것과도 깊이 연관되어 있습니다.

셋째, 내가 누구인지 이제부터 보라는 뜻입니다. 앞으로 보게 될 나, 그것이 나라는 말씀입니다. "네가 이 백성을 이집트에서 이끌어 내면, 너희는 이 산 위에서 하느님을 예배할 것이다"(탈출 3,12). "내가 이집트 위로 내 손을 뻗어 그들 가운데에서 이스라엘 자손들을 이끌어 내면, 이집트인들은 내가 주님임을 알게 될 것이다"(탈출 7,5).

앞으로 보게 될 하느님의 모습

세 번째 의미를 더 생각해 보겠습니다. 이스라엘의 하느님은 당신 백성을 이집트 땅 종살이하던 집에서 끌어내신 분이십니다. 그런데 탈출기 3장에서 아직 이스라엘은 그 사건을 겪지 않았습니다. 그러니 천 마디 말로 설명을 해도 이스라엘은 하느님을 알 수 없습니다. 파라오도 마찬가지입니다. 파라오가 하느님을 알기 위해서는 열 가지 재앙을 겪어야 했습니다. 아니, 그는 아홉 가지 재앙을 거치고도 하느님을 알지 못했으니 그가 하느님을 알게 된 것은 이집트 땅의 모든 맏아들과 짐승의 맏배가 죽었던 열 번째 재앙에서였습니다(탈출 11장). 이스라엘에게 결정적이었던 순간은 갈대 바다를 건널 때였던 것으로 보입니다. 앞에는 바다가, 뒤에는 이집트 군대가 가로막고 있던 죽음의 순간에 이스라엘은 하느님께서 그들을 위하여 이루시는 구원을 보았습니다(탈출 14,13). 이스라엘이 하느님을 분명하게 알았다는 표지가 15장에 나오는 바다의 노래입니다. "주님은 나의 힘, 나의 굳셈, 나에게 구원이 되어 주셨다. 이분은 나의 하느님, 나 그분을 찬미하리라"(탈출 15,2).

여기에 이르면 파라오도 하느님을 알고 이스라엘도 하느님을 압니다. 더 이상은 하느님이 누구신지를 묻지 않습니다. 이제부터 하느님은 이스라엘을 해방하시는 분으로 일컬어집니다. 탈출은 반복되는 사건이라고 했습니다. 억압과 불의가 반복되기 때문입니다. 그때마다 이스라엘은 해방하시는 하느님을 기억해야 합니다. 이스라엘이 약속의 땅이 아닌 다른 곳에 머물고 있을 때, 인간의 모습이 하느님께서 우리에게 바라시는 그 모습이 아닐 때, 인간 안에 있는 하느님의 모상이 억눌려 일그러져 있을 때 하느님은 다시 개입하실 것입니다. 하느님은 그런 분이시라고 말해 주는 책이 탈출기입니다.

"원수에게서 우리를 해방시키셨다.
주님의 자애는 영원하시다"(시편 136,24).

6

탈출 19-40장

"너희는 나의 소유가 될 것이다"(탈출 19,5)

구약성경의 역사라는 것은 결국 하느님께서 이스라엘의 손을 붙잡고 걸어오신 역사인 듯합니다. 그 손을 잡는 장면이 탈출 19-24장의 시나이 계약입니다.

계약, 주 하느님의 백성이 됨

성경에는 계약에 대한 내용이 참 많이 나옵니다. 하느님과 이스라엘 사이의 계약은 하느님께서 '나는 너희 하느님이 되고 너희는 나의 백성이 되리라'는 말로 요약됩니다. 성경의 순서에 따르면 시나이 계약 이전에 노아와 맺으신 계약이 있고 아브라함과 맺으신 계약도 있지만, 시나이 계약은 이집트 탈출을 통하여 하나의 백성을 이루게 된 이스라엘과 맺으신 계약입니다.

"너희는 내가 이집트인들에게 무엇을 하고 어떻게 너희를 독수리 날개에 태워 나에게 데려왔는지 보았다. 이제 너희가 내 말을 듣고 내 계약을 지키면, 너희는 모든 민족들 가운데에서 나의 소유가 될 것이다"(탈출 19,4-5).

계약 이전에 먼저 하느님께서 이스라엘에게 베풀어 주신 선물이 있습니다. 이스라엘이 시나이 산에 이르기까지 경험한 일들, 탈출 1-18장에 기록된 일들입니다. 어떤 학자들은 탈출기의 설화 부분인 1-18장과 법률 부분인 19-40장이 본래 아무 관련이 없는 별개의 것이었는데 책을 만드는 과정에서 한데 묶이게 되었다고 생각했습니다. 그러나 적어도 이스라엘에게, 19-40장은 1-18장 없이는 의미를 갖지 않습니다. 이스라엘을 하느님의 백성이 되게 한 사건은 이집트 탈출입니다. 죽은 목숨이던 이스라엘을 하느님께서 구해 주셨기에 이스라엘은 이제 하느님의 것이 됩니다. 그것을 기억하지 않는다면 이스라엘은 계약에 충실할 수가 없습니다. 계명을 지킬 아무런 이유도 없습니다. 그래서 십계명의 첫 줄 역시 "나는 너를 이집트 땅, 종살이하던 집에서 이끌어 낸 주 너의 하느님이다"(탈출 20,1)로 시작됩니다.

이 계약을 맺으면서 하느님께서 이스라엘에게 십계명과 그 뒤에 이어지는 계약법전을(탈출 20,22-23,33) 주십니다. 출애굽의 하느님께서 주신 계약법전에서 중시하는 것이 무엇인지는 논리적으로만 생각해도 답이 나옵니다. "너를 종살이하던 집에서 이끌어 낸 주 너의 하느님"이 이스라엘에게 바라시는 것은 그들이 자유와 해방을 누리는 백성으로 살아가는 것입니다. 하느님께서 원하신 것은 그들이 계약법전의 법률에 속박되어 사는 것이 아닙니다. 이스라엘을 이집트에서 이끌어 내시려고 밤새워 애쓰신 하느님은(탈출 12,42 참조) 이스라엘이 그 해방된 신분에 맞게 살아가기를 바라십니다. 모세를 부르실 때 말씀하셨듯이 그 백성이 파라오를 섬기는 것이 아니라 오직 하느님을 섬기는 백성이 되기를 바라십니다(탈출 3,12 참조). 이스라엘의 하느님이 '나를 종살이하던 집에서 이끌어 낸 주 나의 하느님'이시라면, 내가 그 하느님을 섬기는 것은 예속일 수 없습니다. 그 하느님의 것이 되고 그분의 뜻에 따라 살아가는 것은 진정으로 해방된 삶을 사는 길이 됩니다.

> **오경에 나오는 법전:** 오경에는 법전이 세 개 나옵니다. 탈출기의 계약법전, 레위기의 성결법전, 신명기의 신명기 법전입니다. 계약법전은 이들 가운데 가장 오래된 것으로 보이며, 농경 생활 초기의 시대상이 반영되어 있습니다.

용서하시는 하느님

하지만 이스라엘은 곧 그 길을 벗어납니다. 시나이 산에 올라간 모세를 기다리지 못하고 금송아지를 만들고 맙니다(탈출 32장). 보이지 않는 하느님을 섬기지 못하고 눈앞에 보이는 무엇인가를 찾았던 것입니다. 모세는 그런 모습을 보고 하느님께 받았던 계약의 돌 판을 던져 부수어 버립니다. 계약 파기입니다. 이스라엘이 지금 하고 있는 일이 이미 계약을 저버린 행동이었기 때문입니다.

하느님께서 잡으신 손을 이스라엘이 뿌리치는 순간입니다. 그러자 하느님은 이제 이 백성과 함께 가지 않겠다고 하십니다. 그러나 여기서 끝나지는 않습니다. 모세는 하느님께 다시 당신 모습을 보여 주시고 이 백성과 함께 가 주시기를 간청합니다. 시편 106,23에서는 모세가 진노를 터뜨리시는 하느님 앞을 막아섰다고 표현합니다. 이때에 하느님께서 모세 앞을 지나가시며 다시 당신의 이름을 선포하십니다. 그 이름이 '자비하고 너그러운 하느님, 분노에 더디고 자애와 진실이 충만하신 하느님'이십니다(탈출 34,6 참조). 그러고 나서 모세에게 계약의 돌 판을 다시 주십니다. 계약이 회복되었다는 뜻입니다.

탈출기 전체를 돌아보면 3장에서 알려 주신 하느님의 이름이 '야훼'였고, 이집트에서 해방된 다음 19-24장에서 그 하느님과 이스라엘이 손을 잡았었습니다. 그런데 32장에서 이스라엘이 하느님의 손을 놓고 금송아지를 붙잡으려 했습니다. 하느님은 그런 이스라엘의 손을 다시 붙잡으십니다. 모세에게 다시 주신 두 번째 돌 판은 용서의 표지입니다. 이스라엘의 하느님께서 '자비하고 너그러운 하느님'이시기에 이스라엘과 하느님의 관계가 계속 유지됩니다. 아담 때에 이미 그랬듯이, 하느님께서 인간의 죄악을 살피신다면 아무도 감당

할 수 없습니다(시편 130,3 참조).

이스라엘은 오랜 세월을 거치면서 비로소 그 하느님의 자비와 용서를 알게 됩니다. 특히 다윗 왕조가 무너지고 바빌론 유배를 겪게 되었을 때, 하느님의 백성으로서 철저한 실패를 맛본 다음, 이스라엘은 아직도 나를 내치지 않으시고 아직도 나를 당신의 것이라고 여겨 주시는 것은 오직 하느님의 자비와 용서 때문임을 깊이 깨닫게 됩니다(시편 103,8; 요엘 2,13; 요나 4,2 참조). 탈출 32-34장에는 이러한 후대의 체험들이 반영되어 있습니다.

"당신께서는 규정을 내리시어 열심히 지키게 하셨습니다.
아, 당신 법령을 지킬 수 있도록 저의 길이 굳건하였으면!"

(시편 119,4-5)

7

레위기

"나, 주 너희 하느님이 거룩하니
너희도 거룩한 사람이 되어야 한다"(레위 19,2)

하느님이 거룩하지 않으시다면 우리도 거룩할 필요가 없습니다. 그 하느님이 우리 하느님이 아니시라면 우리는 더더욱 거룩하지 않아도 됩니다. 그런데 거룩하신 분이 주 우리 하느님이실 때에는 더 이상 피해 갈 구멍이 없습니다. 더구나 거룩하신 그 하느님이 멀리 계시지 않고 우리 집에 머물고 계실 때에는 거룩함이 매우 중요한 문제가 됩니다. 우리 집과 우리 자신을 거룩한 분께 합당하게 마련해야 하기 때문입니다. 레위기의 관심사는 바로 이 문제입니다. 탈출기의 마지막 부분에서 이스라엘은 하느님께서 명하신 대로 만남의 천막을 지었고, 모든 일을 마치자 구름이 그 천막 위에 머물렀습니다(탈출 40장 참조). 이제 이스라엘 가운데, 그 천막에 거룩하신 하느님께서 계십니다. 그래서 이스라엘은 거룩해야 합니다.

이러한 맥락에서 레위기의 첫 부분에서는 제사에 대해(1-7장), 이어 사제 임직 의식에 대해(8-10장) 다루고, 그다음에는 정결과 부정에 관한 법(11-16장)과 성결법(17-26장)이 이어집니다. 모든 부분을 살필 수는 없으므로 주로 성결법을 보겠습니다.

성결법, 하느님께 속한 거룩한 백성이 되는 길

탈출기의 계약법전처럼 레위기의 성결법도 법전 형태로 되어 있습니다. 그래서 오경에는 신명기의 신명기 법전까지 포함하여 모두 세 개의 법전이 있습니다. 이 법전들은 전체 짜임새도 비슷하고 개별 규정에서도 공통점이 많은데, 강조점에는 서로 차이가 있습니다. 탈출기의 계약법전이 이집트 탈출에 바로 뒤이어 나오면서 자유와 해방을 강조했다면, 레위기의 성결법은 거룩함에 중점을 둡니다. "나, 주 너희 하느님이 거룩하니 너희도 거룩한 사람이 되어야 한다"(레위 19,2). 성결법이 이스라엘에게 요구한 것이 이러하였습니다.

물론 이집트 탈출은 레위기에서도 중요합니다. 그런데 레위기는 이집트 탈출이 무엇보다 이스라엘 백성을 거룩하게 하는 과정, 축성의 과정이라고 봅니다. "나는 너희 하느님이 되려고, 너희를 이집트 땅에서 데리고 올라온 주님이다. 내가 거룩하니 너희도 거룩한 사람이 되어야 한다"(레위 11,45). 거룩함(qādôš)은 따로 떼어 냄, 하느님께 속한 것으로 구별함을 의미하고, 마치 우리가 세례를 받음으로써 하느님의 백성이 되듯이 이스라엘은 이집트 탈출을 통하여 하느님의 백성이 되었습니다. 이 때문에 이스라엘은 더 이상 다른 민족들처럼 살 수 없게 됩니다.

하느님의 거룩함을 드러내는 일상의 삶

그런데 앞서 인용한 "나 주 너희 하느님이 거룩하니"로 시작되는 레위 19장을 보면 참으로 다양한 내용을 담고 있습니다. 11-16장의 주제였던 정결과 부정에 관한 법이 주로 제의적 정결에 관한 것이어서 어떤 경우에 부정을 타서 예식에 참여할 수 없게 되는지를 설명해 주는 데에 비하여, 성결법은 예식의 정결함만이 아니라 삶의 거룩함 전체를 포괄하기 때문입니다. 그래서 레위 19장에는 우상 숭배, 안식일, 제사 규정 등 하느님과 직접 관계된 법에서부터 농경과 추수에 관한 법, 도둑질과 사기를 금하는 법, 이웃 특히 약자에 관한 법 등 다양한 법이 들어 있습니다. 예수님께서 가장 중요한 계명 가운데 하나로 인용하신 "네 이웃을 너 자신처럼 사랑해야 한다"(레위 19,18)는 유명한 구절도 여기에 나옵니다. 제의적인 거룩함만이 아니라 윤리적인 거룩함까지 필요하다는 것입니다.

여기서 조금 주의할 부분이 있습니다. 레위기의 규정들은 모든 사람에게 보편적으로 요구되는 올바름을 넘어선다는 점입니다. 말하자면, 살인하지 말라는 것은 누구나 이성적으로 판단하여 받아들일 수 있고 받아들여야 하는 규정입니다. 굳이 하느님을 믿지 않는 사람이라도 그것을 몰라서 살인을 했다고 말할 수는 없습니다.

하지만 성결법은 특정한 사람들, 하느님께 속한 거룩한 이스라엘을 대상으로 합니다. 조금 실망하실 수도 있겠지만, "네 이웃을 너 자신처럼 사랑해야 한다"고 말할 때 그 '이웃'의 범위는 이스라엘 동족입니다. 이스라엘은 하느님께 속하기 때문에 그들 사이의 관계는 남달라야 한다는 의미입니다. 그저 누구에게나 마땅히 해야 할 정도로 대하는 것으로 부족하고, 형제이니 너 자신과 같이 여기라는 뜻입니다.

그렇다고 이방인을 배척하지도 않습니다. "너희와 함께 머무르는 이방인을 너희 본토인 가운데 한 사람처럼 여겨야 한다. 그를 너 자신처럼 사랑해야 한다"(레위 19,34). 뒤집어 말하면 그 이방인은 앞에서 말한 '이웃'에 포함되지 않습니다. 앞에서 말한 이웃에 대한 사랑은 거룩한 공동체 안에서 이루어지는 형제애를 말하고, 이방인에 대한 사랑은 거룩한 공동체가 밖을 향해 베푸는 사랑입니다. 그 사랑 역시 특별합니다. 이방인에게 본토인과 같은 대우를 하는 것은 현대에도 어려운 일입니다. 외국인 노동자에 대한 권익 보호, 의료 혜택 등을 생각하면 레위기의 기준은 분명 지금까지도 머나멀게 느껴집니다.

이스라엘이 이렇게 합리적 기준을 넘어서는 거룩한 삶을 살아야 했던 것은, 그들이 하느님께 속한 이들로서 하느님의 거룩함을 드러내야 했기 때문입니다(레위 22,31-32). 신약성경의 표현을 빌면 그들은 세상의 빛과 소금이 되어야 했고 등불이 되어야 했습니다(마태 5,13-15 참조). 거룩하신 하느님을 닮은 삶으로 아버지의 이름이 거룩히 빛나시게 하는 것, 그것이 하느님께 속한 거룩한 백성의 역할이었습니다.

"여러분을 부르신 분께서 거룩하신 것처럼
여러분도 모든 행실에서 거룩한 사람이 되십시오"(1베드 1,15).

8

민수기

"이집트로 돌아가는 것이 더 낫지 않겠나?"(민수 14,3)

'광야에서.' 이것이 민수기의 히브리어 제목입니다. 이집트 땅에서 나온 이스라엘 백성 가운데 거의 전부가, 두 명만 제외하고 모두 광야에서 죽었습니다. 어떻게 생각하십니까?

약속을 믿지 못하는 이스라엘

민수기에서는 아직 시나이에 머물던 이스라엘이 준비를 갖춘 다음 광야를 거쳐 모압 평야에 이르는 과정을 보여 줍니다. 광야에서는 이스라엘의 불평이 반복됩니다. 그럴 수밖에 없습니다. 물이 부족하고 먹을 것이 없고 외적에 맞서 싸워야 하고 앞길도 불확실하며 언제 가나안 땅에 도착할 것인지도 알 수 없습니다. 백성은 그저 모세에게 찾아가 불평할 뿐입니다. 모세는 백성을 위하여 하느님께 기도하고, 때로는 힘이 겨워 모세 자신도 하느님께 탄원하고, 그때마다 하느님께서 응답하십니다.

시나이 산에 도착하기 전에도 이스라엘은 이집트에서 광야를 거쳐 시나이 산까지 왔습니다(탈출 16-18장). 그리 긴 기간은 아니었습니다. 탈출기에서는 이스라엘이 이집트 땅에서 나온 뒤 석 달 만에 시나이 산에 도착했다고 말합니다(탈출 19,1). 그때에도 어려움은 적지 않았고, 그때마다 백성은 불평을 했습니다. 그런데 민수기에 나오는 이스라엘은 이미 탈출기에 나오는 이스라엘과 다릅니다. 시나이 산에서 하느님과 계약을 맺어(탈출 19-24장) 온전히 하느님께 속하게 된 백성입니다. 그래서 민수기에서의 불평은 단순히 목이 마르고 배가 고프다는 울부짖음이 아니라 하느님을 불신하는 표지가 됩니다. 하느님께서도 탈출기에서와 달리 불평에 대해 처벌하십니다.

이집트 탈출 이후 이스라엘의 이동 경로: 탈출 1-15장에서 이집트 땅에 머물다가 그 땅을 벗어나게 된 이스라엘은, 16-18장에서 광야를 거쳐 시나이 산에 도착합니다. 탈출 19-40장과 레위기 전체, 그리고 민수 1,1-10,10에서 이스라엘은 시나이 산에 머물러 있습니다. 민수기의 나머지 부분에서 그들은 시나이에서 모압으로 옮겨 가고, 신명기는 모압 평야를 배경으로 합니다.

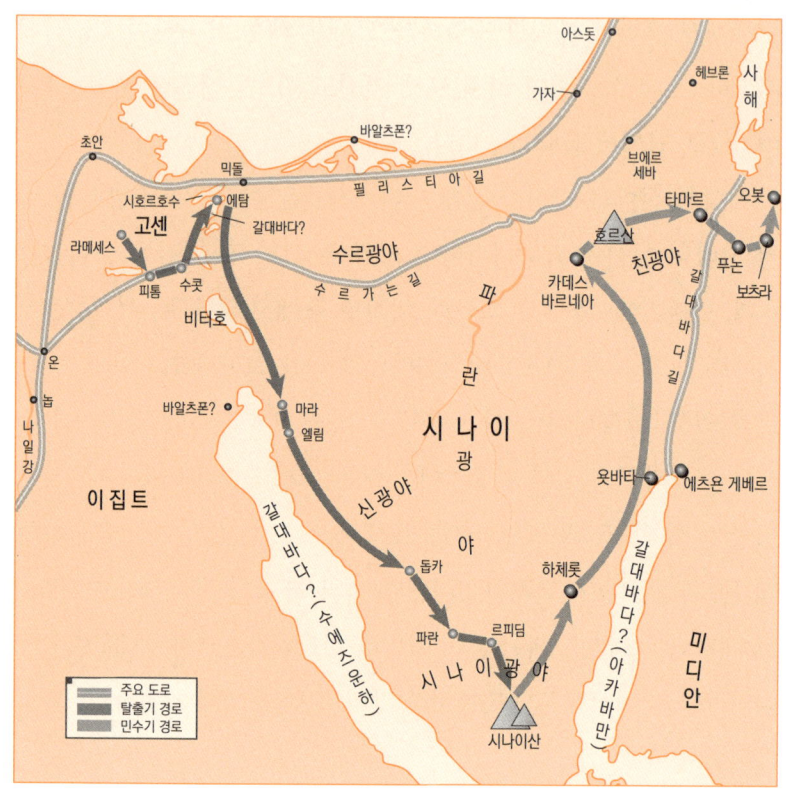

이집트 탈출과 광야 경로 《성서사십주간 성경지도》 지도 31

그런 불신의 가장 대표적인 예가 민수 13-14장에 나오는 가나안 정탐입니다. 모세가 각 지파에서 한 명씩을 뽑아 가나안 땅을 정찰하게 한 것 자체는 하느님의 명령으로 이루어진 일로 나타납니다(민수 13,1-2). 그 열두 명은 가나안에 들어가 그 땅과 주민들을 살펴봅니다. 좋은 땅이었습니다. 그런데 그들 가운데 열 명은, '그 땅의 주민이 우리보다 강하여 우리는 그 땅을 차지할 수 없다'고 말합니다(민수 13,31). 칼렙과 여호수아는 그 땅으로 가자고 하지만, 백성은 주저 앉아 아우성치고 통곡합니다(민수 14,1).

그들은 약속을 믿지 못하는 것입니다. 그 땅을 주시겠다는 하느님의 약속을 믿었다면, 아브라함처럼 "하느님께서는 약속하신 것을 능히 이루실 수 있다고 확신"(로마 4,21)하였다면, 그 땅 주민들이 어떤 사람들이든 문제가 되지 않았을 것입니다. 이사악을 제물로 바치러 모리야 산을 오르는 아브라함과 같은 믿음이었다면, 아브라함처럼 "희망이 없어도 희망하며"(로마 4,18) 오히려 그 좋은 땅을 보고 기뻐했을 것입니다. 그런데 그들에게는 그 믿음이 없었기에 군사력을 비교하고는 절망에 빠집니다. 약속을 신뢰하기보다, 자신들의 힘으로 그 땅을 정복해야 하는 것이라고 생각했기 때문입니다.

"우리가 차라리 이집트 땅에서 죽었더라면!"(민수 14,2) 그들은 광야에서 칼에 맞아 죽느니 이집트로 돌아가는 것이 낫겠다고 생각합니다(민수 14,3). 하느님의 약속은 그들에게 더 이상 아무런 희망도 주지 못합니다.

오늘 우리가 주님의 목소리를 듣는다면

결과를 놓고 보면, 이 말을 한 사람들은 실제로 모두 광야에서 죽었습니다. 그들이 가장 바라지 않던 결과를 맞았습니다. 이스라엘이 하느님을 믿지 못했으므로, 약속을 믿었던 칼렙과 여호수아를 제외한 모든 사람이 광야에서 죽고 그다음 세대가 비로소 하느님께서 약속하신 땅에 들어갈 수 있게 된 것입니다. 그렇다면 혹시 그들의 말대로, 이집트로 돌아가는 것이 더 나았던 것은 아닐까요?

이스라엘이 이집트에서 계속 종살이를 할 것인가 아니면 광야에 나가서 죽을 것인가를 선택할 수 있었다면 아마도 종살이를 선택했을 수도 있을 것입니다. 그러나 그렇게 할 수는 없었습니다. 이스라엘에게 가능한 선택은 오직 두 가지였습니다. 이집트를 떠나 하느님께서 약속하신 땅에 도달하거나, 아니면 그 도중에 죽거나. 이집트 땅의 종살이는 하느님의 계획을 벗어나 있는 인간의 상태입니다. 말하자면 기차가 선로에서 벗어난 상태입니다. 어떻게든 선로로 되돌려 놓아야 합니다. 돌려 놓으려고 애쓰다가 끝까지 실패하거나 옆으로 넘어갈지언정, 그대로 둘 수는 없습니다. 그러니 죽더라도 가야 합니다.

끝까지 가거나, 도중에 죽거나. 끝까지 갈 수 있기 위해서 필요한 것은 민수기에 따르면 약속에 대한 믿음입니다. 광야는 그 믿음이 있는지 없는지를 가리지 않고 드러냅니다. 안정된 정착 생활이라면 불안을 숨길 수도 있습니다. 그러나 광야는 자신의 불신을 감출 수 없는 장소입니다. 순간마다 약속에 대한 믿음의 불씨를 되살리려는 피나는 노력 없이는 살 수 없는 곳입니다.

성경은, 우리에게도 광야의 이스라엘과 같은 믿음의 결단이 필요하다는 것을 잘 알고 있습니다. 광야가 이집트와 약속의 땅 사이에 있는 중간 장소였듯이, 우리도 완성된 세상을 향한 여정 중에 있는 순례자이기 때문입니다. 그래서 시편에서는 "아, 오늘 너희가 그분의 소리에 귀를 기울인다면! 너희는 마음을 완고하게 하지 마라,

므리바에서처럼 광야에서, 마싸의 그날처럼"(시편 95,7-8)이라고 일깨웁니다. 광야에서 이스라엘이 했던 것처럼 마음을 완고하게 한다면 우리도 하느님께서 약속하신 땅에 들어가지 못할 것입니다.

"그와 같은 불순종의 본을 따르다가 떨어져 나가는 사람이 없게, 우리 모두 저 안식처에 들어가도록 힘씁시다"(히브 4,11).

9

신명 1-11장

"주 우리 하느님은 한 분이신 주님이시다"(신명 6,4)

다음 구절을 외우십시오. "주 우리 하느님은 한 분이신 주님이시다"(신명 6,4). 이는 앞으로 한동안 계속 반복될 구절입니다. 신명기에서 가장 중시하는 가르침이고, 신명기 사상을 따르는 여호수아기, 판관기, 사무엘기, 열왕기에서도 결국 핵심은 이스라엘이 이 가르침에 충실했는지 여부이기 때문입니다.

신명기, 모세의 유언
신명기는 모세가 죽음을 맞이하던 날, 그 하루 동안 모압 땅에서 온 이스라엘에게 한 말로 이루어져 있습니다. 이스라엘이 이집트를 떠난 지 "사십 년째 되던 해 열한째 달 초하룻날"(신명 1,3) 모세는 주님께서 명하신 것을 이스라엘에게 일러 주고, "바로 그날에"(신명 32,48) 하느님께서는 모세에게 이스라엘이 들어가 차지할 땅을 보여 주십니다. 그리고 모세는 주님의 말씀대로 느보 산 피스가 꼭대기에 올라가 죽습니다(신명 34,1).

억압에 지쳐 새로운 꿈을 품지도 못하고 이집트에 눌러앉아 있으려고만 하는 이스라엘을 일으켜 그 땅을 떠나오게 한 모세입니다. 40년 동안 끊임없이 다시 주저앉으려 하는 이스라엘에게 하느님의 약속을 일깨우며 광야에서 그들을 품에 안고 걸어간 모세입니다. 신명기는 그런 모세의 입을 빌려, 이제 저 요르단 강을 건너 하느님께서 주시기로 약속하신 땅에 들어가면 어떻게 살아야 할 것인지를 되새겨 줍니다. 시나이에서 맺었던 계약을(탈출 19-24장 참조) 다시 상기시키는 것입니다. 이집트를 떠난 그 해에 시나이 산에 이르고 계약을 맺었으니 계약을 맺은 지도 40년이 되어 가고, 광야에서 약속을 믿지 못했던 세대는(민수 13-14장 참조) 이미 모두 죽어 세대가 바뀌어 있습니다. 신명기는 그 세대가 요르단 강을 건넌 다음의 삶을 위한 책입니다.

한 분이신 하느님

그런 신명기에서 무엇보다 강조하는 것이 "주 우리 하느님은 한 분이신 주님이시다"(신명 6,4)입니다. 주 하느님과 이스라엘의 관계는 부부와도 같은 유일한 사랑의 관계입니다. 부부가 혼인 계약으로 맺어진 배타적인 관계이듯이, 이스라엘과 하느님의 관계도 계약으로 맺어진 관계입니다. 신명기 전체는 마치 하나의 계약 문서와 같은 형식으로 되어 있습니다. 고대의 강대국들, 예를 들어 히타이트나 아시리아 등은 주변의 작은 나라들과 주종 관계의 계약을 맺곤 했는데, 신명기 전체의 짜임이 그 계약 양식과 유사합니다.

고대의 종주국 계약	신명기의 구조
1. 머리말	
2. 역사적 서언	역사적 서언과 기본 선언(5-11장)
3. 기본 선언	
4. 개별 규정	개별 규정(12-26장)
5. 증인이 되는 신들의 명단	
6. 축복과 저주	축복과 저주(28장)

신명기에서 모세는 먼저 하느님께서 이스라엘에게 해 주신 일을 기억하게 합니다. 그다음에 한 분이신 그 하느님이 이스라엘의 하느님이심을 선언하고, 그분만을 섬겨야 한다는 핵심 계명과 함께 십계명을 전해 줍니다. 12-26장은 오경에서 세 번째로 만나는 법전인 신명기 법전입니다. 한 분이신 하느님께 충실하려면 어떻게 살아야 하는지를 하나하나 일러 주는 것이 이 법전입니다. 그리고 고대의 계약이나 법전 끝에 늘 있었던 축복과 저주도 신명기에 나타납니다.

    십계명에 열 가지 계명이 있고 또 법전에 많은 규정이 들어 있다 해도, 그 모든 것의 핵심은 한 분이신 하느님만을 사랑해야 한다는 것입니다. "너희는 마음을 다하고 목숨을 다하고 힘을 다하여 주 너희 하느님을 사랑해야 한다"(신명 6,5). 신명기 법전에서 가장 먼저 나오는 것이 하느님께 드리는 경배를 예루살렘에서만 드려야 한다는 규정이었던 것도(신명 12장), 혹시나 여러 곳에서 경배를 드리다 보면 그 장소들에서 섬기는 하느님을 마치 각 지역의 신들처럼 오해할 여지가 있기 때문이었습니다. 그만큼 신명기에서는 '한 분'에 대한 가름 없는 충실함이 중요했습니다.

다른 신들이 있는지 없는지, 신명기는 아직 그런 문제에 이론적인 관심을 갖지 않습니다. 다른 민족들이 다른 신들을 섬겨도 상관하지 않습니다. 중요한 것은 이스라엘이 다른 신들을 따라가지 말아야 한다는 것입니다(신명 6,14). 부부 관계의 유일성과 같은 의미입니다. 주 하느님은 당신께서 이스라엘의 유일한 사랑이시기를 요구하십니다. 그렇지 않은 것을 그대로 두지 않으십니다. 그래서 "질투하시는 하느님"(신명 6,15 등)이라고 일컬어지십니다. 유일한 관계가 아닐 때에는 질투할 것이 없습니다. 그러나 유일한 관계여야 한다면, 곁눈질을 하는 것은 질투를 불러일으킵니다. 그 관계를 침해하는 것으로 여겨지기 때문입니다. 앞으로 보게 될 여호수아기부터 열왕기까지의 책들은, 이스라엘이 과연 신명기에서 가르친 대로 한 분이신 하느님께만 충실했는지 아니면 곁눈질을 했는지를 돌아볼 것입니다.

하느님의 요구는 일방적이고 무리한 요구가 아닙니다. 하느님은 먼저 이스라엘에게, 다른 누구도 보여 준 적이 없는 사랑을 보여 주셨습니다. "주 너희 하느님께서 이집트에서 너희가 보는 가운데 너희를 위하여 하신 것처럼, 온갖 시험과 표징과 기적, 전쟁과 강한 손과 뻗은 팔과 큰 공포로, 한 민족을 다른 민족 가운데에서 데려오려고 애쓴 신이 있느냐? 그것을 너희에게 보여 주신 것은 주님께서 하느님이시고, 그분 말고는 다른 하느님이 없음을 너희가 알게 하시려는 것이다"(신명 4,34-35). 그리고 40년 동안 광야를 거쳐 올 때, "주님 홀로 그를 인도하시고 그 곁에 낯선 신은 하나도 없었다"(신명 32,12)고 합니다. 모세가 이스라엘에게 가르치려 한 것은 다른 무엇보다도 그 하느님 한 분에 대한 충실함이었습니다.

"내 영혼아, 주님을 찬미하여라.
그분께서 해 주신 일 하나도 잊지 마라"(시편 103,2).

10

신명 12-34장

"주님은 너희의 생명이시다"(신명 30,20)

"주 우리 하느님은 한 분이신 주님이시다"(신명 6,4). 앞에서 말했듯이, 신명기는 그 한 분이신 하느님께 모든 것을 겁니다. 신명기가 계명을 말하고 법전을 말한다면, 그것은 모두 마음을 다하고 목숨을 다하고 힘을 다하여 그분만을 사랑하기 위해서입니다. 한 분이신 하느님께서 세상의 여러 민족 가운데 특별히 뛰어나지도 않은 이스라엘을 당신 백성으로 삼아 주셨으니(7장 참조), 이스라엘은 그 사랑에 응답해야 한다는 것입니다.

신명기 법전

신명기에서 큰 부분을 차지하는 것이 12-26장의 신명기 법전입니다. 탈출기의 계약법전, 레위기의 성결법전에 이어 오경에서 세 번째로 나오는 이 법전의 전체 짜임새 역시 다른 법전들과 비슷합니다. 신명기 전체의 틀을 본다면, 십계명이나 한 분이신 하느님만을 사랑하라는 계명 등 아주 근본적인 내용들은 5-11장에서 이미 언급됩니다. 12-26장은 더 개별적인 문제들을 다룹니다. 이 개별 규정들 다음으로 27-28장에 축복과 저주가 나옵니다.

특징적인 부분 몇 가지만 짚어 보겠습니다. 먼저 신명기 법전의 첫머리에는 제사 장소에 관한 규정이 나오는데(12장), 우상 숭배만을 금하는 것이 아니라 하느님께 드리는 제사도 예루살렘에서만 드리게 하는 것이 큰 특징입니다. 교통도 불편하던 시대에 왜 그렇게 했을까요? 그 이유는, 신명기의 모든 것이 그렇듯이, 이스라엘이 섬기는 하느님이 오직 한 분이심을 강조하기 위해서입니다. 각 지역에 성전이 있게 되면 마치 서로 다른 신들을 섬기는 듯이 이스라엘의 신앙생활이 갈릴 수 있기 때문에 이를 우려했던 것입니다.

다음으로 법전에 흩어져 있는 사회적 계명들에서는 '고아, 과부, 이방인'을 보호하라고 명합니다. 그들은 가부장제 사회에서 의지할 곳이 없는 이들입니다. '동족'을 자주 언급하는 것도 특징입니다. '동족'이라고 번역된 단어는 본래 '형제'를 뜻합니다. 이스라엘은 모두 하느님 안에서 서로 형제들이므로, 땅이 없거나 가장이 없어 자신의 힘으로 생활을 꾸려 갈 수 없는 '고아, 과부, 이방인'에 대해 함께 책임을 가지고 돌보아 주어야 합니다. 그들의 권리를 주장하시는 분은 하느님이십니다. 이 점은 성경의 법전을 읽을 때에 주의해야 하는 부분입니다. 성경에서, 인권은 하느님으로부터 나옵니다. '고아, 과부, 이방인'을 돌보아야 하는 이유는 그들 역시 하느님께 속하기 때문입니다. 그들을 돌보시는 분이 내가 주님으로 모시는 하느님이시기 때문에 나도 그분의 뜻에 따라 그들을 돌보아야 하는 의무를 가집니다.

신명기의 축복, 땅

그 밖에도 여러 가지 내용이 들어 있는 법전 본문 다음에는 축복과 저주가 뒤따릅니다. 주의해서 볼 부분입니다. 이스라엘뿐 아니라 고대 근동의 여러 법전에는 법률 조항들 다음에 축복과 저주가 나오는 것이 보통이었습니다. 논리는 간단합니다. 법률을 잘 지키는 사람에게는 온갖 종류의 축복이 약속되고, 법률을 지키지 않는 사람에게는 숱한 저주가 있게 됩니다. 주변 다른 민족들의 경우 신들도 많다 보니 저주의 종류도 매우 다양합니다.

그런데 신명기 법전에서 축복과 저주의 내용은 땅에 집중됩니다. 이스라엘이 한 분이신 하느님을 마음을 다해 사랑하여 그분의 율법을 지킨다면 하느님께서 주실 그 땅에서 오래오래 복을 누리며 살 것입니다. 그러나 이스라엘이 그 땅을 차지하고 나서 배가 불러 하느님을 잊는다면, 그들을 해방시키시고 땅을 주신 그분을 잊어버린다면 이스라엘은 그 땅에서 쫓겨나고 말게 됩니다. 주님께서 "모든 민족들 가운데로 너희를 흩으실 것"(신명 28,64)이며 "이집트로 도로 데려가실 것"(신명 28,68)입니다. 이집트로 도로 데려가신다는 것

II 오경, 구약성경의 바탕   **81**

은 이집트 탈출을 취소한다는 뜻입니다.

법전 부분만이 아니라 신명기 전체에서 땅은 중요한 주제로 부각되고 땅을 잃어버릴 수 있다는 경고가 강도 높게 되풀이되는 것을 볼 수 있습니다. 왜 그럴까요? 여기서 신명기의 형성 시기를 기억할 필요가 있습니다. 신명기에서 법전 부분이 비교적 오래된 부분이기는 합니다. 그러나 신명기 전체가 완성된 것은 유배 후였고, 물론 법전에도 그 시기에 첨가된 부분들이 있습니다.

이렇게 이스라엘이 땅을 잃어버리고 난 뒤에 신명기의 본문이 완성되었습니다. 신명기의 마지막 편집자는 유배를 겪었고, 이스라엘이 그 땅을 잃어버렸다는 것을 알고 있었습니다. 그는 그 땅을 왜 잃어버렸는지 물었습니다(신명 29,23). 그가 찾은 대답이, 이스라엘이 하느님께서 주신 땅에 들어가서는 하느님을 잊어버리고 다른 신들을 경배했기 때문이라는 것이었습니다(29,25-28).

그런데 신명기는, 땅을 잃어버리는 것이 끝이 아님을 알고 있습니다. 이스라엘이 그 땅에서 쫓겨난 후에라도, 유배 간 그곳에서 마음을 다해 하느님을 섬기면 하느님께서 그들을 다시 모아들이시며 번성하게 해 주시리라고 신명기는 말합니다. 이미 땅을 잃어버린 신명기의 독자에게 이러한 말씀은, 좌절하지 말고 다시 온 마음으로 하느님을 사랑하라는 뜻이 됩니다.

한 걸음 더 나가 봅시다. 신명기에 따르면, 약속된 땅에 들어간 다음 이스라엘은 하느님께 충실하지 못합니다. 그런 이스라엘이 하느님께 마음을 돌이키는 것은 땅을 잃어버린 다음의 일입니다(30,1-

5 참조). 그렇다면 땅을 잃어버리는 것은 이스라엘에게, 생명이신 하느님을 다시 찾는 계기가 됩니다. 멸망도 구원 역사의 일부였던 것입니다.

유배 전
예언자들

오경, 구약
성경의 바탕

여호수아
부터 왕국
분열까지

길을
떠나기 전에

III 여호수아부터 왕국 분열까지

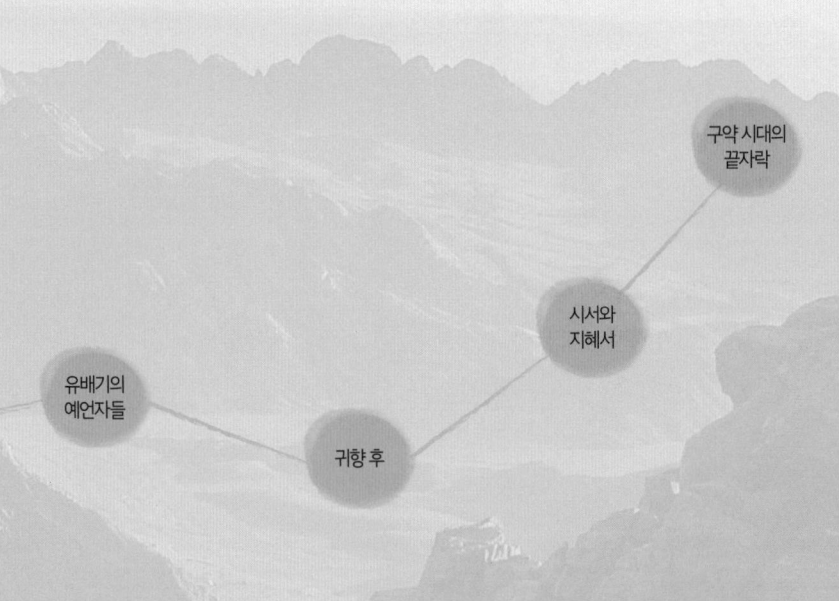

- 구약 시대의 끝자락
- 시서와 지혜서
- 귀향 후
- 유배기의 예언자들

길 안내

모세가 세상을 떠나고, 이스라엘은 요르단 강을 건넙니다. 대략 기원전 13세기를 그 배경으로 볼 수 있습니다. 그 이후로 역사는 약속된 땅에서 전개됩니다. 우리 여정의 다음 단계는, 이스라엘이 그 땅에 정착하고 왕정을 세운 시기에 해당합니다. 여호수아기, 판관기, 사무엘기, 열왕기, 그리고 이 책들과 병행되는 역대기가 이 시대의 역사를 전해 줍니다. 왕정 시대에서도 예언자들이 활동한 기원전 8세기 이후의 시기는, 예언서들을 읽으면서 좀 더 자세히 살펴보겠습니다.

역사서 입문
- 역사서를 왜 읽을까?

첫머리에서 구약 시대의 역사를 짧게 훑어보았지만, 많이 잊어버리셨을 것입니다. 그 역사는 몇 번 반복하지 않으면 머리에 들어오지 않습니다. 들여다볼수록 분명히 밝혀지지 않은 부분도 많고, 등장인물도 많고, 갈수록 태산입니다. 그런데 왜 우리가 이스라엘의 역사를 읽을까요?

역사를 통하여 계시하시는 하느님을 만나기 위하여

역사서를 읽는 첫 번째 이유는, 그리스도교의 하느님이 역사를 통하여 당신 자신을 계시하신 하느님이기 때문입니다. 우리는 그 예를 탈출기에서 보았습니다. 탈출기에서 하느님께서는 "내가 주님임을 알게 되리라"고 말씀하셨는데, 그다음에 곧바로 교리를 가르치신 것이 아니라 이스라엘이 직접 역사를 겪게 하셨습니다. 이스라엘은 역사를 통하여 하느님을 알았습니다. 그래서 이스라엘의 신앙 고백은, 말하자면 "하느님은 무소부재하시고 전지전능하시고…"라는 식의 추상적인 개념들로 되어 있지 않고 조상들이 체험한 역사를, 하느님께서 함께하신 그 역사를 후손들에게 들려주고 전해 주는 형태였습니다. 처음에는 이야기로 들려주던 것이 나중에는 문서로 기록되고, 그렇게 해서 역사서들이 시작됩니다. 그 책을 통해서 후손들이, 그리고 우리가 하느님께서 어떤 분이신지를 알게 됩니다.

역사를 해석하기 위하여

역사서를 읽는 두 번째 이유는, 역사서들이 사실 기록으로 그치지 않고 인간 역사에 대한 이해를 보여 주기 때문입니다. 성경의 역사서들만이 아니라 인간의 모든 역사 기록은, 진공 상태처럼 중립적인 사실들만 열거한 것일 수 없습니다. 일간 신문의 기사를 쓴다 해도 이 세상에서 일어나는 모든 일을 다 기록할 수는 없으니, 반드시 선택이 필요합니다. 하루 동안 일어난 일들 가운데 어떤 일들을 더 중요한 것으로 보느냐, 여기에는 이미 역사 해석의 문제가 연관됩니다.

질문 하나 드리겠습니다. 역사책을 읽을 때 기록자의 해석이나 판단은 배제하고 객관적인 사실들만을 찾아내려고 해야 할까요? 결코 그렇지 않습니다. 우리가 역사책을 읽는 것은 단순히 어느 해에 무슨 일이 있었는지를 알기 위해서가 아닙니다. 유다 왕국이 바빌론에게 멸망한 때가 기원전 587년인지 기원전 586년인지 열심히 토론하는 사람들도 있지만, 우리가 그저 그 사실을 알아서 무엇하겠습니까? 오히려 우리는 그 사건이 지금의 우리를 위해서 무엇을 말해 주는지를 찾아야 하고, 역사 기록자는 그 작업을 도와줍니다. 우리보다 앞서 그가 그 사건들을 해석했기 때문입니다.

역사서가 작성된 시기라는 문제는 역대기를 읽을 때에 다시 생각하게 되겠지만, 지금부터 역사서들을 읽을 때 늘 염두에 둘 부분입니다. 예를 들어 탈출기를 읽는다면, 이집트 탈출 시대에만 관심을 가질 것이 아니라 탈출기가 기록된 시대에도 관심을 가져야 한다는 말입니다. 실상 이스라엘의 역사 기록은 대개 국가적 위기를 겪을 때에 작성되었습니다. 위기를 이해하기 위해서 과거를 돌아보았기 때문입니다. 기원전 722년 북 왕국 이스라엘이 멸망했을 때, 기원전 6세기 남 왕국 유다가 멸망하고 바빌론 유배를 겪게 되었을 때, 기원전 2세기 마카베오 시대와 같은 어려운 시기에 이스라엘은 과거를 돌아보며 현재의 상황을 설명하려 했습니다. 그렇게 기록된 역사서들은, 위기에 이르게 된 이스라엘 역사의 모든 사건이 하느님과 이스라엘의 관계 안에서 이루어진 것임을 가르쳐 줍니다. 그래서 이런저런 인간적 요인들만으로 역사의 흐름이 결정되지 않고, 역사의 주인은 하느님이심을 알아보게 합니다.

시편에서는 "당신의 길이 바다를, 당신의 행로가 큰 물을 가로질렀지만 당신의 발자국들은 보이지 않았습니다. 당신께서는 모세와 아론의 손으로 당신 백성을 양 떼처럼 이끄셨습니다"(시편 77,20-21)라고 말합니다. 하느님께서 이스라엘을 이끄셨다고, 이끄셨을 것이라고 믿지만, 물속을 걸어가셨으니 발자국이 남지 않지요. 그냥 맨눈으로 역사를 보아서는 하느님께서 지나가신 흔적을 알아보기가 쉽지 않습니다. 그런데 역사서들은 그 발자국을 짚어 줍니다. 여기, 이렇게 하느님께서 이스라엘의 역사 안으로 들어오셨다고 가리켜 보여 줍니다. 특히 역사에서 이스라엘과 함께 계신 하느님이 보이지 않는 순간에, 그렇게 가리켜 보여 주는 역사서들이 필요했습니다.

역사서의 분류

앞으로 읽을 역사서들의 분류에 대해서만 미리 언급해 두겠습니다.

가장 먼저 형성된 역사서는 신명기계 역사서입니다. 여호수아기, 판관기, 사무엘기, 열왕기가 여기에 속합니다. 이 책들은 특히 남 왕국 유다가 멸망했을 때, 그 멸망을 배경으로 작성되었습니다. 신명기 다음에 이어지는 이 책들은, 신명기의 가르침을 바탕에 깔고 있습니다.

이미 신명기계 역사서가 있었는데 그보다 훨씬 더 늦은 시기에 다시 작성된 역사서가 역대기계 역사서들입니다. 역대기, 에즈라기, 느헤미야기를 보통 역대기계 역사서라고 부릅니다. 이 책들은 바빌론 유배에서 돌아온 후에 작성되었습니다.

그 밖의 역사서들은 기타 역사서라고 하는 룻기, 토빗기, 유딧기, 에스테르기, 마카베오기 상하권입니다. 마카베오기는 그래도 다른 역사서들과 비슷한 역사서이지만, 다른 책 네 권은 현대인들이 생각하는 의미의 역사서는 아닙니다. 교훈적인 이야기라고 보는 편이 좋습니다.

역사서들을 읽으면서, 물속에 새겨져 있는 하느님의 발자국들을 알아보시기 바랍니다.

"하느님, 저희 귀로 들었습니다.
저희 조상들이 저희에게 이야기하였습니다.
그들 시대에 당신께서 업적을 이루셨습니다"(시편 44,2).

2

여호수아기

"땅을 나누어 줄 사람"(여호 1,6)

'모세가 죽었다.' 심각한 문제입니다. 이스라엘은 과연 모세가 신명기에서 일러 준 대로 잘 살까요?

신명기계 역사서, 유배의 위기를 맞이하여

신명기 34장에서 모세가 죽은 다음, 여호수아기, 판관기, 사무엘기, 열왕기로 이어지는 책들을 1940년대 마르틴 노트(M. Noth)가 명명한 이후로 보통 '신명기계 역사서'라 부릅니다. 이 책들은 이스라엘이 요르단 강을 건너 약속된 땅에 들어간 다음에 모세가 신명기에서 일러 준 대로 잘 살았는지를 기술합니다. 언제 썼을까요? 열왕기에서 유다 왕국의 멸망까지를 기록하는 이 책들은, 여호수아와 판관들의 시대가 아니라 아마도 남 왕국 유다가 멸망한 다음 과거를 돌아보며 기록한 것으로 보입니다. 신명기계 역사서의 저자들은 이 책들을 통해서, 멸망의 원인을 찾으려 했던 것입니다. 우리가 모세의 가르침에 충실하게 살지 않아서 멸망했구나, 대략 말해서 이것이 신명기계 역사가의 입장입니다.

그런데 과연 그것이 전부일까요? 어떤 연세 드신 수녀님이 계셨는데 혈압이 높았습니다. 하루에 몇 번씩 혈압을 재셨던 것 같습니다. 그런데 음식을 아주 짜게 드시고 식사 조절을 전혀 안 하셨습니다. 제가 항상 투덜투덜했습니다. 그러려면 혈압은 왜 재느냐고요. 그냥 혈압 높다는 것을 확인할 뿐이라면, 굳이 혈압을 잴 필요가 없지 않을까요?

신명기계 역사서도 마찬가지일 것입니다. 신명기에서 모세가 말한 대로 유다 백성이 살지 않았기 때문에 멸망했다는 진단으로 끝난다면, 이스라엘은 망할 수밖에 없었다는 결론으로 끝날 것입니다. 그러나 혈압을 재는 목적이 노력해서 혈압을 낮추기 위함이듯이, 신명기계 역사서 역시, 진단을 하는 것은 현재의 위기를 극복하기 위해서입니다. 왕국이 멸망하고 땅을 잃고 유배를 가게 된 원인을 찾는다면, 그것은 다시 그 땅으로 돌아가기 위해서입니다. 신명기계 역사서 안에는 분명히 그 대답이 들어 있습니다. 그 대답을 찾아야 이 책들을 이해한 것입니다.

모세의 율법을 명심하여라

여호수아기는 1,6-7만 읽으면 전체를 파악할 수 있습니다. 이 대목은 모세가 죽은 다음 하느님께서 모세의 시종이던 여호수아에게 이스라엘 백성의 통수권을 맡기며 하시는 말씀입니다. "내가 이 백성의 조상들에게 주기로 맹세한 땅을 이 백성에게 상속 재산으로 나누어 줄 사람은 바로 너다. 오직 너는 … 나의 종 모세가 너에게 명령한 모든 율법을 명심하여 실천하고, 오른쪽으로도 왼쪽으로도 벗어나서는 안 된다. 그러면 네가 어디를 가든지 성공할 것이다."

여호수아가 할 일은 요르단 강을 건너 저 땅을 정복하고 이스라엘 열두 지파에게 그 땅을 나누어 주는 것입니다. 실제로 여호수아기의 내용을 보면 1-12장은 가나안 땅의 정복을, 13-21장은 그 땅의 분배를 이야기합니다. 22-24장은 맺음말로 볼 수 있습니다. 영토 정복 과정은 다음 이야기에서 볼 것입니다. 어쨌든 여호수아는 이제 요르단 강을 건너 영토를 정복하러 갑니다.

그런데 영토를 정복할 여호수아에게 하시는 하느님의 명령은, 군대를 모으고 군사훈련을 하라는 것이 아닙니다. 모세의 율법을 어김없이 잘 지키라고, 그러면 모든 일이 잘 되리라고 말합니다. 물론, 영토를 얻게 되리라는 뜻이지요. 여기서 말하는 모세의 율법은 무엇보다 모세가 신명기에서 가르친 것, 곧 이스라엘에게 하느님은 한 분뿐이시고 그분만을 섬겨야 한다는 것입니다. 그분만을 사랑한다면 이스라엘은 신명기에 적힌 축복대로 그 땅을 차지할 것입니다.

여호수아는 하느님의 말씀에 충실했고 그래서 땅을 얻게 됩니다. 그런데 영토 정복이란, 한번 땅을 얻었다고 끝나는 일이 아닙니다. 가나안 땅에 본래 살고 있던 이들이 그 후로도 끊임없이 침범할 것이고, 이스라엘은 땅을 지키기 위해서 노력해야 합니다. 그래서 여호수아는 유언을 남깁니다. 그 내용은 그가 통수권을 받을 때에 들었던 하느님의 말씀과 똑같습니다. 율법을 어김없이 잘 지키라는 것입니다(여호 23,6). 여호수아는, 그렇게 하지 않을 경우 그 땅을 잃어버릴 위험이 있음을 경고합니다.

잃어버린 땅으로 돌아가려면

여기서 잠시, 여호수아기가 작성된 시기를 기억해 봅시다. 여호수아가 아직 살아 있던 시대라면, 여호수아기 23장의 유언은 미래를 위한 경고가 될 수 있었을 것입니다. 그러나 여호수아기는 그때 쓰인 것이 아닙니다. 여호수아기가 작성된 유배 중 또는 유배 후 시대에, 땅을 잃어버린다는 것은 장차 일어날 수 있는 일이 아니라 이미 일어난 일입니다. 그러므로 여호수아의 유언은 그 과거의 체험을 반영한 것입니다.

여호수아기의 핵심 주제는 땅입니다. 표면적으로는 영토 정복의 과정을 말하고 있지만, 내면적으로는 이스라엘이 그 땅을 잃어버린 이유를 말해 줍니다. 모세의 율법에 충실하지 않았기 때문에 땅을 잃었다는 것입니다. 이스라엘은 한 분이신 하느님을 사랑하지 않고 다른 신들을 따라갔기 때문에 땅에서 쫓겨났습니다. 그러면 어떻게 해야 할까요? 이스라엘 백성을 그 땅으로 데리고 들어간 인물 여호수아는 그 답을 말해 줍니다. 오른쪽으로도 왼쪽으로도 벗어남 없이 모세의 율법을 실천하는 것, 다시 말하면 신명기의 가르침대로 마음을 다하여 한 분이신 하느님만을 사랑하는 것, 그것이 그 땅으로 돌아가기 위해 이스라엘이 해야 할 일입니다. 유배된 처지에서 여호수아기는 이스라엘에게 희망을 줄 수 있었습니다. 땅을 차지하고 소유하는 것은 무력에 달려 있지 않고 주님께, 토라에 순종하는 데에 달려 있기 때문입니다. 땅은 주님께서 주시는 것입니다.

"정녕 저희 조상들은 자기들의 칼로 땅을 차지하지도 않았고
자기들의 팔로 승리하지도 않았습니다.
오직 당신의 오른손과 당신의 팔, 당신 얼굴의 빛이 이루어 주셨으니
당신께서 그들을 좋아하셨기 때문입니다"(시편 44,4).

3

영토 정복의 역사

"땅 나누는 일을 마쳤다"(여호 19,51)

이번에는 좀 다른 주제를 생각해 보겠습니다. 여호수아기가 역사적 사실을 그대로 전해 주는가 하는 문제입니다.

여호수아기의 역사적 난점들

고고학이고 역사학이고 나는 관심 없다, 그저 성경에 나오는 말씀만 그대로 믿겠다 해도, 그것 역시 쉬운 일은 아닙니다. 여호수아기와 판관기가 서로 다른 얘기를 한다면 무엇을 믿으시겠습니까? 여호수아기는 일사불란합니다. 열두 지파는 하나로 똘똘 뭉쳐 가나안 전체를 착착 정복했다고 말합니다. 그런데 판관기는 다릅니다. 지파들이 각각 산발적으로 조금씩 영토를 정복합니다. 정복하지 못한 지역도 여기저기에 많이 흩어져 있습니다(판관 1,27-35). 또, 여호수아기 안에도 이스라엘이 남아 있는 가나안 주민들과 그냥 같이 사는 모습이 나타납니다(여호 23-24장, 스켐). 여호수아 시대에 이미 다 정복한 것 같은 땅을 다윗이나 솔로몬이 다시 정복하기도 합니다. 예를 들어 여호 12,10에서는 예루살렘도 이미 정복한 상태인데, 2사무 5,6-9에서는 다윗이 여부스인들의 도성이던 예루살렘을 정복합니다. 어찌하시겠습니까?

그다음, 천문학이나 성경과 자연과학의 문제에서 창조와 진화 문제 다음으로 유명한 갈릴레오 사건이 여호수아기와 관련됩니다. 하느님께서 여호수아의 기도를 들으시고 해를 멈추셨다는 내용이 여호 10,12-13에 나옵니다. 해를 멈추려면 해가 움직이고 있어야 하지요. 그래서 천동설이 옳고 지동설은 틀리고, 갈릴레오는 재판을 받았습니다. 그래도 지구는 돕니다.

이제 고고학입니다. 성서 고고학이 처음 발전하기 시작했을 때 열성적인 신앙을 지닌 고고학자들은 성경의 내용을 학문적으로 증명하고 싶어 했습니다. 그 마음이야 십분 이해하지요. 그런데 증명이 되지 않았습니다. 여호수아기에 따르면 여호수아가 예리코의 성벽을 무너뜨렸습니다. 기원전 13세기가 될 것입니다. 그런데 고고학 연구 결과, 그 시대 예리코에는 성벽의 흔적이 없었습니다. 아이는 기원전 3천 년대에 파괴되었습니다. 여호수아가 예리코나 아이에 갔을 때에는 무너뜨릴 것이 없었다는 뜻입니다.

여호수아기를 설명하는 가설들

상황이 이렇다 보니 이스라엘의 가나안 영토 정복에 대하여 새로운 가설들이 나오게 되었습니다. '새로운'이라고 말했지만 나온 지가 벌써 50년이 지나서 이제는 낯설지 않게 된 가설들입니다.

일단, 군사 정복이 없었다고 할 수는 없겠습니다. 열두 지파의 통일된 군사행동이라는 것이 그 시대에 아직 어려웠을 듯합니다. 좀 더 장기간에 걸쳐 점진적으로 이루어졌겠지만 인구의 이동과 정착이 있었던 것은 분명하며, 모든 이스라엘 사람이 이집트에서 다 올라온 것은 아니라 하더라도 적어도 요르단으로 와서 팔레스티나 중부를 거쳐 스켐까지 정복하는 데에서는 여호수아의 역할이 있었으리라고 생각합니다.

평화적 침투 가설도 있습니다. 기원전 12세기에 팔레스티나에서 유목민들이 농민으로 정착하게 되었다는 사실은 고고학적으로 확인됩니다. 이를 근거로, 이스라엘이 여러 작은 무리로 이 땅에 침투해 들어가 자리를 잡았으리라고 추정하는 것입니다.

영토 정복을 사회학적으로 접근하기도 합니다. 1960년대부터 한동안 많이 제기되었던 가설입니다. 당시의 가나안은 매우 계층화된 사회였는데, 거기에서 하층민들이 그 체제를 피하여 산간지대로 옮겨 가 정착했다는 것입니다. 이들이 외부에서 온 다른 이들과 손을 잡았다고 보기도 합니다.

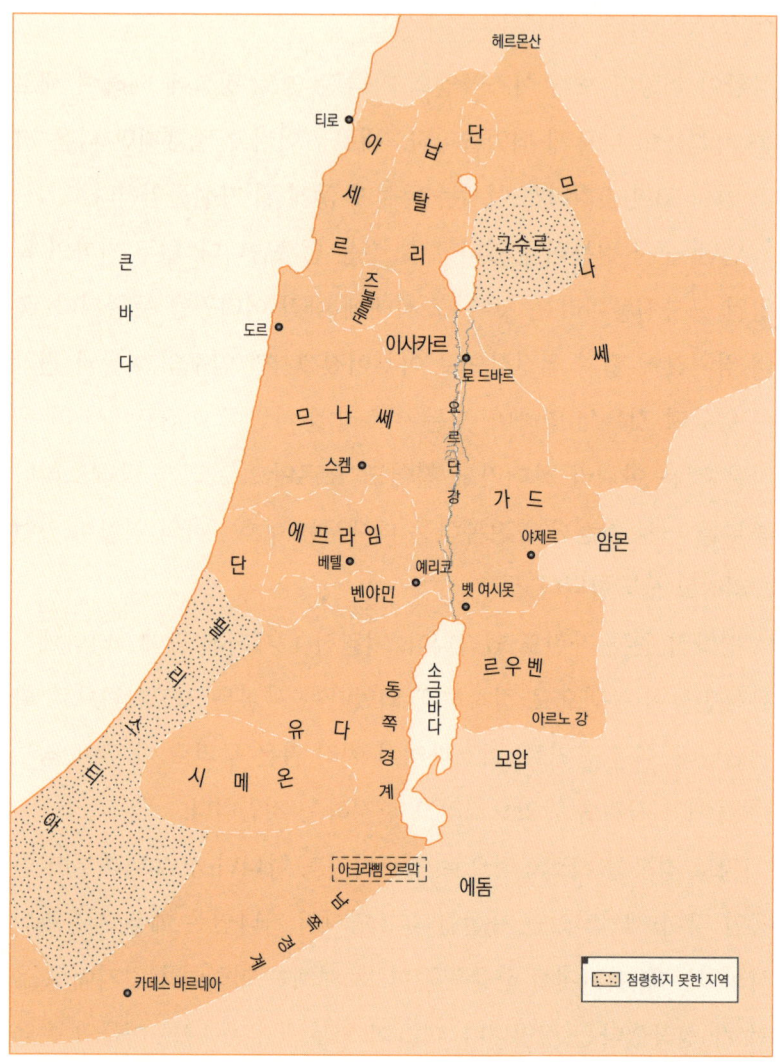

이스라엘의 지파별 영토

영토 분배, 하느님 약속의 실현

결론은 한마디로 나오지 않습니다. 이스라엘이 그 땅을 차지한 과정은 여호수아기가 말하듯이 체계적으로 이루어진 것이 아니라 서서히, 군사 정복과 소규모의 평화적 이주 그리고 가나안 도시국가들 내부의 사회적 변화 등 여러 요인이 작용하여 이루어졌을 것입니다. 여호수아기는 그 과정을 단순화하여, 여호수아라는 한 인물을 중심으로 묶어 이집트 탈출에 연결 짓습니다. 영토 정복과 영토 분배, 그 모든 것이 여호수아를 통해서 이루어졌다고 말합니다.

여호수아기도 아직 정복하지 못한 지역이 남아 있었다는 것을 압니다(여호 13,1-7). 그러나 여호수아가 영토를 열두 지파에게 분배한다는 것은, 그 땅을 주시겠다던 하느님의 약속이 성취되었음을 나타냅니다. "주님께서는 이렇게 이스라엘 백성의 조상들에게 주시겠다고 맹세하신 모든 땅을 그들에게 주셨다. … 이리하여 주님께서 이스라엘 집안에 하신 그 모든 좋은 말씀이, 하나도 빠지지 않고 다 이루어졌다"(여호 21,43.45).

어느 지파에게 어느 땅을 나누어 주는가 하는 문제는, 우리에게는 크게 중요하지 않아 보입니다. 그러나 이스라엘 후손들은 여호 13-21장에서 자기 집안의 이름을 찾습니다. 우리에게 이 땅이 주어졌다는 것, 그것은 하느님께서 약속을 지키셨음을 의미합니다. 이스라엘이 여호수아처럼 하느님께 충실하게 살아간다면 하느님께서는 언제라도 그 땅을 주실 분이심을 보여 줍니다. 여호수아기는 말하자면 그 약속의 보증과 같습니다.

히브리어로 '여호수아'라는 이름을, 그리스어로 옮기면 '예수'가 됩니다. 그런 여호수아에 대해, 후손인 기원전 2세기의 집회서 저자는 이렇게 말합니다. "눈의 아들 여호수아는 전쟁에서 용감하였고 예언자로서는 모세의 후계자였다. 그는 자기 이름이 뜻하는 대로 그분께서 뽑으신 이들 가운데 위대한 구원자가 되어 … 이스라엘에게 상속의 땅을 차지하도록 해 주었다"(집회 46,1).

4

판관기

"주님께서는 판관들을 세우시어"(판관 2,16)

모세는 신명기에서 한 분이신 하느님을 사랑하고 율법을 지키라고 유언을 남겼습니다. 여호수아 시대에는, 이스라엘이 그 유언에 충실하면 영토를 정복할 수 있었고 충실하지 않으면 전쟁에 패배했습니다. 그런데 이제 여호수아도 죽습니다. 한 세대가 이렇게 지나갑니다. 이제 태어난 이들은 "주님도 알지 못하고 주님께서 이스라엘에게 베푸신 업적도 알지 못하는 다른 세대"(판관 2,10)입니다. 그 세대를 가리켜 이렇게 부르는 것을 보면, 이미 그 안에 역사가의 평가가 들어 있음을 알 수 있습니다. 이들은 이전 세대보다 모세의 가르침에서 더 멀리 있습니다. 한 분이신 하느님만을 사랑하라는 계명을 잊어버리고 다른 신들을 따라갑니다. 그러면 어떻게 될까요?

반복되는 역사

판관기는 여호수아 이후 아직 왕정이 설립되지 않았던 시대의 이스라엘을 보여 줍니다. 이 시대의 역사는 판관 2,11-19에 요약되어 있는데, 같은 상황이 판관 시대 내내 계속 반복되는 것이 특징입니다.

먼저, '주님을 알지 못하는' 세대는 다른 신들을 따라 갑니다. 단골은 바알과 아스타롯입니다. "저희 조상들을 이집트 땅에서 이끌어 내신 주님"(판관 2,12)을 알지 못하니 가나안 사람들이 섬기는 신들을 따라가는 것이 당연합니다. 그래서 신명기의 가장 중요한 가르침인 하느님은 한 분뿐이시고 그분만을 사랑해야 한다는 계명에서 멀어집니다.

이때 질투하시는 하느님께서는 이스라엘이 다른 신들을 따라가는 것을 용납할 수 없으십니다. 신명기에서 하느님이 한 분이시라는 것이 배타적인 사랑을 요구하는 것이라 했습니다. 신명기에 나오는 계약에 따라, 이스라엘이 다른 신을 따라갈 때에 하느님께서는 이스라엘을 미디안이나 필리스티아 같은 다른 민족들의 손에 내맡기십니다.

그러면 이스라엘은 하느님께 부르짖습니다. 외적의 침략으로 시달리다가 하느님께 돌아가는 것입니다. 그런 뒤 하느님께서는 그 부르짖음을 들으시어 판관을 세워 주십니다. 판관은 이스라엘을 위기에서 구해 냅니다. 그러나 시간이 지나면 다시 이스라엘은 다른 신들을 찾아가고, 역사가 다시 반복됩니다.

> **판관:** 판관이라는 단어는 재판관이라는 뜻입니다. 판관기의 제목이 히브리어로 "재판관들"입니다. 하지만 판관기에 나오는 판관들은 재판하는 사람이라기보다 이스라엘을 이끄는 지도자였습니다. 왕정이 수립되기 전, 하느님께서 필요에 따라 세워 주신 지도자가 판관입니다.

한 분이신 하느님께 충실할 때

판관기에서도 변함없이, 가장 중요한 것은 "주 우리 하느님은 한 분이신 주님이시다"(신명 6,4)라는 가르침입니다. 판관기에서 이스라엘의 죄는 무엇보다도 우상 숭배, 다른 신들을 따라가는 것이었습니다. 어떤 불의나 폭력보다도 우상 숭배가 큰 죄로 여겨지는 까닭은 그것이 한 분이신 하느님만을 섬기라는 가장 큰 계명을 위반하는 일이기 때문입니다. 이스라엘은 끊임없이 하느님께 충실하지 않았고 그래서 계속 다른 민족들에게 시달림을 받았습니다. 하느님께 충실했는지 여부에 따라 역사가 결정됩니다. 이집트 탈출과 영토 정복을 통하여 하느님께서 베풀어 주시는 구원을 체험하고도 다시 하느님을 저버리고 다른 신들을 따라 간 것이 이스라엘이었고, 그래서 역사는 반복되었습니다.

판관들이 이스라엘을 구할 수 있는 것도 오직 그 한 분이신 하느님께 충실할 때입니다. 판관이라는 인물들은 일시적으로 이스라엘을 지도한 사람들이고 그 직무도 세습되지 않아서, 임금과는 다릅니다. 왕정이 설립되기 이전의 과도기적 통치 체제라고 말할 수 있겠습니다. 일시적인 제도였지만, 판관들은 하느님께서 세워 주신 이들로서 위기에 처한 이스라엘을 올바로 인도했습니다. 신명기계 역사서에서 임금들이 대부분 부정적으로 평가받았던 것과는 달리 판관들은 모두 하느님의 사람들이었습니다.

개인적으로 볼 때 판관들은 훌륭한 인물이 아니었습니다. 기드온은 판관으로 부르심을 받을 때에 스스로 자신이 보잘것없는 집안 출신이라고 말하고, 입타는 창녀의 아들로서 아버지의 다른 아들들에게 쫓겨난 사람이었습니다. 삼손도 별로 존경할 만한 인물로 보이지는 않습니다. 그들은 가문이나 신분과 관계없이, 필요한 때에 하느님께서 택하신 사람들이었습니다.

판관들의 군사 활동 역시 마찬가지였습니다. 전쟁의 승패는 군사력에 달린 것이 아니라 주님께 충실했는지 여부에 달려 있었습니다. 가장 뚜렷한 예가 기드온입니다. 기드온이 미디안족을 치러 갈 때, 처음에 군사가 삼만 이천 명이었습니다. 하느님께서는 그 가운데 대부분을 돌아가게 하고 삼백 명만을 남기십니다. "네가 거느린 군사들이 너무 많아, 내가 미디안을 너희 손에 넘겨줄 수가 없다. 이스라엘이 나를 제쳐 놓고, '내 손으로 승리하였다.' 하고 자랑할까 염려된다"(판관 7,2). 판관들은 그들 자신의 힘이 아닌 하느님의 힘으로 이스라엘을 위험에서 구했습니다. 전쟁의 승리는 인간적 능력에 달려 있지 않고 하느님께 순종하는 데에 달려 있다는 것, 승리를 주시는 분은 하느님이시라는 것, 이 모두가 신명기의 가르침입니다.

안타까운 것은 이스라엘이 외적의 손에서 벗어나고 나면 어느새 다시 하느님을 잊어버린다는 점입니다. 그래서 판관기는 그 마지막에 이르기까지, 안정된 결말을 보여 주지 않습니다.

판관기는 이스라엘 역사의 빛과 그림자를 모두 담고 있는 것 같습니다. 한편으로 이 책에는 이스라엘의 끊임없는 배반이 나타납니다. 그러나 다른 한편으로는, 그럴 때마다 하느님께서 이스라엘을 일깨워 주시고 판관들을 보내어 바른 길로 되돌아오게 하셨다는 것은 희망의 근거가 됩니다. 호세아서에서 하느님께서는, "내가 부를수록 그들은 나에게서 멀어져 갔다"(호세 11,2)라고 말씀하십니다. 틈만 나면 하느님을 떠나가는 이스라엘, 그러나 멀어져 가는 이스라엘에게 되풀이하여 손을 내미시는 하느님. 판관들은 그 하느님께서 보내신 사람들이었습니다.

5

왕정에 관하여

"임금을 우리에게 세워 주십시오"(1사무 8,5)

판관기의 마지막 구절은 "그 시대에는 이스라엘에 임금이 없었다. 그래서 사람들은 저마다 제 눈에 옳게 보이는 대로 하였다"(판관 21,25)입니다. 임금이 필요하다는 뜻이겠지요? 사무엘기의 앞부분에는 왕정에 대한 찬성과 반대가 충돌합니다.

왕정을 둘러싼 찬반 논쟁

왕정에 찬성하는 입장이 더 간단하니 그쪽 이야기부터 들어 봅시다. 위에 인용한 판관기의 마지막 구절에서 나타나듯이 임금은 질서를 유지하기 위해 필요했습니다. 판관기 마지막 부분에 나타난 여러 가지 혼란상과 끊임없이 외적과 전쟁을 치러야 했던 판관 시대의 상황을 생각해도 임금은 현실적으로 필요했습니다. 지금까지 위험이 닥칠 때마다 하느님께서 판관을 세우시어 이스라엘을 구해 주셨다 해도, 필리스티아를 비롯한 주변 민족들이 언제 다시 침입할지 모릅니다. 그 순간에 하느님께서 판관을 보내 주실지 어떻게 압니까? 판관은 그때그때 하느님께서 세우시는 인물이어서, 항구적인 제도가 아닙니다. 임금이 있으면 마음이 든든합니다(적어도 임금이 없을 때는 그렇게 상상할 수 있습니다). 언제 침입을 당하더라도 안정된 국가 조직이 있을 것이기 때문입니다.

그러나 신명기계 역사서에서는 왕정을 반대하는 목소리가 계속 들려옵니다. 그 시작은 판관기에서부터입니다. 기드온이 미디안의 손에서 이스라엘을 구해 냈을 때 사람들은 그에게 찾아가 "당신과 당신의 자자손손이"(판관 8,22) 다스려 달라고 요청합니다. 그러나 기드온은 왕정에 반대합니다. 그도 그의 아들도 이스라엘을 다스리지 않을 것입니다. "여러분을 다스리실 분은 주님이십니다"(판관 8,23). 이것이 기드온이 임금이 되기를 거부한 이유입니다. 잊지 말아야 할 부분입니다. 왕정을 반대하는 첫째 이유는 이스라엘의 임금이 하느님이시기 때문입니다. 누군가가 임금 자리를 차지하고 하느님의 백성 이스라엘 위에 군림해서는 안 됩니다.

이와 똑같은 이해가 사무엘기에서도 나타납니다. 백성이 임금을 요구할 때 사무엘이 언짢아하자, 주님께서 사무엘에게 말씀하십니다. "그들은 사실 너를 배척한 것이 아니라 나를 배척하여, 더 이상 나를 자기네 임금으로 삼지 않으려는 것이다"(1사무 8,7). 판관이냐 임금이냐, 그 문제가 아닙니다. 이스라엘은 지금 하느님을 버리고 임금에게 의지하려 하고 있다는 것입니다. 1사무 12장에 실린 고별사에서도 사무엘은, 임금을 요구한 것은 하느님을 거슬러 큰 악을 저지른 것이라고 말합니다.

그다음에 사무엘은 왕정 제도의 폐해를 백성에게 알려 줍니다. 임금이 군사를 징발하고 부역을 시키며 세금을 거두고, 백성은 임금의 종이 되고 말리라고 일러 줍니다.

임금은 필요하지만 하느님의 뜻 아래에서

이렇게 서로 대립하는 의견들이 나타나기 때문에, 판관기와 사무엘기를 포함한 신명계 역사서들이 한 번에 작성되지 않고 적어도 두 번의 편집을 거쳤다고 생각합니다. 예를 들면, 왕정 시대에는 친왕정적인 본문들이 형성되었고 왕정이 무너진 후에 반왕정적인 본문들이 덧붙여졌다고 설명합니다.

이 책들의 편집 문제는 그리 간단하지 않고 학파들도 갈라져 있습니다. 우리는 편집층을 구분하지 않고, 우리 눈앞에 있는 완성된 성경 본문을 들여다보기로 합니다. 양편의 의견을 모두 듣고 나서, 이들을 어떻게 종합할 수 있을까요?

마지막 판관이면서 이스라엘에 왕정을 수립하는 역할을 했던 사무엘이라는 인물을 통해서 이 두 입장을 묶어 볼 수 있지 않을까 싶습니다. 사무엘 자신은 왕정을 원하지 않았지만 하느님의 명에 따라 사울과 다윗에게 기름을 부어 임금으로 세우는 역할을 하게 되었기 때문입니다.

　사무엘도 이스라엘도, 왕정을 끝까지 거부할 수는 없었을 것입니다. 현실적으로 이스라엘에 왕정이 수립된 가장 주된 요인은 외적의 침략에 맞서기 위해서였습니다. 다른 주변 민족들에게는 임금이 있었습니다. 그들에게 먹히지 않으려면 임금이 필요하고 군대가 필요했습니다. 이스라엘도 사회·문화적 발전에서 그들과 비슷한 단계에 있었다면 왕정 수립은 언젠가 이루어질 일이었습니다.

　하지만 이스라엘의 임금은 절대군주가 될 수는 없었습니다. 이스라엘의 임금은 하느님이시고 임금은 그 하느님 아래에 있어야 했습니다. 하느님은 눈에 보이지 않으시고 인간이 아니신데 어떻게 하느님이 이스라엘을 다스리시며 임금이 하느님 아래에 있을 수 있을까요? 신명기와 신명기계 역사서를 모두 읽고 나면 그 답이 명확하게 나옵니다. 율법에 순종함으로써, 그리고 예언자들에게 귀를 기울임으로써 그렇게 될 수 있습니다.

　이스라엘의 임금이 어떠해야 하는지에 대한 규정이 신명 17,14-20에 나옵니다. 그 내용은 왕정 자체를 반대하지 않습니다. 다만 임금이 군마를 많이 늘리거나 아내를 늘리거나 금과 은을 너무 많이 모아서는 안 된다고 말합니다. 임금이 해야 한다고 명하는 사항은 한 가지입니다. 평생 율법을 익히면서 계명에서 오른쪽으로도 왼쪽으로도 벗어나지 말아야 한다(신명 17,20)는 것입니다. 임금이 그 말을 잘 들으면 좋지요! 그렇게 되지 않을 때에 일어나는 이가 예언자입니다. 예언자는 임금이 율법을 지키고 하느님을 사랑하도록 일깨워 주는 존재입니다.

   왕정에 관한 논란은 계속됩니다. 그것은 곧 국가에 대한, 정치 체제에 대한 논란입니다. 왕정이나 국가는, 그 자체가 악하고 있어서는 절대 안 되는 것이 아닙니다. 다만 그것들은 하느님의 뜻 아래 있어야 하고 하느님의 뜻에 따라 하느님의 백성을 다스려야 하는 제도입니다.

6

사무엘기

"네 왕좌가 영원히 튼튼하게 될 것이다"(2사무 7,16)

이제부터는 좀 더 이스라엘 역사를 가까이 놓고 성경을 읽어야겠습니다. 판관기만 해도 도식적이거나 전설적인 부분들이 적지 않았지만, 사무엘기와 열왕기는 한걸음 더 역사 기록에 근접하기 때문입니다. 그와 더불어 진행 속도도 느려집니다.

배척받은 이스라엘의 첫 임금 사울

이스라엘 역사상 최초의 임금은 사울이었습니다. 왕정을 반대하던 사무엘이 어쩔 수 없이 하느님의 뜻에 따라 사울에게 기름을 부어 임금으로 세웠습니다. 그러나 첫술에 배부르랴. 사울의 왕국은 이스라엘 중북부를 중심으로 몇몇 지파가 결합하여 생겨난 것으로서, 사울은 주로 군사 지도자의 모습을 보입니다. 1사무 13,1에 따르면 그가 다스린 기간도 두 해 동안에 불과했습니다.

그의 통치가 무너진 이유에 대해, 사무엘기에서는 하느님께서 그를 배척하셨다고 말합니다. 두 가지 사건이 있었습니다. 첫 번째는 사울이 필리스티아인들과 전투를 하기 전에, 사제가 아니면서 사무엘을 기다리지 않고 자기 손으로 제사를 바친 사건이었습니다(1사무 13장). 이에 사무엘은 사울의 왕국이 더 이상 서 있지 못하리라고 말합니다.

두 번째는 아말렉과 싸울 때 아말렉인들을 전멸시키고 그들에게 딸린 것을 완전히 없애야 하는데 하느님께 제사를 바친다는 명목으로 소와 양들을 살려 두었던 사건입니다. 이때에 사무엘이 유명한 말을 남깁니다. "주님의 말씀을 듣는 것보다 번제물이나 희생 제물 바치는 것을 주님께서 더 좋아하실 것 같습니까? … 임금님이 주님의 말씀을 배척하셨기에 주님께서도 임금님을 왕위에서 배척하셨습니다"(1사무 15,22-23).

여기에서 여호수아기, 판관기와 같은 신명기계 역사서의 신학이 나타납니다. 영토를 정복하고 다른 민족들의 침입을 막아내기 위하여 가장 중요한 것이 한 분이신 하느님을 사랑하고 율법을 지키는 것이었듯이, 왕조를 위해서도 가장 중요한 것은 하느님의 말씀을 듣고 그에 순종하는 것입니다.

한 분이신 하느님께 충실한 다윗

하느님께서 사울을 내치셨으니, 사무엘은 다윗에게 가서 기름을 부어 임금으로 세웁니다. 그 후에 다윗은 열두 지파의 통일 왕국을 세우고 수도를 예루살렘으로 옮겨 명실상부한 이스라엘 전체의 임금이 됩니다. 다윗은 이스라엘 역사에서 가장 이상적인 임금으로 이후의 임금들을 평가하는 잣대였습니다. 성경의 다른 책에서도 다윗은 가장 훌륭한 임금으로 표현되지만, 신명기계 역사서에서 다윗은 한 분이신 하느님을 사랑하고 율법을 지키라는 그분의 명을 따랐기에 훌륭한 임금이었습니다.

그런데 다윗의 통치는 그 앞뒤에 붙은 이야기들이 깁니다. 1사무 16장부터 2사무 5장까지를 '다윗의 왕위 등극 설화'라고 합니다. 사울과 갈등을 빚는 가운데 다윗이 임금이 되는 이야기입니다. 얼마 더 지나서는 2사무 9-20장과 1열왕 1-2장에 '다윗의 왕위 계승 설화'가 있습니다. 다윗의 아들들 가운데 솔로몬이 여러 사건을 거쳐 임금으로 즉위하는 이야기입니다. 왕위 등극 설화와 왕위 계승 설화가 이렇게 많은 분량을 차지하는 것을 보면, 다윗의 일생은 참 파란만장했습니다.

이 이야기들에서 다윗은, 이 모든 역경 속에서도 하느님께 흠 없이 충실했던 인물로 나타납니다. 물론 그에게 죄가 없었다는 말은 아닙니다. 역대기보다 더 솔직하게 사무엘기는 밧 세바 사건과 같은 다윗의 잘못을 분명하게 밝힙니다(2사무 11-12장). 하지만 다윗은 사울의 왕위를 찬탈하거나 그의 집안에 맞서 일어나지 않았고, 오히려 사울의 죽음을 애도하고 사울의 아들 이스 보셋을 죽인 이들을 벌합니다. 사무엘기에 따르면, 하느님께서 먼저 사울을 배척하셨고 그다음에 다윗을 선택하셨습니다.

다윗에게 영원한 왕조를 약속하시는 하느님

하느님의 선택에 확인 도장을 찍는 것이 2사무 7장에 나오는 나탄의 예언입니다. 다윗이 하느님께 집(성전)을 지어 드리려 하자 하느님께서 나탄을 통하여 다윗에게 말씀하십니다. 당신께서 다윗에게 집안을 일으켜 주겠고, 그의 후손의 왕좌를 영원히 튼튼하게 해 주겠다고 약속하십니다.

다윗 왕조와 영원히 함께하시겠다는 약속, 중요한 장면입니다. 다윗 왕조가 존속하던 때에는 이 약속이 다윗 왕조의 정통성을 지탱해 주었고, 기원전 587년에 바빌론에게 왕국이 멸망한 다음에도 이 약속에 대한 믿음은 변화된 형태로 계속 유지되었습니다. 다윗의 후손에게 영원한 왕좌를 약속하신 하느님의 말씀은 한 왕조의 붕괴로 끝날 수 없다는 것, 여기서 메시아 희망이 발전하게 되었습니다. 본래 '메시아'라는 단어는 '기름부음을 받은 이'를 뜻하여 임금을 지칭했습니다. 그러나 더 이상 이스라엘에 임금이 존재하지 않게 된 때에도 이스라엘은 이 약속을 믿었습니다. 예수님을 메시아로 믿었던 이들이 그분을 "다윗의 자손"이라고 불렀던 데에서 나타나듯이, 그리스도인들은 예수 그리스도를 통하여 이 나탄의 예언이 온전히 실현되었다고 믿습니다. 하지만, 유다인들은 지금도 이 약속이

유효하다고 믿기에 평화의 임금이 오시기를 기다리고 있습니다.

마지막, 다윗의 왕위 계승 설화에서는 다윗의 여러 아들이 죽고 죽이는 역사가 전해집니다. 암논이 죽고, 압살롬이 죽고, 아도니야가 임금이 되려다가 실패하고 결국은 솔로몬이 임금이 됩니다. 이 모두가 다윗이 죽기 전에 일어난 일입니다. 한 부분만 보겠습니다. 압살롬의 반란을 피해 가던 다윗은 이렇게 말합니다. "그분께서 '나는 네가 싫다.' 하시면, 나로서는 그저 그분 보시기에 좋으실 대로 나에게 하시기를 바랄 뿐이오"(2사무 15,26). 내가 임금이라 해도 왕정은 절대적인 것이 아닙니다. 나의 왕좌에 대해 그분 보시기에 좋으실 대로 하시기를 바라는 것, 이것이 주님께 선택받은 다윗 임금의 자세였습니다.

7

열왕기

"자기 조상 다윗의 마음과는 달리"(1열왕 15,3)

열왕기에는 "다윗의 마음과는 달리"라는 말, 또는 그와 비슷한 표현들이 자주 나옵니다. 그럴 수밖에 없습니다. 임금들을 평가하는 기준이 다윗인데 임금 대부분이 낙제했기 때문입니다.

솔로몬은 훌륭한 임금일까?

그 첫 번째가 솔로몬입니다. 열왕기 저자는 솔로몬의 지혜와 영화에 대해 알고 있습니다. 그가 하느님께 지혜를 청하여 받았고 매우 부유했으며 7년에 걸쳐 성전을 지었다는 것도 압니다. "솔로몬 임금은 부와 지혜에서 세상의 어느 임금보다 뛰어났다"(1열왕 10,23). 하지만, 그의 마음은 한결같지 못하였다고 말합니다(1열왕 11,4).

솔로몬을 부정적으로 보는 첫째 이유는 그가 외국 여자들을 아내로 맞아들였기 때문입니다. 여호수아와 판관 시대에 이스라엘이 가나안에 들어가면서부터, 그 땅의 주민들과 혼인 관계를 맺는 것은 금지되어 있었습니다. 그들을 따라 다른 신들을 섬기게 될 위험 때문이었습니다. 그런데 솔로몬은 여러 나라에서 많은 여자를 데려왔고 그래서 한 분이신 하느님만을 사랑하지 못했다는 것입니다.

사실은 그것만이 아닙니다. 7년 동안 성전을 짓고 13년 동안 궁전을 지으면, 그 일은 누가 하고 그 비용은 누가 냅니까? 다 백성이 해야 합니다. 임금은 영화를 누렸다고 하더라도 백성은 죽을 지경입니다. 그러다가 예언자 아히야가 예로보암의 반란을 예고하며, 열두 지파 가운데 열 지파가 솔로몬에게서 돌아서리라고 선언합니다(1열왕 11,26 이하). '한 분이신 하느님'을 중시하는 신명기계 역사가는 그것이 솔로몬이 이방 신들을 섬겼기 때문이라고 말합니다. 그러나 북쪽의 열 지파와 남쪽의 두 지파가 갈라진 데에는 지역감정이 작용합니다. 솔로몬이 조세와 부역을 공평하게 부과하지 않았기 때문입니다. 티로 임금 히람에게 재목을 받고 북부 성읍 스무 개를 떼어 주었을 때 북부 주민들은 어떻게 느꼈을까요? 그가 이렇게 백성의 불만을 키워 놓았기에, 그가 죽은 뒤에 왕국이 분열된 데에는 그의 탓이 컸습니다.

그러면, 솔로몬을 어떻게 평가할 수 있을까요? 외적으로는 이스라엘 역사상 최고의 번성기입니다. 다윗이 영토도 가장 넓게 확대해 놓았습니다. 솔로몬이 성전도 지었습니다. 그러나 이 성공은 그

Ⅲ 여호수아부터 왕국 분열까지

저 외적인 성공일 뿐이었습니다. 솔로몬의 마음이 한 분 하느님만을 섬기지 못했기에 신명기계 역사가의 눈에 그는 훌륭한 임금이 아니었습니다. "그는 자기 아버지 다윗과는 달리, 나의 길을 걷지 않고, 내 눈에 드는 옳은 일을 하지도 않았으며, 나의 규정과 법규를 지키지도 않았다"(1열왕 11,33). 이것이 흔히 위대하다고 생각하는 솔로몬에 대한 신명기계 역사가의 평가입니다.

유다의 르하브암, 이스라엘의 예로보암

솔로몬이 죽은 뒤에 아들 르하브암이 임금이 됩니다. 예로보암이 그를 찾아갑니다. 부역과 조세를 줄여 달라는 것입니다. 르하브암은 거부하고, 왕국은 분열됩니다. 예로보암은 북부의 열 지파와 함께 북 왕국 이스라엘을 세우고, 르하브암에게는 남쪽의 두 지파만이 남습니다. 이후로 북 왕국에서는 여러 차례 왕조가 바뀌지만, 남 왕국에서는 다윗 왕조가 멸망 때까지 이어가게 됩니다.

이때 예로보암의 금송아지 문제가 발생합니다. 북 왕국 이스라엘에서 생각하니, 백성이 명절이면 예루살렘에 있는 솔로몬 성전으로 간다는 것입니다. 이래서는 아무래도 민심이 예루살렘으로 기울 수밖에 없습니다. 그래서 예로보암은 베텔과 단에 성소를 세우고 금송아지를 하나씩 만들어 놓습니다. 본래 의도는 다른 신을 섬기려는 것이 아니라 거기서 야훼 하느님을 섬기려는 것이었다 하더라도, 백성은 쉽게 우상 숭배에 빠졌습니다.

여기서 또 평가를 해야 합니다. 제 생각에는 르하브암이 잘못했습니다. 집회서도 그는 우둔하고 지각이 없었으며 그의 정책 때문에 반란이 일어났다고 말합니다(집회 47,23). 그때라도 백성의 부담을 줄여 주었더라면 솔로몬 통치 기간 동안 생겨난 불만을 잠재울 수 있었을 것 같습니다. 그런데 열왕기는 르하브암을 별로 탓하지 않습니다. 오히려 비난받는 쪽은 예로보암입니다. 베텔과 단의 성소 때문입니다. 신명기의 신조인 '한 분이신 하느님'을 흐리게 한 그는 결코 좋은 평가를 받지 못합니다. 그 자신뿐만 아니라 그의 뒤를 이은 북 왕국 이스라엘의 임금들은 모두 신명기계 역사가의 기준을 통과하지 못합니다. 예로보암을 따라갔기 때문입니다.

남 왕국 유다의 임금들 중에서도, 히즈키야와 요시야 정도만 긍정적인 평가를 받을 뿐입니다. 신명기계 역사가의 눈에 만점에 가까운 답안지는 요시야입니다. 요시야는 그의 할아버지와 아버지 시대에 만연했던 우상 숭배를 없애고, 점쟁이와 영매 등을 금지했습니다. "요시야처럼 모세의 모든 율법에 따라, 마음을 다하고 목숨을 다하고 힘을 다하여 주님께 돌아온 임금은, 그 앞에도 없었고 그 뒤에도 다시 나오지 않았다"(2열왕 23,25). 그는 종교적인 면에 초점을 맞추지만, 당시 상황에서 종교적으로 이방 신들을 섬기지 않으려면 정치적으로 독립을 추구해야 했습니다. 히즈키야와 요시야는 모두 아시리아의 영향에서 벗어나려고 애쓴 임금이었습니다.

평가 기준의 문제를 되짚어 봅시다. 열왕기 저자는 신명기의 가르침에 비추어 이스라엘의 왕정을 돌아봅니다. 그러기에 외적인 업적은 큰 의미를 갖지 않습니다. 마음을 다하고 목숨을 다하고 힘을 다하여 하느님을 사랑하는 것, 이것이 훌륭한 임금의 조건이었습니다. 군마를 늘리고 아내를 늘리고 금과 은을 모은 솔로몬은 훌륭한 임금일 수 없었습니다(신명 17,14-20 참조).

8

열왕기의 예언자들

"이스라엘의 병거이시며 기병이시여!" (2열왕 2,12)

임금들은 옳은 길을 벗어나기가 쉬운 모양입니다. 그래서 사무엘기와 열왕기에서 임금들이 있는 곳에는 예언자들도 있습니다. 특히 임금이 잘못할 때에 예언자들의 역할이 중요해집니다. 임금들이 하느님 위에 올라서지 못하도록 옆에서 찌르는 사람이 예언자들입니다. 그러니 임금들에게는 예언자들의 말이 그다지 달갑지 않았을 것입니다. 아합과 엘리야, 히즈키야와 이사야, 치드키야와 예레미야. 북 왕국 이스라엘에서나 남 왕국 유다에서나, 임금과 예언자 사이의 갈등은 왕국이 멸망할 때까지 계속됩니다.

엘리야, 야훼 신앙의 수호자

성경에 예언서들을 남긴 문서 예언자들 이전에 활동한 가장 중요한 예언자 두 사람이 북 왕국 이스라엘의 엘리야와 엘리사입니다. 임금들의 역사를 이어가던 열왕기는, 1열왕 17장부터 2열왕 8장까지에 걸쳐 이 두 예언자에 대해 전해 줍니다.

> **성경의 예언자들**: 최초의 문서 예언자는 기원전 8세기의 아모스입니다. 그러나 그 이전에도 예언자들은 있었습니다. 성경에서는 아브라함, 모세, 드보라 등에 대하여 '예언자'라는 명칭을 사용하고, 열왕기에는 엘리야와 엘리사, 그리고 궁중 예언자인 나탄과 가드 등이 예언자로 나옵니다.

엘리야 시대의 임금은 오므리의 아들 아합이었습니다. 임금에 대한 신명기계 역사가의 평가 기준은 여기서도 그 특징을 드러냅니다. 처음부터 다윗 왕조를 거슬러 일어난 예로보암이 세운 북 왕국 이스라엘에서는 이백 년 사이에 아홉 왕조가 일어서고 무너지고 했는데, 그 가운데 오므리 왕조는 상당히 강성했습니다. 그래서 아시리아의 문서들에서 북 왕국 이스라엘을 가리켜 '오므리의 집안'이라고 부르기도 했습니다. 오므리 집안과 솔로몬은 비슷한 점이 있습니다. 오므리는 수도를 티르차에서 사마리아로 옮겼고 주변 국가들과의 관계도 개선했습니다. 특히 페니키아와 가까이 지내 지중해 무역을 하는 데 도움을 받았습니다. 이스라엘 스스로는 바다로 진출한 민족이 아니었기 때문입니다. 또한 오므리는 그런 협력 관계를 강화하려고 아들 아합을 시돈의 공주 이제벨과 결혼시켰습니다. 그러나 그 결과로, 이교 신들에 대한 숭배가 이스라엘에 퍼지고 그 신들을 위한 신전이 사마리아에 세워지기에 이르렀습니다.

오므리와 아합에 대한 신명기계 역사가의 평가는 이제 설명할 필요도 없겠습니다. 물론 북 왕국 이스라엘의 임금들이 모두 부정적인 평가를 받은 것은 사실이지만, 그 가운데서도 아합은 이스라엘의 신앙을 위태롭게 한 임금이었습니다.

엘리야는 이렇게 우상 숭배에 물든 이스라엘에게 가뭄을 선포합니다. 가뭄이 시작되고 3년이 지난 다음 엘리야가 아합을 찾아가자 아합은 "당신이 바로 이스라엘을 불행에 빠뜨리는 자요?"(1열왕 18,17)라고 말합니다. 하지만, 심판을 선고한 엘리야가 이스라엘을 멸망시키는 사람입니까? 아닙니다. 이스라엘을 불행에 빠뜨리는 이는 한 분이신 하느님을 버린 아합 임금과 그의 집안입니다. 그래서 엘리야는 카르멜 산 위에서 바알의 수많은 예언자와 홀로 대결하여, 주님께서 참 하느님이심을 모든 사람 앞에서 드러냅니다. 그는 "주님께서 하느님이시라면 그분을 따르고 바알이 하느님이라면 그를 따르십시오"(1열왕 18,21) 하고 온 백성에게 요구했습니다. 엘리야, '나의 하느님은 야훼'라는 이름대로 그는, 하느님은 오직 한 분 야훼이심을 주장한 것입니다.

하느님의 이름으로 정의를 요구하는 예언자

엘리야와 관련된 또 한 가지 중요한 사건은 나봇의 포도밭 사건입니다(1열왕 21장). 아합은 자신의 왕궁 곁에 있는 나봇의 포도밭을 가지고 싶은데, 나봇은 하느님께서 집안의 상속 재산을 파는 것을 금하시기 때문에 그 포도밭을 팔지 않습니다. 이스라엘에서 임금은 하느님 아래, 율법 아래 있어야 한다는 것, 여러 차례 나타났던 주제입니다. 그러나 아합의 아내 이제벨은 이스라엘 여자가 아니기에 하느님을 두려워하지 않고 임금이 폭력으로 그 포도밭을 빼앗을 수 있다고 여깁니다. 그래서 이렇게 말합니다. "이스라엘에 왕권을 행사하시는 분은 바로 당신이십니다"(1열왕 21,7). 임금이 그 무엇보다 위에 있다는 생각입니다.

이제벨이 나봇을 죽인 다음 엘리야가 나타나 아합에게 심판을 선고하는 이 사건은, 다윗이 우리야를 죽이고 밧 세바를 차지했을 때에 나탄이 나타나 개입했던 경우와 유사합니다(2사무 11-12장 참조). 두 경우 모두 임금이 이웃 주민의 소유를 탐내고, 그를 죽이도록 편지를 보내며, 죽인 다음에는 그의 아내 또는 포도밭을 차지합니다. 그러나 이때에 예언자가 나타나 임금에게 하느님의 심판을 선포하고, 임금은 잘못을 뉘우칩니다. 임금과 하느님, 임금과 예언자의 관계를 보여 주는 이야기들입니다. 엘리야는 하느님의 이름으로 아합에게 정의를 요구함으로써, 임금이 하느님 위에 있을 수 없음을 선포합니다.

그 후 엘리야는 모세처럼 호렙 산에서 하느님을 만난 다음 하느님의 명에 따라 예후를 이스라엘 임금으로 세우고 엘리사를 자신의 뒤를 이을 예언자로 세우고, 그 밖에도 많은 이적을 행하였습니다.

 엘리야가 불 병거를 타고 하늘로 올라갈 때 엘리사는 "나의 아버지, 나의 아버지! 이스라엘의 병거이시며 기병이시여!"(2열왕 2,12)라고 외쳤습니다. 이 말은 북 왕국 이스라엘에서 엘리야가 했던 역할을 한마디로 말해 줍니다. 일찍이 여호수아가 통수권을 받을 때에 하느님께서 하셨던 말씀처럼(여호 1,7-8 참조) 이스라엘이 죽고 사는 것은 한 분이신 하느님만을 사랑하는 데에 달려 있습니다. 임금들이 한 분이신 하느님께 충실하지 못하여 이스라엘을 위험으로 몰고 갈 때에, 이스라엘을 지킨 것은 군대가 아니라 이스라엘의 병거이며 기병인 예언자들이었습니다.

이어서 열왕기는 북 왕국 이스라엘이 멸망하기까지의 역사와 그 후 남 왕국 유다가 기울어간 역사를 전해 줍니다. 그 역사는 유배 전 예언자들과 함께 살펴보겠습니다.

9

역대기

"내가 집 지을 준비를 해 두어야 하겠다"(1역대 22,5)

신명기에서부터, 그리고 신명기계 역사서인 여호수아기, 판관기, 사무엘기, 열왕기를 거치면서 가장 중요한 주제가 '한 분이신 하느님'이었습니다. 이제 역대기로 가면 같은 시대의 역사를 기술하면서도 강조점이 옮겨 갑니다. 왜 그럴까요?

또 하나의 역사서, 역대기

구약성경의 역사서들에서, 신명기계 역사서가 첫 번째 계통이라면 두 번째 계통이 역대기계 역사서입니다. 역대기, 에즈라기, 느헤미야기가 여기에 속합니다. 이들 사이에 차이점도 있지만 대략의 공통점이 많고 전체 줄거리가 이어지기 때문에 같은 역대기계의 책이라고 부를 수 있습니다. 역대기는 아담부터 시작해서 키루스 칙령까지 이르고 에즈라기와 느헤미야기는 키루스 칙령에서 시작하여 유배에서 돌아온 후의 상황을 이야기하고 있으므로, 작성 연대는 빨라야 기원전 4세기가 됩니다.

그러니 저자가 역대기를 쓸 때에는 이미 사무엘기와 열왕기가 있었습니다. 역대기 저자는 그 책들을 많이 참조했고, 많은 부분을 그대로 가져오기도 했습니다. 다른 책들도 참조했습니다. 왕조 실록들이나 예언자들에 대한 기록도 사용했음이 본문에 나타납니다. 저자가 가장 많이 의존한 자료는 사무엘기와 열왕기이고 다른 자료들은 현재 남아 있지도 않으니, 역대기를 그 책들과 비교하면 역대기의 특징이 드러납니다. 이 비교를 통하여 이미 역사서가 있었는데 또 하나의 역사서를 쓴 이유가 무엇일까, 차이점이 무엇일까를 찾아 보는 것입니다.

신명기계 역사서와 역대기계 역사서의 비교

신명기계 역사서는 신명기 다음에, 곧 오경 다음에 이어졌지만 역대기는 아담부터 다시 시작합니다. 하지만 다윗 이전의 역사는 족보만으로 처리합니다. 족보는, 역사를 가장 짧게 줄여 놓는 방법이지요. 역대기의 족보는 열두 지파 가운데 유다 지파와 레위 지파에 특별한 관심을 보입니다. 유다 지파는 물론 다윗 왕조 때문이고, 레위 지파는 사제와 레위인들을 중시하기 때문입니다. 사울에 대해서는 그의 족보와 죽음만 언급되고, 사무엘은 아예 등장하지도 않습니다. 여기서 사울 왕국은 전혀 중요성을 띠지 않습니다.

둘을 비교하기에 가장 좋은 부분은 다윗과 솔로몬에 관한 내용입니다. 역대기는 다윗(1역대 11-29장)과 솔로몬(2역대 1-9장)을 상세히 다룹니다. 다윗과 솔로몬은 신명기계에서도 물론 가장 중요했던 임금들입니다. 그러나 중요한 이유가 다릅니다. 역대기에서는 다윗의 기사로 전쟁 기록과 예루살렘 점령, 그리고 나탄의 예언 등이 나오지만 무엇보다도 그가 성전 건축을 준비했다는 점이 강조됩니다. 22장에서부터, 그 자신은 전쟁을 하며 피를 많이 흘렸기 때문에 성전을 지을 수 없고 평온한 사람(평화의 사람)인 아들 솔로몬이 성전을 지을 것이라고 말하면서 그 아들을 위해 미리 준비를 갖춥니다. 금과 은과 목재를 쌓아 두는 것은 물론, 사제단과 레위인, 성가대, 성전 문지기, 창고 관리인 등도 모두 조직합니다. 성전을 짓기도 전에!

열왕기와 역대기에서 가장 차이가 나는 부분은 솔로몬입니다. 열왕기에서 솔로몬은 훌륭한 임금이 아니었습니다. 한 분이신 하느님을 사랑하지 못했기 때문입니다. 그러나 평가 기준이 다르면 점수도 달라집니다. 역대기에서 솔로몬은 대단히 훌륭한 임금입니다. 성전을 지었기 때문입니다. 역대기에서도 솔로몬의 지혜와 부귀영화에 대한 언급이 없는 것은 아니지만, 가장 길게 서술되는 것은 성전 건축 기사입니다.

이와 더불어, 다윗과 솔로몬의 부정적인 사건들은 기록되지 않습니다. 다윗의 왕위 등극 설화와 왕위 계승 설화가 꽤나 긴데, 역대기에는 그 흔적이 없습니다. 물론 사무엘기와 열왕기의 그 부분에서도 다윗은 흠 없는 사람으로 나오지만, 역대기에서는 다윗 주변에서 칼부림이 나타나지 않게 합니다. 밧 세바 이야기도 빠집니다. 솔로몬의 경우는 그가 집권 초기에 정적들을 처단한 일이나 그의 정략결혼, 그에 따른 우상 숭배에 대해서 말하지 않습니다. 성전을 준비하고 건축한 다윗과 솔로몬에게 오점이 되는 이야기들은 모두 삭제된 셈입니다.

이후의 임금들에 대해서도, 성전을 보수하거나 전례를 개혁한 임금들은 긍정적 평가를 받습니다. 아사, 여호사팟, 요아스, 요탐, 히즈키야가 여기에 속합니다. 또한, 임금들과 별도로 전례와 레위인들에 대해 자주 언급합니다.

한 시대의 역사를 바라보는 두 관점

시험 문제에 신명기계 역사서와 역대기계 역사서를 비교하라고 하면 대개 여기까지 잘 씁니다. 하지만 결정적인 부분은 빠졌습니다. 왜 이렇게 차이가 날까요?

작성된 시대가 다르기 때문입니다. 가장 간단하게 말하면, 역대기가 작성된 시대에는 성전이 중요했기 때문입니다. 유배에서 돌아온 이스라엘에는 이미 임금이 없었습니다. 왕정 시대에 중시되던 군사적, 정치적 업적들이 더는 큰 의미를 갖지 못했습니다. 지금 이스라엘은 성전과 그 사제들을 중심으로 하는 공동체로 존속하고 있습니다. 역대기가 작성된 시기 이스라엘의 정체성은 성전에 근거하고 있었고, 역대기는 그 성전의 중요성과 정당성을 다윗과 솔로몬으로부터 이끌어 옵니다. 왕국이 무너지고 모든 것을 잃어버린 이스라엘에게, 그 성전이 그들 가운데 하느님께서 계심을 확인하는 자리가 되었던 것입니다. 역대기에서도 하느님께서 이스라엘을 다스리신다는 점은 중요하지만, 그 하느님의 통치가 이제는 다윗 왕조를 통해서가 아니라 성전에 모인 백성이 하느님을 찬미하는 가운데 확인되므로 전례가 중요해집니다.

"주님, 정녕 하늘과 땅에 있는 모든 것이 당신의 것이고, 나라도 당신의 것입니다. 저희의 하느님, 저희는 지금 당신을 찬송하고, 당신의 영화로운 이름을 찬양합니다"(1역대 29,11.13).

유배 전
예언자들

오경, 구약
성경의 바탕

여호수아
부터 왕국
분열까지

길을
떠나기 전에

IV 유배 전 예언자들

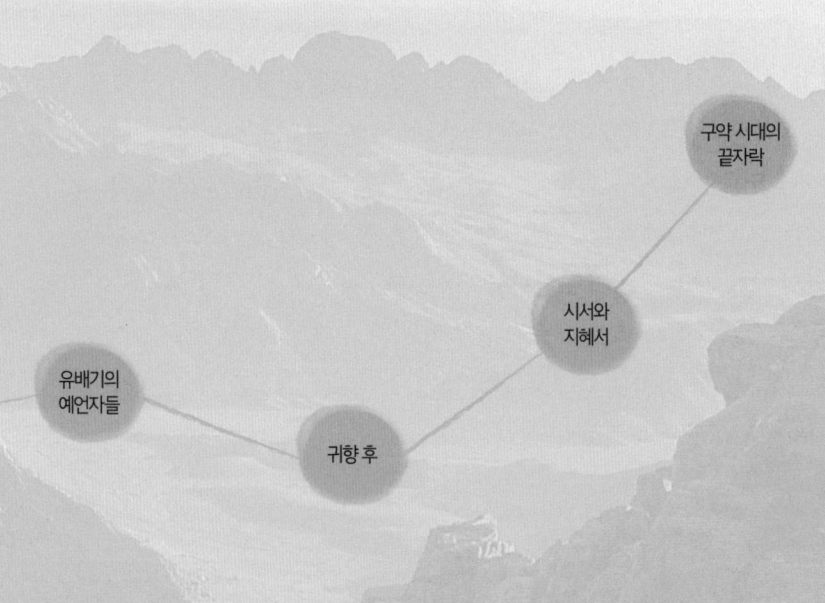

- 구약 시대의 끝자락
- 시서와 지혜서
- 귀향 후
- 유배기의 예언자들

길 안내

역대기계 역사서는 에즈라기와 느헤미야기로 이어지지만, 이 책들은 유배에서 돌아온 다음 시기에 관한 기록이므로 나중에 읽겠습니다. 우리는 왕정 시대에 머물면서, 그 시대를 배경으로 하는 예언서들을 향하여 발길을 돌립니다. 최초의 문서 예언자인 아모스로부터 예루살렘이 함락되고 유다 왕국이 멸망할 때까지, 달리 표현하면 기원전 8세기부터 기원전 6세기 초까지를 돌아보겠습니다. 예언자들은 인간 역사 안에서 하느님의 말씀을 선포했기에, 예언서들을 깊이 있게 이해하기 위해서는 그 배경을 좀 더 자세히 들여다보는 것이 필요합니다.

1

예언서 입문

"당신의 거룩한 예언자들의 입을 통하여"(루카 1,70)

왕정 시대에 예언서들이 형성되기 시작합니다. 기원전 8세기부터입니다. 이들을 시대 순으로 살펴보기 전에 먼저 예언서 일반에 대해 한 가지를 짚어 두려 합니다.

무엇이 예언인가?

예언이 무엇이고 가짜 예언은 무엇일까요? 가장 흔한 오해는 예언이 미래의 일을 미리 말하는 것이라는 생각입니다. 그러면, 천문학에서 일식과 월식을 예고하면 그것도 예언일까요? 일기 예보도 예언일까요? 그렇지 않습니다. 미래의 일을 말한다 하더라도 그것이 추측이나 점술, 그 밖의 어떤 인간적 기술에 의한 것일 때에는 예언이라고 할 수 없습니다.

다른 한편으로, 성경 예언의 많은 부분은 미래에 대한 예고가 아닙니다. 오히려 지금의 이 세상을 하느님께서 어떻게 보고 계신지를 전하는 말씀이 많습니다. 그리스와 같은 고대 문화들에서 볼 수 있는 신탁의 경우 미래에 대해 말하는 경우가 흔하지만, 성경에서 어떤 말이 예언인지 아닌지를 구분하는 기준은 그 말이 미래에 관한 것이라는 데에 있지 않고 하느님으로부터 그 말씀을 받아 전하는 것이라는 데에 있습니다. 그래서 하느님께서는 거짓 예언자들에 대해서, "나는 그들을 보내지도 않았고 그들에게 명령하거나 말한 적도 없다"(예레 14,14)고 말씀하십니다. 거짓 예언과 참된 예언을 구분하는 기준은, 그것이 하느님에게서 온 말씀인가 그 사람 자신에게서 나온 말인가에 있습니다. 하느님으로부터 받은 말씀이 아닌데 하느님의 말씀이라고 하면 그것은 거짓 예언입니다.

전언의 양식: 예언서에 자주 나오는 "주님께서 말씀하신다"라는 구절을 가리켜 '전언傳言의 양식'이라고 합니다. 이 구절은 고대 근동에서 외교 문서나 신탁을 통하여 어떤 내용을 전달할 때 사용하던 문장들과 유사한 형식으로, 예언자가 지금 하고 있는 말이 그 자신의 말이 아니라 하느님의 말씀을 받아 전달하는 것임을 표시해 줍니다. 예언자가 자신을 어떤 존재로 이해하고 있는지가 드러나는 구절이라고 말할 수 있습니다.

어쩌면 하느님의 말씀을 받지 않고서도 예언서의 구절들과 비슷한 말을 할 수 있을 것입니다. 하지만 그것이 단순히 한 사람의 생각과 판단에서 나온 것이라면 그것은 예언이 아닙니다. 그래서 예언서들에서 무수히 반복되며 그저 습관처럼 읽고 지나갈 수 있는 '주님께서 말씀하신다'라는 구절에 예언의 핵심이 들어 있습니다. 예언자들은 하느님의 대변인, 하느님의 입과 같은 사람들이었습니다.

시대에 따른 예언의 주제

예언자들의 메시지는 기원전 587년에 있었던 유다 왕국의 멸망, 곧 바빌론 유배를 전후로 크게 달라집니다. 그래서 예언자들 각각의 시대를 정확히 기억하지 못하더라도 최소한 어떤 예언서가 유배 전 시기에 속하고, 어떤 예언서가 유배 후 예언서인지는 알아 둘 필요가 있습니다. 아래 표를 보아 주시기 바랍니다.

기원전 8세기	아모스, 호세아(북 왕국 이스라엘)
	이사야, 미카(남 왕국 유다)
기원전 7세기-유배 직전	예레미야, 나훔, 하바쿡, 스바니야, 오바드야
유배 중(기원전 587년~538년)	에제키엘, 제2이사야
귀향 후(기원전 538년~)	제3이사야, 하까이, 즈카르야, 요엘, 요나, 말라키
기원전 2세기	다니엘

이 표는 정확하지 않습니다. 어떤 예언서들은 연대를 정확히 말

할 수가 없고, 어떤 예언서들은 편의상 약간 틀린 위치에 넣었습니다(오바드야서). 그리고 다니엘서의 경우 예언자 다니엘이라는 인물을 말할 수 있는 것은 아니고 다만 다니엘서의 작성 연대를 기원전 2세기로 추정할 뿐입니다.

이렇게 놓고 볼 때, 에제키엘을 분기점으로 하여 예언자들의 메시지가 크게 변화됩니다. 한마디로 요약한다면 유배 전의 예언자들은 대체로 이스라엘의 심판을 선고하고, 유배 후의 예언자들은 주로 그 회복과 구원을 알린다고 할 수 있습니다. 사실 이렇게 단순하지는 않습니다. 유배 전에 생겨난 예언서들도 그 후에 재해석과 편집의 과정을 거치게 되어, 결과적으로 하나의 책 안에 심판과 구원의 메시지가 모두 담기게 되기 때문입니다.

예언자들의 역할은 이스라엘이 모세의 가르침에 따라 살도록 일깨우는 것이었습니다. 유배 이전의 예언자들은 이스라엘에게 율법에 충실할 것을 권고하며, 하느님만을 섬기고 그분의 뜻에 따라 살아갈 것을 요구합니다. 아모스와 호세아는 북 왕국 이스라엘에서, 이사야, 미카, 예레미야는 남 왕국 유다에서 멸망이 다가오고 있음을 봅니다. 예언자들은 절박하게 회개를 촉구하지만 북 왕국 이스라엘도 남 왕국 유다도 예언자들의 말에 귀를 기울이고 회개하지 않습니다. 결국 먼저 이스라엘이, 이후에 유다 왕국이 무너집니다.

멸망한 이들에게 예언자는 무엇을 더 선포할까요? 유배 중에 예언의 어조는 전환됩니다. 유배 이전의 예언자들이 이스라엘의 죄 때문에 심판이 다가오는 것을 말했다면, 이제 예언자들은 이스라엘 때문이 아니라 절대적인 하느님의 주권, 하느님의 용서와 개입으로 이루어지는 회복을 예고합니다. 이후의 예언자들, 특히 귀향 후의 예언자들도 올바른 삶을 요구하는데, 그것은 멸망을 피하기 위한 것이라기보다 이스라엘의 재건을 위한 것입니다. 이와 더불어, 현세적 재건을 넘어선 종말론적 구원의 전망도 열리기 시작합니다.

이와 같은 전체의 흐름은 심판과 멸망, 구체적으로 말하면 유배를 더 넓은 전망에서 새롭게 바라볼 수 있게 해 줍니다. 유배 이전 예언자들의 설교를 듣고 이스라엘이 회개하지 않았다면, 그 예언자들은 실패한 것일까요? 이스라엘이 멸망한 시점에서라면 그렇게 볼 수도 있을 것입니다. 그러나 더 멀리서 바라볼 때, 이스라엘의 구원은 멸망하기 전에 회개함으로써 이루어지는 것이 아니라 오히려 멸망을 통해서 이루어지는 것이었습니다. 유배를 통하여 철저한 실패를 겪은 다음에야 이스라엘은, 구원은 스스로의 힘으로 확보할 수 있는 것이 아니라 오직 하느님께로부터 주어지는 것임을 깨달아 알게 되었습니다. 그리고 유배가 비로소 이스라엘이 하느님께 '돌아갈' 수 있게 해 주었습니다. 결국 이스라엘의 멸망은 구원 역사의 한 부분이었습니다. 이것이 앞으로 여러 차례 보게 될 내용의 요약입니다.

"당신께서 한처음에 창조하신 이들을 증언해 주시고
당신의 이름으로 선포된 예언들을 성취시켜 주소서"(집회 36,20).

2

예언서의 형성 과정

"너는 환시를 기록하여라"(하바 2,2)

예언자들은 책을 쓰지 않았습니다. 예외는 있지만, 거의 안 썼습니다. 예언서들은 서서히 형성되었습니다. 예언자들에게서 시작하여 예언서가 완성되기까지의 과정은 크게 예언자들의 활동, 예언의 문서화, 예언서 편집 등 세 단계로 구분할 수 있습니다.

예언자들의 활동

첫째 단계는 예언자들의 활동입니다. 예언자들은 먼 훗날 우리가 읽으라고 책을 쓴 것이 아닙니다. 본래 예언자들은 책을 쓰는 사람들이 아니라 말을 하는 사람들이었고, 그 말을 하는 목적도 그 시대 사람들을 위해서였지 후대 사람들을 위해서가 아니었습니다. 그들은 자신의 말이 기록될 것을 생각하지 않았고, 현재를 위해 하느님의 말씀을 선포했습니다.

나중에 예언이 기록되고 그 책들이 성경에 속하면서 그 말씀은 선포된 구체적 상황에서 어느 정도 풀려나고 모든 이를 위한 말씀이 되었습니다. 그렇다 해도, 예언자들은 처음부터 추상적인 이론을 말한 것이 아니라 특정한 시대, 특정한 사회에 살고 있는 구체적인 사람들을 향해서 말했습니다.

예를 들어, "정의를 강물처럼 흐르게 하여라"라는 말을 특정 시대나 사람들과 관계없이 일반적으로 진술할 수도 있지만, 기원전 8세기 북 왕국 이스라엘에서 아모스 예언자가 이 말을 했을 때에는 특수한 어떤 상황을 지칭하고 있었습니다. 이러한 이유 때문에 성경의 다른 책들을 읽을 때보다 특히 예언서를 읽을 때에는 각 예언자가 활동했던 시대 배경을 알아야 합니다. 특히 언제나 외세에 시달려 온 이스라엘의 역사 때문에, 국제 정세까지도 고려하는 것이 필요합니다. 그만큼 그들의 메시지가 역사와 깊이 얽혀 있기 때문입니다. 시대 배경을 아는 것은 예언자들이 한 말의 의도를 정확히 알기 위해서뿐만 아니라 그 말들이 오늘 우리 세상을 위하여 어떤 의미를 갖는지를 파악하기 위해서도 필요합니다. 예언자들의 말은 처음부터 지극히 현실적이었고, 그것이 구체적인 인간 역사 속으로 들어온 하느님의 말씀이었기 때문에 지금도 현실성을 지닙니다.

물론 예외적인 경우도 있습니다. 예를 들어 예언자들의 소명담이나 문학적으로 뛰어난 일부 본문은 처음부터 글로 작성되었습니다.

예언의 문서화

둘째 단계는 예언의 문서화입니다. 예언자들 자신이 글을 남겼다는 기록은 별로 없지만, 예레미야서 36장의 경우 예레미야가 바룩에게 그의 말을 받아 적게 했음을 전해 줍니다.

말을 기록하는 것은 보존하기 위해서입니다. 첫머리에 인용한 하바 2,2에서 하느님께서 예언자에게 "너는 환시를 기록하여라" 하고 이르시는 것은 그 환시가 지금 이루어지는 것이 아니라 언젠가 이루어질 것이라는 보증입니다. 그때를 위하여 기록해 두라는 말씀입니다. 이렇게, 예언자가 선포한 말 가운데 현재를 위해서만이 아니라 미래에도 의미가 있을 말이 기록됩니다.

예언자 자신이 직접 기록하는 경우는 드물고, 그의 제자들이나 그의 전승을 후대에 전달한 이들이 예언자들의 말을 기록했습니다. 물론, 예언자가 평생 했던 모든 말을 다 기록할 수는 없었고 그럴 필요도 없었을 것입니다. 그래서 문서화 단계는 선택을 전제합니다. 녹음기처럼 모든 말을 다 적어 두는 것이 목적이 아니기 때문입니다. 예언을 기록한 이들은, 어떤 부분에서는 많은 내용을 간략하게 요약하기도 하고 또 어떤 부분에서는 다른 말을 보충하기도 했습니다. 후에 그 예언을 읽는 사람들을 돕기 위해서입니다.

이렇게 예언이 문서화되면서 예언의 말씀은 예언자가 처음 그 말을 발설했던 구체적 상황에서 풀려나기 시작합니다. 한 가지 특정한 상황을 위한 것이었던 그 말이 다른 상황, 다른 독자, 다른 청중에게도 적용될 수 있는 말씀으로 바뀌어 갑니다.

예언서의 편집

셋째 단계는 예언서의 편집입니다. 처음에 단편적으로 기록되었던 예언자의 말이 점점 큰 덩어리로 뭉쳐져서, 어떤 주제나 핵심 단어를 중심으로 하는 모음집이 되었다가 하나의 책을 이루게 됩니다. 이 단계에서 예언서들은, 지금 우리 눈앞에 있는 모습이 되기까지 계속 변화되어 갑니다. 후대의 편집자들이 때로는 예언자들의 말에 많은 내용을 덧붙입니다. 예를 들어 이사야서의 경우, 40-66장은 모두 후대에 덧붙여진 것입니다. 또 때로는 작은 손질을 가하여 기록된 예언을 변형시킵니다.

 이러한 작업은 예언을 변질시킨 것이 아닙니다. 예언은 그저 잘 기록해서 흠 없이 보존하면 되는 것이 아니었습니다. 예언은 인간의 역사 속으로 들어온 살아 있는 하느님의 말씀이었기에, 그 역사의 흐름에 따라 끊임없이 새롭게 해석되어야 했습니다. 그 말씀이 과거 한 시점만을 위한 말씀이 아니라 지금 이 순간에도 살아 있는 말씀이기에, 냉동하거나 박제해서 보존하는 것이 아니라 지금 이 시대를 위하여 재해석해야 했던 것입니다. 이를 통하여 그 말씀은 예언자가 처음 발설한 그 상황과는 다른 시대의 사람들에게도 현실성을 지니게 됩니다.

성경에 들어 있는 모든 말씀이 성령의 영감으로 기록된 것이라면, 예언서가 변화를 겪어 온 과정 역시 모두 성령의 영감으로 이루어진 것입니다. 예언서를 읽을 때, 후대에 덧붙여진 부분들을 예언자 자신의 말이 아니라고 가볍게 여기지 마십시오. 하느님의 말씀은 예언자 한 사람에게 매이지 않습니다. 살아 있는 하느님의 말씀은, 성령의 감도로 그 말씀을 재해석한 사람들을 통해서 그 안에 지니고 있는 생명력을 역사 안에 펼쳐 놓으십니다. 예언서는 오늘 우리를 위한 말씀이고, 우리를 위해서 해석되어야 합니다.

3

아모스서

"트코아의 목양업자"(아모 1,1)

이스라엘과 유다의 임금들에 대해 열왕기에서 전체적으로 훑어보았지만, 예언서들을 읽기 위해서는 각 시대의 상황을 조금 더 아는 것이 필요합니다. 그래서 기원전 8세기 북 왕국 이스라엘의 예언자인 아모스와 호세아를 알기 위해 먼저 국제 정세부터 짚어 보겠습니다.

국제 정세와 이스라엘의 상황

엘리야와 엘리사도 북 왕국 이스라엘에서 활동했고, 예언 운동이 먼저 발전한 곳도 북 왕국 이스라엘이었습니다. 하지만 북 왕국은 기원전 722년에 멸망하기 때문에 북 왕국에서 활동한 예언자는 아모스와 호세아 둘뿐입니다. 두 예언자가 활동한 시대도 비슷합니다. 기원전 8세기입니다. 이스라엘은 강대국들 사이에서 늘 시달렸기에, 역사적 배경을 파악하려면 가장 먼저 그 시대의 강대국이 어느 나라였는지를 알아야 합니다. 기원전 8세기의 강대국은 아시리아였습니다. 아시다시피 북 왕국 이스라엘은 아시리아의 침입으로 멸망합니다. 당분간은 매번 아시리아 이야기를 계속 듣게 되실 것입니다.

아모스와 호세아가 활동하던 시대, 아시리아는 조금씩 세력을 키워 가고 있었습니다. 그런데 북 왕국 이스라엘과 아시리아 사이에는 시리아가 자리하고 있었습니다. 이스라엘과 국경을 직접 맞대고 있는 나라는 시리아였지요. 이스라엘은 시리아와 자주 국경 분쟁을 겪었습니다. 이 상황에서 아시리아의 세력이 커지니, 시리아는 아시리아를 막기에 바빠 이스라엘에 신경을 쓸 수가 없었습니다. 그러면 이스라엘은 어떻게 될까요? 네, 옆에서 괴롭히던 시리아가 잠잠하니 편안합니다.

아모스는 예로보암 2세 때에 활동합니다. 예로보암 2세는 기원전 787년부터 747년까지, 장장 40년간 왕위에 있었습니다. 시리아의 침입도 없고 임금도 40년이나 건재하고 있으니 태평성대처럼 보입니다. 적지 않은 사람들이 그렇게 생각했습니다. 그런데 여기에 함정이 있습니다. 먼저 국제적으로 보면, 시리아는 문 앞의 작은 적입니다. 지금 시리아가 잠잠하다고 해서 좋아할 일이 아닙니다. 아직은 아시리아의 힘이 이스라엘까지 미치지 않지만, 결국 이스라엘은 시리아가 아니라 아시리아에게 멸망당할 것입니다.

국내적으로도, 예로보암 2세가 혼자서 40년간 통치했지만 평온한 시대는 그때까지였습니다. 예로보암 2세가 세상을 떠난 때가 기원전 747년, 북 왕국 이스라엘이 멸망한 때가 기원전 722년입니다. 멸망이 불과 25년 남았던 것입니다. 그 25년 사이에 여섯 명이 왕위에 오릅니다. 그 임금들 대부분이 폐위되거나 살해되었기 때문에 그러합니다. 그 원인도 아시리아입니다. 아시리아의 영향력이 이스라엘에 미치게 될 때 정치권은 친아시리아 세력과 반아시리아 세력으로 갈리고, 그들 사이에서 임금들이 끊임없이 교체됩니다.

또한, 외적의 침입이 없는 시대에 전형적으로 발생하는 문제가 있습니다. '공동의 적'이 없는 시대, 이스라엘 안에서 힘 있는 자들이 가난한 백성을 억압하고 착취합니다. 가난한 백성에게는 외적의 침략만큼이나 무서운 상황이 되지요.

멸망이 다가옴을 보지 못하는 이스라엘에게

이러한 시대에 "트코아의 목양업자"(아모 1,1) 아모스가 목소리를 높입니다. 트코아는 북 왕국 이스라엘이 아니라 남 왕국 유다의 고장입니다. 더구나 목양업자라니, 예언과는 아무 관련이 없던 사람입니다. 그런데도 하느님은 그를 예언자로 부르시고는 고향을 떠나 북 왕국에 가서 예언하라고 이르십니다. 그가 가고 싶어서 간 것이 아니라, 갑자기 그의 삶을 낚아채신 하느님의 힘에 휩싸여 북 왕국에 가서 그들이 듣기 싫어할 소리를 합니다. 멸망을 선포하는 것입니다.

그는 다른 이들이 보지 못하는 것을 봅니다. 하느님의 눈으로 보고 있기 때문입니다. 그래서 남들은 태평성대를 노래하고 있을 때, 부자들이 상아로 된 침상 위에 자리 잡고 송아지를 잡아먹으며(아모 6,4) 사마리아의 여인들은 술을 퍼마실 때(아모 4,1), 아모스는 "처녀 이스라엘이 쓰러져 다시는 일어나지 못하는구나"(아모 5,2) 하며 애가를 부릅니다. 겉으로는 평화롭게 보이지만 속은 모조리 썩어 있는 이스라엘에게 아모스는 죽음을 선고합니다.

남 왕국 사람이 와서 이런 소리를 하고 있으니, 북 왕국의 임금이며 사제들이 좋아할 리가 없습니다. 사제 아마츠야는 예로보암 2세에게, "이 나라는 그가 하는 모든 말을 더 이상 참아낼 수가 없습니다"(아모 7,10)라고 전하며 그를 쫓아내려 합니다. 하지만 그렇다고 떠나갈 아모스가 아닙니다. 그는 이스라엘의 죄악을 낱낱이 고발합니다(아모 3-6장). 무엇보다도 그는 사회 불의를 멸망의 원인으로 지적합니다. 이스라엘이 빚돈을 빌미로 무죄한 이를 팔아넘기고 가난한 이들의 살길을 막고 있기에, 억눌린 이들의 권리를 찾아 주어야 할 재판마저 불의하게 돌아가고 하느님께 제사는 바치면서도 마음으로는 하느님을 찾으려 하지 않기에 이스라엘에게는 미래가 없습니다. 회개하고 하느님께 돌아갈 기회도 이미 모두 놓쳤습니다. 남은 것은 멸망뿐입니다.

아모스가 예고했던 멸망이 일어나고도 많은 시간이 흐른 다음에야 이스라엘은 그 멸망의 의미를 깨닫게 됩니다. 왕국의 멸망으로 하느님과 당신 백성의 관계가 끝나는 것이 아님을, 멸망을 겪은 후에 하느님께서 다시 손길을 펼치시어 당신 백성 이스라엘의 운명을 되돌려 주신다는 것을, 아모스 시대의 사람들은 깨닫지 못했어도 후대의 사람들은 알게 될 것입니다. 그때에 누군가가 아모스서 마지막 부분에 구원 선포를 덧붙이면서(아모 9,11-15), 이스라엘이 겪어야 했던 멸망이 구원에 이르는 한 단계였음을 돌아보게 될 것입니다. 우리 삶의 작은 '멸망'과 '실패'들이 그렇듯이 그 시대 사람들은 이 사건들의 의미를 온전히 알 수 없었어도, 역사를 돌아보는 이들은 그 안에서 구원하시는 하느님의 손길을 알아봅니다.

4

호세아서

"주님이 이스라엘 자손들을 사랑하는 것처럼"

(호세 3,1)

호세아는 쉽지 않은 결혼 생활을 했습니다. 어렵게 아내를 사랑해야 했던 그는 이 결혼 생활을 통해서 이스라엘에 대한 하느님의 사랑을 보여 주었습니다.

호세아가 활동한 때도 기원전 8세기입니다. 아모스와 비슷하지만 약간 더 늦은 시기였고, 북 왕국 이스라엘의 멸망이 더 임박한 때였습니다. 멸망을 직접 겪지는 않았던 것으로 보입니다. 아모스가 주로 사회 불의를 비판했다면 호세아는 종교적 타락과 우상 숭배를 고발한 것이 특징입니다.

배반한 여인에 대한 변함없는 사랑

어느 날 하느님께서 호세아를 부르십니다. "너는 가서 창녀와 창녀의 자식들을 맞아들여라"(호세 1,2). 2장과 3장에서는 같은 이야기가 조금 다른 방식으로 기록되어, 호세아가 아내와 결혼한 다음 그 아내가 호세아를 배신하고 다른 애인들을 쫓아갔다고 말합니다. 어쨌든 호세아의 아내는 호세아에게 신의를 지키지 않았습니다. 먹을 것이며 입을 것을 주는 사람들을 따라갔습니다. 그런데도 하느님은 호세아에게, 끝까지 찾아가 그 아내를 다시 데려와 사랑해 주라고 하십니다. 호세아는 은과 보리를 주고 다시 그 여자를 자신의 아내로 데려옵니다.

이러한 행위의 의미는 호세 3,1에 분명히 나타납니다. "너는 다시 가서, 다른 남자를 사랑하여 간음을 저지르는 여자를 사랑해 주어라. 주님이 이스라엘 자손들을 사랑하는 것처럼 해 주어라. 그들은 다른 신들에게 돌아서서 건포도 과자를 좋아하고 있다." 여기서 그 여자의 배신이 무엇을 나타내는 것인지를 알 수 있습니다. 그것은 이스라엘이 주님이신 하느님을 버리고 바알을 섬기러 갔다는 것을 의미합니다.

호세아와 그 아내가 이어 간 사랑의 역사는 하느님과 이스라엘의 관계를 보여 줍니다. 하느님과 이스라엘의 첫사랑 시기는 이집트를 탈출하던 시대였습니다. 그때에 하느님과 이스라엘 사이의 관계가 맺어졌기 때문입니다. 이집트 탈출 때에 주님은 이스라엘의 하느님이 되시고 이스라엘은 주님의 백성이 되었습니다. 그때의 이스라엘은 사랑에 응답하는 젊은 여인과도 같았습니다(호세 2,17).

그러나 그 이후 이스라엘의 역사는 "양식과 물, 양털과 아마, 기름과 술을 주는 내 애인들을 쫓아가야지"(호세 2,7) 하며 주 하느님의 사랑을 배반한 시기였습니다. 호세아의 아내가 그렇게 다른 남자들을 따라간 것은, 이스라엘이 우상 숭배에 빠진 것을 나타냅니다. 가나안 땅에 들어가 정착하게 되면서 이스라엘은 그들을 이집트에서 이끌어 내신 주님이 아니라 가나안 사람들이 섬기던 풍산신豐産神 바알이 그들에게 먹고 마실 것, 입을 것을 마련해 준다고 믿으며 바알을 숭배했습니다. 그들이 농사를 짓게 되면서부터 폭풍우와 비의 신이라 하는 바알에게 의지하게 된 것입니다. 하느님은 "내가 부를수록 그들은 나에게서 멀어져 갔다"(호세 11,2)고 말씀하십니다.

호세아가 그런 아내에게 깨달음을 얻게 하기 위하여 징계의 시간을 갖게 했듯이(호세 2,11-15), 이스라엘이 하느님에게서 멀어지고 사랑의 유대를 끊어 버린 후에는 징벌의 단계가 뒤따릅니다. 하느님은 이스라엘에게서 곡식과 포도주를 거두시어 그것이 바알이 준 것이 아님을 알게 하시고, 하느님을 배반한 이스라엘은 아시리아에 멸망하게 될 것입니다(호세 11,5).

"그러나"(호세 2,16) 호세아는 아내에게 사랑을 속삭이고 다시 맞아들이며(호세 2,21-25), 하느님 역시 이스라엘을 벌하면서도 애절히 사랑하시기에 그를 다시 데려오십니다. 이스라엘이 자기 죄 때문에 멸망할지라도, 하느님은 "마음이 미어지고 연민이 북받쳐"(호세 11,8)

그 이스라엘을 내버리지 못하십니다. 심판을 선고하시던 하느님이 여기서 돌아서십니다. "에프라임아, 내가 어찌 너를 내버리겠느냐?"(호세 11,8) 하느님은 분노를 거두시고 다시 이스라엘의 손을 잡아 주십니다. 이스라엘 편에서 끊임없이 하느님의 손을 뿌리치려 하지만, 하느님 편에서 꼭 붙든 그 손을 놓지 않으시는 것입니다. 이스라엘을 주님께 돌아오게 하는 것은 이스라엘을 내버릴 수 없는 하느님의 사랑입니다.

> **하느님과 이스라엘의 관계:** 이 둘의 관계를 신랑과 신부의 관계로 나타내는 비유는, 호세아에게서 시작되어 예레미야, 에제키엘, 제2이사야로 이어집니다. 부부가 서로 "당신은 나의 남편, 당신은 나의 아내"라고 하듯이 하느님과 이스라엘은 "너는 내 백성, 당신은 우리 하느님"이라고 고백합니다. 이것이 '계약'의 내용입니다.

반역하는 인간의 마음을 고쳐 주시는 하느님

이스라엘이 하느님의 사랑에 응답하여 돌아오게 될 날을 이야기하는 호세 14,2-9에서도 우리는 이스라엘을 당신께 돌아오게 하시는 분이 하느님이심을 봅니다. 처음에는 하느님께서 이스라엘에게, 그들이 바쳐야 할 회개의 기도를 가르쳐 주십니다. 이스라엘에게 아시리아와 군마와 우상, 곧 그들이 믿고 의지할 수 있는 모든 것을 버리라고 요구하십니다. 그러나 하느님의 그 말씀 다음에 이스라엘의 고백이 뒤따르지 않습니다. 호세아의 아내가 회개하고 돌아온 것이 아니라 호세아가 아내를 용서하고 데려왔듯이, 여기서도 하느님께서 당신 은총으로 이스라엘을 용서하고 "반역만 꾀하는 그들의 마음을 고쳐 주고 기꺼이 그들을 사랑해 주리라"(호세 14,5) 하고 선포하시는 것입니다.

마음을 돌려 주님께 돌아가는 것이 필요하지 않다는 말이 아닙니다. 주님께서 그것을 이루어 주신다는 말입니다. 이스라엘이 하느님께 돌아오는 것은 하느님 사랑의 주도권에 의해서입니다. 배반한 이스라엘을 변함없이 사랑해 주시는 하느님의 사랑이 이스라엘의 마음을 돌이킵니다. "내가 이스라엘에게 이슬이 되어 주리니 이스라엘은 나리꽃처럼 피어나고 레바논처럼 뿌리를 뻗으리라"(호세 14,6).

5

이사야서 입문

- 이사야와 이사야서

아직 기원전 8세기이지만, 이제는 남 왕국 유다로 갑니다. 이 시기의 가장 중요한 예언자는 이사야입니다. 이사야서는 매우 중요한 책입니다. 일단 분량이 많아서, 건너뛰고 지나갈 수가 없습니다. 신학적으로도 매우 비중 있는 책입니다. 신약성경에도 여러 차례 인용되고 있어서, 구약과 신약의 관계를 고찰할 때에도 중요합니다. 마태 1,23에 나오는 "동정녀가 잉태하여 아들을 낳으리니 그 이름을 임마누엘이라고 하리라"라는 말씀도 이사야서에서 나왔습니다.

이사야서의 세 부분

그런데 문제가 있습니다. 좀 딱딱하더라도 여기서 이 문제를 짚고 넘어가야 하겠습니다. 그것은 이사야서 전체를 이사야가 다 쓰지 않았다는 점입니다. 사실 18세기까지는 대부분의 사람이 이사야서

1-66장 전체를 이사야라는 이름의 한 예언자가 썼다고 여겼습니다. "아모츠의 아들 이사야가 유다의 임금 우찌야, 요탐, 아하즈, 히즈키야 시대에 유다와 예루살렘에 관하여 본 환시"(이사 1,1)라는 머리글이 글자 그대로 이 책 전체에 적용된다고 생각했기 때문입니다.

그러나 19세기에 이르러 40장 이하에서는 바빌론에 대해 말하고 있다는 점에 주목하여 적어도 두 명의 저자가 서로 다른 시대에 쓴 글들이 합쳐진 것이라고 생각하게 되었고, 19세기 말에는 제1이사야(1-39장), 제2이사야(40-55장), 제3이사야(56-66장)로 나누는 이론이 형성되었습니다.

20세기 초까지 교회는 이러한 이론을 받아들이기 어려워했습니다. 모세 오경을 모세가 쓴 것이 아니라는 사실을 받아들이기 어려워했던 것과 같은 원리입니다. 이사야서를, 적어도 그 상당 부분을 이사야가 쓰지 않았다고 하면 책의 권위가 떨어진다고 우려했기 때문이지요. 하지만 1940년대 이후로는 적어도 세 부분을 나누는 것이 정설로 받아들여집니다. 《성경》에도 1장 첫머리에 "이사야 예언서 제1부", 40장을 시작할 때 "이사야 예언서 제2부", 56장 앞에는 "이사야 예언서 제3부"라고 쓰여 있을 만큼 이 구분은 이제 누구나 인정하게 되었습니다.

각 부분의 시대적 배경

세 부분에서 가장 먼저 눈에 띄는 차이점은 시대적 배경입니다. 이사 1-39장은 주로 아하즈와 히즈키야 시대를 배경으로 하여 아시리아의 위협이 크게 부각되며, 예언자 이사야가 직접 등장합니다. 구체적으로는 기원전 736-734년의 시리아-에프라임 전쟁과 기원전 701년 산헤립의 침공이 중요한 사건으로 나타납니다(기원전 8세기). 그러나 40장 이후부터 이사야는 나오지 않고 아시리아도 문제가 되지 않으며 오히려 바빌론에 대해서, 유배에서 돌아오는 것에 대해 말합니다. 45,1에서는 키루스의 이름을 직접 언급하기까지 합니다. 배경은 유배의 끝무렵인 기원전 6세기입니다. 한편 56-66장은 이미 유배에서 돌아온 후의 재건에 대해 이야기하고 있어 더 늦은 시기를 배경으로 합니다. 그 외에 문체와 신학에서도 차이를 볼 수 있습니다.

정확히 말하자면, 책의 세 부분을 완전히 구분하여 서로 다른 세 시대에 할당할 수 있는 것은 아닙니다. 1-39장 안에도 후대에 첨가된 부분들이나 작은 손질들이 있기 때문이지요. 예를 들어 24-27장은 매우 늦은 시기에 첨가되었습니다. 그러나 대략 말하자면 이렇게 세 부분으로 나누는 것을 받아들일 수 있으며, 이를 염두에 두는 것은 이사야서를 이해하는 데에 큰 도움이 됩니다. 그래서 이사 1-39장을 먼저 다루고, 제2이사야와 제3이사야는 각각 유배기와 유배 후의 예언자로 분류하여 뒤에서 따로 살펴볼 것입니다.

그런데 주의 사항이 있습니다. 이사야서의 세 부분을 마치 서로 떨어져 존재할 수 있는 각각의 책처럼 생각할 수는 없다는 것입니다. 앞부분에도 후대에 삽입된 부분이 있다는 점은 그렇다 치더라도, 이사야서 제2부나 제3부는 각각 떨어져 있었던 적이 없습니다.

이사야서 첫째 부분에 40-55장이 덧붙여져, 말하자면 개정 증보판이 되었고, 다시 56-66장이 덧붙여져 또 하나의 개정 증보판이 되었을 뿐입니다. 개정 증보판은 책 두 권이 아니라 한 권이지요. 이사야서도 마찬가지입니다. 내용이 계속 덧붙여지긴 했어도 이사야서는 늘 한 권이었습니다. 뒷부분을 덧붙인 사람들은 기존의 이사야서를 자신의 시대에 맞게 다시 해석하면서 책을 새롭게 만들어 갔던 것입니다. 비록 각 부분의 저자는 달라도 이사야서는 지금도 한 권의 책입니다.

아모츠의 아들 이사야

기원전 8세기의 이사야에 대하여 몇 가지만 언급해 둡니다. 이사 1,1에서는 이사야가 "우찌야, 요탐, 아하즈, 히즈키야 시대에" 환시를 보았다고 나오나, 6,1에서는 그가 우찌야 임금이 죽던 해에 부르심을 받았다고 말합니다. 그래서 연대가 좀 어지럽기는 하지만, 어쨌든 우찌야 임금이 죽던 해라면 기원전 740년경입니다. 36-37장에서 기원전 701년 산헤립의 침공 당시 이사야의 활동을 전해 주고 그 이후로는 그에 대한 진술이 이어지지 않습니다. 이 점으로 보아 이사야는 대략 그 무렵까지, 그러니까 약 40년 동안 활동한 것으로 볼 수 있습니다.

그의 출생지나 가문에 대한 내용이 성경에 기록되어 있지 않으나, 그의 글에는 높은 교육 수준이 드러납니다. 임금이나 고위 관리들과 어렵지 않게 접촉하며 정치적 활동을 했던 모습이나 신학적으로 다윗 왕조와 예루살렘을 크게 중시했던 점으로 볼 때, 그는 예루살렘 귀족 출신이었다고 생각됩니다.

　오랜 기간 활동한 예언자이기에, 각 시기의 활동에 대해서는 뒤에서 살펴보겠습니다. 이사야서의 분량이 너무 많다고 미리 두려워하지 마시기 바랍니다.

6

이사 1-39장: 아하즈 시대

"너희가 믿지 않으면 정녕 서 있지 못하리라"(이사 7,9)

이사 1,1에서는 이사야가 "우찌야, 요탐, 아하즈, 히즈키야 시대에" 활동했다고 말합니다. 모두 기원전 8세기 남 왕국 유다의 임금들입니다. 남 왕국 유다가 북 왕국 이스라엘보다 아시리아에서 좀 더 멀리 있지만, 기원전 8세기의 문제는 언제나 아시리아입니다. 이사야와 미카의 시대 역시 아시리아의 팽창으로부터 출발해서 설명할 수 있습니다.

6장에서는 이사야가 "우찌야 임금이 죽던 해", 곧 기원전 740년에 예언자로 부르심을 받았다고 말합니다. 그렇다면 우찌야 시대에 무슨 활동을 했는지는 말하기 어렵지요. 당시의 국제 정세를 보면, 기원전 745년에 티글랏 필에세르 3세가 아시리아의 임금이 된 후 아시리아는 이미 강력한 팽창 정책을 추진하고 있었습니다. 하지만 요탐 시대에도 이사야의 활동은 그리 분명치 않습니다. 이사야서에 직접 등장하는 임금은 주로 아하즈와 히즈키야입니다.

적군 앞에 떨고 있는 아하즈 임금에게

좀 더 이른 시기였던 아모스와 호세아 시대, 북 왕국 이스라엘은 아시리아가 시리아를 괴롭히는 것을 다행으로 여겼습니다. 시리아가 이스라엘을 공격할 여력이 없으니 이스라엘은 잠시 평화를 누렸습니다. 그러나 그 평화는 명백히 일시적이었습니다. 아시리아의 세력이 더욱 커지자, 이제는 이스라엘에게 문 앞의 작은 적 시리아는 더 이상 문제가 아니었습니다. 북 왕국 이스라엘은 시리아와 손을 잡고서라도 점점 거세게 다가오는 아시리아를 막아야 했습니다. 아니, 둘이 손을 잡아도 부족했습니다. 그래서 남 왕국 유다까지 반아시리아 동맹에 끌어들이려 합니다.

그때 유다의 임금이 바로 아하즈였습니다. 아하즈는 상황을 정확하게 파악하지 못합니다. 그에게 아시리아는 아직 강 건너 불이었기에, 시리아와 이스라엘의 동맹 제의를 받아들이려 하지 않습니다. 그러자 시리아 임금 르친과 이스라엘 임금 페카가 남 왕국 유다로 쳐들어옵니다. 이것이 시리아-에프라임 전쟁입니다(기원전 736-734년, 이사 7장). 그들은 아하즈를 몰아내고 다른 사람을 왕위에 앉히려 합니다. 당황한 아하즈는 고전적인 실수를 범합니다. 오히려 강대국인 아시리아에게 손을 내밀며, 예루살렘을 공격하는 시리아와 이스라엘을 막아 달라고 합니다.

이사야는 벌벌 떨고 있는 아하즈를 꾸짖습니다. 어리석은 정치 때문만은 아닙니다. 이사야가 뛰어난 외교적 판단력을 가져서 어느 나라와 손을 잡고 어느 나라와 싸워야 한다고 임금을 설득하는 것이 아닙니다. 그의 주장은 "너희가 믿지 않으면 정녕 서 있지 못하리라"(이사 7,9)라는 것입니다. 다윗 왕조와 예루살렘을 선택하신 분은 하느님이시기에, 그 하느님을 믿어야 아하즈는 굳게 서 있을 수 있습니다.

표징을 보여 주시는 하느님

이러한 맥락에서 임마누엘의 예언이 나오게 됩니다(이사 7,10-17). 하느님은 유다를 보호하시겠다고 약속하시며 아하즈에게 손수 표징을 보여 주시는데, 그 표징이 임마누엘 곧 '하느님께서 우리와 함께!'라는 이름을 가진 아기의 탄생입니다.

신약성경에 인용되어 더 유명해진 구절이기도 합니다. 그런데 마태 1,23에서는 칠십인역의 그리스어 본문을 따라 이 구절을 "동정녀가 잉태하여 아들을 낳으리니 그 이름을 임마누엘이라고 하리라"라고 인용하지만, 이사야서의 본문은 "젊은 여인이 잉태하여 아들을 낳고"라고 되어 있습니다. 긴 설명은 생략하고, 여기서 그 젊은 여인은 아하즈의 아내이고 여인이 낳을 아들은 히즈키야입니다. 아하즈에게 지금 필요한 것은 칠백여 년 후에 있을 예수님의 탄생에 대한 예고가 아니라 눈앞에 보이는 표징이었습니다. 시리아와 이스라엘의 침입으로 다윗 왕조가 위협을 받는 순간에, 아하즈에게 아들이 태어난 것은 하느님께서 다윗 왕조를 보호하고 계심을 확인해 주는 표징입니다. 이 예언이 신약성경에서 예수님의 탄생에 적용된 것은, 구약의 예언이 신약에 이르러 더 충만하게 실현된다는 믿음을 바탕으로 마태오 복음사가가 예수 그리스도 안에서 이사야의 예언이 이루어짐을 알아보았기 때문입니다.

그러나 아하즈는 하느님을 믿지 못하고

어쨌든, 아하즈는 이사야의 말에 귀를 기울이지 않고 아시리아에게 군사 원조를 청합니다.

그렇지 않아도 팔레스티나 쪽으로 영토를 확장하려던 아시리아는 유다의 초대에 기꺼이 응답하여, 시리아를 멸망시키고 이스라엘 영토의 대부분을 점령합니다. 시간이 더 흐른 다음 북 왕국 이스라엘의 마지막 임금 호세아가 아시리아를 거슬러 일어나자, 아시리아 임금 살만에세르 5세는 이스라엘을 공격하고 수도 사마리아를 함락시킵니다(기원전 722년).

그럼 남 왕국 유다는 어떻게 될까요? 물론 당분간은 위험을 피했고 멸망도 면했습니다. 그러나 국가 안보를 강대국에 맡기는 것은 고대에나 현대에나 강대국에 대한 종속과 의존을 가져옵니다. 유다는 아시리아에 막대한 조공을 바쳐야 했습니다. 조공을 바치는 한 아시리아는 굳이 유다를 멸망시킬 필요는 없다고 생각했던 것 같습니다. 하지만 조공은 엄청난 경제적 부담이었고, 종교적으로도 아하즈는 아시리아의 영향을 받지 않을 수 없었습니다.

　아하즈의 정치적 판단에 대해, 그리고 이사야의 주장에 대해 어떻게 평가해야 할까요? 아시리아의 도움을 청하지 않고도 무사할 수 있었을까요? 그 문제는 다음 장에서 생각해 보겠습니다.

7

이사 1-39장: 히즈키야 시대

"이스라엘의 거룩하신 분"(이사 12,6)

유다 임금 아하즈 시대에는 시리아와 북 왕국 이스라엘이 예루살렘을 공격하려 했고 아하즈는 멀리 있는 강대국인 아시리아의 도움을 청했습니다. 아시리아는 시리아를 멸망시켰고, 시간이 좀 더 흐른 뒤에는 북 왕국 이스라엘도 멸망시켰습니다. 그런데 점점 세력을 넓히고 있는 아시리아가 언제까지나 남 왕국 유다의 편이 되어 주지 않으리라는 것은 명백합니다. 아시리아는 언제까지 유다의 우방이 되어 줄까요? 그 대답은 국제 관계의 뻔한 현실에서 알 수 있습니다. 강대국 아시리아가 약소국 유다를 지켜 주는 것은 아시리아 자신에게 이득이 되는 한에서라는 것입니다.

아수르바니팔 시대의 아시리아 제국(기원전 7세기) 《성서사십주간 성경지도》 지도 83

히즈키야 시대, 산헤립의 침공

북 왕국 이스라엘이 무너진 다음 홀로 남은 남 왕국 유다에서는 아하즈가 세상을 떠나고 그 아들 히즈키야가 임금이 되었습니다. 때로 이사야에게 비난받을 일을 하기도 하지만, 히즈키야는 대체로 괜찮은 임금이었습니다. 그는 아시리아로부터 정치적 독립을 꾀했고, 이와 더불어 종교적으로도 개혁을 추진했습니다. 이사야는 종교적인 면에서 아시리아의 영향을 벗어나려는 히즈키야의 시도를 지지하지만, 그가 아시리아에 맞서기 위해 다른 약소국가들과 손을 잡고 특히 이집트의 군사 원조에 의지하려 하는 것은 찬성하지 않습니다. 이사야는 그런 정치적 동맹이 아무 쓸데 없고 주님을 신뢰하는 것이 중요함을 역설하며, 아시리아는 하느님께 충실하지 못한 이스라엘을 벌하시는 주님의 막대라고 봅니다. 그러나 이번에도 임금은 그의 말을 따르려 하지 않습니다.

그러자 기원전 701년에 아시리아 임금 산헤립이 침공합니다. 이사야는 처음부터 아시리아에 맞서려는 히즈키야의 시도를 단죄했으며, 하느님을 신뢰하라고 말합니다. 그러나 분명 아시리아의 위협은 컸습니다. 유다 왕국은 이미 대부분의 지역이 황폐해졌고, 남은 땅은 거의 예루살렘뿐이었습니다.

이 상황에서 히즈키야는 하느님을 신뢰하며 성전에 올라가 하느님께 기도합니다. 그리고 기적이 일어납니다. 어느 날 아침에 일어나 보니, 밤 사이 주님의 천사가 아시리아 진영에서 십팔만 오천 명을 친 것입니다. 그들은 모두 죽어 있었고, 산헤립은 그곳을 떠났습니다. 이집트의 군사 원조는 오지 않았습니다. 이집트를 믿는 것은 소용없는 일이었습니다. 예루살렘을 지키시는 분은 오직 하느님이셨습니다.

하느님의 결정을 믿음으로 받아들일 때

이사야는 왜 군사 원조를 청하려는 임금들의 시도에 늘 반대할까요? 아시리아든 이집트든, 상대가 누구인지가 결정적인 이유는 아닙니다. 이사야는 예루살렘을 위험에서 구하려는 정치적이고 군사적인 시도들을 모두 가당찮게 여깁니다. 그 이유는, 그가 문제의 핵심은 그러한 인간적인 요소들에 있지 않고 하느님의 결정에, 하느님에 대한 이스라엘의 믿음에 있다고 보기 때문입니다.

이사야서의 하느님은 "이스라엘의 거룩하신 분"이라는 호칭으로 대변됩니다. 6장에서 이사야는 성전에서 하느님을 뵙고는 자신이 "입술이 더러운 사람"으로서 그 하느님을 뵈었으니 "나는 이제 망했다"고 말합니다(이사 6,5). 속된 세상과 철저히 분리된 하느님의 거룩하심은 그분의 초월성, 절대성, 인간이 범접할 수 없음을 뜻합니다. 그 하느님의 거룩하심이 인간의 역사를 결정하고 이끌어 가십니다. 하느님께서 역사를 심판하시며, 한 나라가 일어서고 무너지고 하는 것은 하느님의 결정에 달려 있습니다. 그러니 시리아가 쳐들어온다고 두려워 떨 일도 아니고, 무슨 수를 써서라도 망하지 않겠다고 이리저리 손을 내뻗을 일도 아닙니다. 그래서 이사야에게는 전쟁을 위한 동맹이 무의미합니다. 인간에게 요구되는 것은 오직 하느님에 대한 흔들림 없는 믿음입니다.

그렇지만 이 말은, 주 하느님께서 언제나 이스라엘의 편에 계시다고 믿고 안일하게 살 수 있다는 뜻이 아닙니다. 하느님은 예루살렘을 선택하시고 돌보십니다. 그러나 하느님의 그러한 선택은 믿음이라는 크고도 어려운 응답을 요구합니다. 홀로 거룩하신 하느님께서는 경쟁자를 허락하지 않으십니다. 하느님 아닌 자기 자신을 믿는 교만, 전쟁에서 군사력에 의지하고 아시리아나 이집트를 믿으려는 임금들의 시도, 정의와 공정을 바라시는데 피 흘림과 울부짖음의 열매나 맺는 이스라엘을 하느님은 심판하십니다. 하느님의 거룩하심은 인간의 죄와 공존할 수 없고, 하느님의 절대성은 죄에 빠진 이스라엘과 타협하실 수 없기 때문입니다. 거룩하신 하느님에 대한 믿음은 아무 노력 없이 구원을 얻겠다는 것이 아니며, 오히려 위험한 상황 앞에서 인간적으로 의지할 곳을 찾고 원조를 구할 것인지 아니면 하느님을 신뢰하며 평온함을 유지할 것인지를 선택하는 결단을 촉구합니다. 그리고 그 평온함은, 하느님의 뜻이라면 멸망까지 받아들이는 것을 전제합니다.

하느님의 진노와 심판을 믿음으로 받아들일 때, 그 심판은 완전한 멸망이 아니라 새로운 시작이 됩니다. 유배 이전의 예언자인 "아모츠의 아들 이사야"를 흔히 심판을 선고한 예언자로 이해하여, 구원을 알리는 그의 예언들은 모두 이사야 자신의 것이 아니라 후대에 첨가된 것으로 설명하는 일부 학자들의 경향도 볼 수 있습니다. 그러나 이사야서 전체에서 그리고 더 큰 역사의 맥락에서 그가 선포한 심판은 이스라엘을 정화시키는 과정이 됩니다. 이스라엘의 마음을 무디게 하고 눈을 멀게 하는 것 역시(이사 6,9-10) 남은 자들을 통하여 새로운 미래가 열리기 위하여 이스라엘이 거쳐가야 할 하나의 단계로 이해됩니다. 하느님은 멸망을 통하여 이스라엘을 구원으로, 새로운 시작으로 이끄십니다.

8

미카서

"너 에프라타의 베들레헴아"(미카 5,1)

미카서가 성경 어디에 있나 한참 찾으실 텐데, 역사에서 미카 예언자의 위치를 찾는 일은 아마 더 어려울 것입니다. 방법이 있습니다. 언제나 미카와 이사야를 함께 붙여서 기억하시면 됩니다. 미카서 첫머리에 나오는 "유다 임금 요탐, 아하즈, 히즈키야 시대에"(1,1)라는 연대 표시부터 미카를 이사야와 같은 시대에 활동한 인물로 제시하고 있기 때문입니다.

모레셋 사람 미카

기원전 8세기의 문제는 언제나 아시리아라고 했습니다. 미카 역시 아시리아의 침략을 겪습니다. 이사야와 차이가 있다면, 이사야가 예루살렘 귀족 출신이었던 데에 비하여 미카는 "모레셋 사람" 곧 필리스티아 쪽에 가까운 지방 출신으로서 전쟁의 피해를 겪었던 가난한 이들과 더 가까이 있었다는 점을 들 수 있습니다. 이러한 배경에서 그는 가난한 백성을 억누르는 부유한 이들에 대해서 비판합니다.

미카서에 대해 말하려고 할 때 좀 어려운 부분이 있기는 합니다. 미카서의 본문 가운데 미카 예언자 자신이 쓴 부분과 후대에 덧붙여진 부분을 나누기가 어렵다는 점입니다. 분명히 미카가 썼다고 보이는 부분은 1-3장이고, 다른 부분들은 모두 의문의 여지가 있습니다. 미카가 유배 전 예언자이니, 이스라엘과 유다의 죄를 고발하며 멸망을 선포하는 부분은 미카 자신이 쓴 것으로 더 자연스럽게 생각하게 되고, 구원을 약속하는 부분은 후대에 첨가되었을 가능성이 큽니다.

하지만 지금 우리가 읽으려고 하는 미카 5,1-5은 이사야서에서도 나타나는 군왕 메시아 사상을 담고 있는 대목으로, 기원전 8세기의 미카 자신에게서 유래한 것이라고 생각됩니다.

다윗의 후손인 메시아를 기다리며

군왕 메시아 사상의 기원은 훌륭한 임금에 대한 기다림이라고 말할 수 있겠습니다. '메시아'는 본래 '기름부음을 받은 이'를 뜻하고, 기름부음을 받는 이는 일차적으로 임금이었습니다. 구약성경을 예수님에 대한 예언으로 읽는 데에 익숙해진 우리 그리스도인들에게는 뜻밖으로 보일 수도 있지만, 이사야서에서 "우리에게 한 아기가 태어났고 우리에게 한 아들이 주어졌습니다. 왕권이 그의 어깨에 놓이고 그의 이름은 놀라운 경륜가, 용맹한 하느님, 평화의 군왕이라 불리리이다"(이사 9,5) 하고 예언할 때에나, "이사이의 그루터기에서 햇순이 돋아나고"(이사 11,1)라고 말할 때에 이사야가 처음에 생각한 것은 장차 태어날 임금이었습니다. 앞에서 인용한 "젊은 여인이 잉태하여 아들을 낳고 그 이름을 임마누엘이라 할 것입니다"(이사 7,14)라는 구절 역시 마찬가지였습니다. '처음에', '본래' 이러한 예언들은 다윗 왕조의 임금에 관한 것이었습니다.

하지만 성경 본문의 의미는 '처음에', '본래' 저자가 생각했던 의미로 끝나지는 않습니다. 훌륭한 임금에 대한 기다림은 군왕 메시아 사상으로 이어지고, 다윗의 후손인 한 임금을 통하여 하느님께서 당신 백성에게 구원을 주시리라는 희망은 나중에는, 특히 다윗 왕조가 무너진 후에는 장차 올 메시아에 대한 기다림으로, 종말에 이루어질 메시아 왕국에 대한 믿음으로 발전합니다.

이사야서에서는 임마누엘 예언이 그 대표적인 예였습니다. 아하즈에게 아들 히즈키야의 탄생을 알렸던 이 예언은 특히 마태 1,23에 인용되면서 분명하게 예수 그리스도를 지칭하는 새로운 의미를 지니게 됩니다. 다윗 왕조가 무너져도 하느님의 약속은 무너질 수 없다는 믿음이, 다윗의 후손이신 예수님에게서 그 약속의 성취를 본 것입니다.

평화의 임금

미카 예언서에도 그러한 예가 있습니다. "너 에프라타의 베들레헴아, 너는 유다 부족들 가운데에서 보잘것없지만"(미카 5,1). 많이 들어 본 구절이지요. 신약의 사건들에서 구약 예언의 성취를 알아보는 전문가였던 마태오 복음사가가 이 구절을 인용했을 뿐만 아니라 '오 베들레헴 작은 고을아 너 잠들었느냐'라는 성가 때문에도 누구나 알고 있는 말씀입니다.

동방 박사들이 별을 보고 유다인의 임금이 태어나신 곳을 찾아 나섰을 때, 예루살렘에 도착해서는 당연히 임금은 궁정에서 태어났으리라고 생각했는지 헤로데를 찾아갑니다. 새로 태어나신 유다인의 임금을 찾아왔다는 말에 당황한 헤로데는 급히 율법학자들에게 아기가 태어난 곳을 묻고, 그들은 미카 예언서에서 그 답을 찾습니다. "나를 위하여 이스라엘을 다스릴 이"(미카 5,1)는 작은 고을인 베들레헴에서 태어난다는 것입니다.

다시 기원전 8세기로 돌아갑시다. 전쟁이 끊이지 않던 시대입니다. 아시리아는 엄청난 나라였습니다. 무엇보다 군사력이 엄청나 여러 작은 나라를 무력으로 짓밟았습니다. 이제는 남 왕국 유다에도 아시리아의 힘이 미치고 있습니다. 산헤립의 침공 때에 예루살렘은 멸망을 면했다고 했지요. 그러나 '예루살렘만' 멸망을 면했다고 해도 과언이 아닙니다. "히즈키야 임금 제십사년에, 아시리아 임금 산헤립이 유다의 모든 요새 성읍으로 올라와서 그곳들을 점령하였다"(이사 36,1).

온통 짓밟힌 유다 땅에서 미카는 장차 하느님께서 이루어 주실 평화로운 날들을 예고합니다. 작은 고을, 다윗의 고향인 베들레헴에서 하느님께서는 "나를 위하여 이스라엘을 다스릴 이"(미카 5,1)가 태어나게 하실 것입니다. 그는 목자처럼 백성을 이끌 평화의 임금이 될 것이고, 백성은 안전하게 살 것입니다. "그 자신이 평화가 되리라"(미카 5,4).

마태오 복음은 이 약속이 베들레헴에서 태어나신 다윗의 후손 예수 그리스도(마태 1,1 참조)에게서 성취되었다고 선포합니다. 동방박사들이 미카 예언서의 인도에 따라 찾아가서 경배한 그분은 평화의 임금으로, 아시리아의 지배자들이나 이 세상의 통치자들과는 달리 우리의 평화가 되신 분이십니다. "그리스도는 우리의 평화이십니다"(에페 2,14).

북 왕국 멸망 후

- 기원전 7세기의 임금들

다윗 왕조가 무너지는 중요한 순간이 조금씩 다가오고 있기 때문에, 이 시점에서 속도를 늦추고 몇몇 임금에 대해 알아보아야 하겠습니다. 이 시기는 아주 훌륭한 임금들과 아주 나쁜 임금들이 교차됩니다. 뒤에 나오는 도표에는 히즈키야부터 다윗 왕조가 멸망할 때 임금까지를 요약해 놓았습니다. 이 장에서는 처음의 네 임금을 살펴보고, 요시야의 죽음과 나머지 임금들은 나중에 예레미야와 함께 다룰 것입니다. 이 임금들을 보면서 다윗 왕조가 왜 무너졌을까 생각해 보시기 바랍니다.

다윗 왕조의 마지막 임금들

임금	재위(기원전)	업적 및 경향
히즈키야	716-687년	산헤립의 침공, 반反아시리아, 하느님 신뢰
므나쎄	687-642년	친親아시리아, 우상 숭배
아몬	642-640년	므나쎄와 비슷
요시야	640-609년	종교 개혁, 반아시리아, 므기또에서 이집트와 전쟁 중 전사
여호아하즈	609년	요시야의 아들, 이집트가 폐위시킴
여호야킴	609-598년	요시야의 아들, 이집트가 임금으로 세움, 친이집트
여호야킨	598-597년	여호야킴의 아들, 제1차 유배 때에 바빌론으로 끌려감
치드키야	597-587년	요시야의 아들, 마지막 임금, 바빌론에 반역했다가 끌려감

히즈키야

이사야와 미카는 유다 임금 히즈키야 시대까지 활동했습니다. 히즈키야(기원전 716-687년 재위)는 상당히 좋은 임금이었습니다. 임금들에 대한 평가에서 점수가 후하지 않았던 열왕기는 그래도 히즈키야가 "주 이스라엘의 하느님을 신뢰하였다. 그의 뒤를 이은 유다의 모든 임금 가운데 그만 한 임금이 없었고, 그보다 앞서 있던 임금들 가운데에서도 그만 한 임금이 없었다"(2열왕 18,5)라고 말합니다. 요시야가 히즈키야보다 더 훌륭하기는 합니다. 그러나 히즈키야의 특징은 '하느님을 신뢰하였다'는 데에 있습니다.

열왕기는 신명기계 역사서이고, 신명기에서 가장 중요하게 여긴 것은 하느님이 한 분이라는 점입니다(신명 6,4 참조). 열왕기는 이 기준에 충실했는지 여부에 따라 임금들을 평가합니다. 그렇다면 히즈키야가 훌륭한 임금으로 여겨지는 이유도 짐작할 만하지요. 그가 좋은 평가를 받은 것은 무엇보다도 그가 했던 종교 개혁 때문입니다. 그는 여러 산당과 기념 기둥, 온갖 우상을 없앴고 율법의 계명들을 지키도록 했습니다. 정치적으로는 아시리아의 영향에서 벗어나려고 애썼습니다. 그의 아버지 아하즈처럼 아시리아의 그늘 아래 살려고 하면 아시리아의 신들을 섬기지 않을 수 없었기에, 종교 개혁과 정치적 독립을 늘 함께 추구해야 했습니다.

므나쎄와 아몬

문제는 그다음 임금인 므나쎄였습니다(기원전 687-642년 재위). 여기서도 평가를 하자면, 다윗 왕조의 임금들 가운데 열왕기에서 가장 낮은 점수를 받은 이가 므나쎄입니다. 열왕기는 므나쎄의 손자 요시야가 훌륭한 임금이었는데도 나라가 망하게 된 이유에 대해서, "므나쎄가 주님의 분노를 몹시 돋우었기 때문에, 주님께서는 유다를 거슬러 타오르는 커다란 분노의 열기를 거두지 않으셨다"(2열왕 23,26)라고 말합니다. 다윗 왕조의 몰락은 그때에 이미 결정되었다는 뜻입니다.

 므나쎄는 히즈키야의 뒤를 이어 아시리아에 의하여 어린 나이에 임금이 되었으며, 당연히 친아시리아 정책으로 우상 숭배를 끌어들였습니다. 아시리아 사람들이 섬기던 이런저런 신들을 들여왔던 것입니다. 온 나라에 우상이 바글바글했다고 해야 할까요? 그 영향이 요시야 초기까지 갑니다.

　그런데 앞의 표를 보십시오. 이 나쁜 임금이 너무 오래 왕위에 눌러앉아 있었습니다. 인과응보를 매우 강조했던 역대기 저자는 이것을 설명하기 위하여, 열왕기에는 없는 므나쎄의 회개에 관한 본문을 삽입합니다. 나쁜 임금이었지만 회개해서 왕위에 오래 있을 수 있었다는 설명입니다.

므나쎄 다음으로는 아들 아몬이 임금이 됩니다(기원전 642-640년 재위). 아버지 므나쎄의 노선을 따라갔으니 좋은 임금일 수 없습니다. 제 생각으로는, 그나마 왕위에 있었던 기간이 짧았기 때문에 비난을 덜 받는 것 같습니다. 질이 같아도 양이 적다고나 할까요?

요시야

요시야는 다윗을 제외하고 가장 훌륭한 임금으로 평가됩니다(기원전 640-609년 재위). 그도 상당히 왕위에 오래 있었던 것같이 보이지만, 8세에 임금이 되었기에 요절한 것으로 여겨집니다. 그가 전사했을 때 온 유다가 땅을 치며 애통해하고, 실상 그의 죽음으로 유다 왕국은 완전히 기울기 시작합니다.

　요시야가 이룬 가장 큰 업적 역시 종교 개혁입니다. 2열왕 22-23장에 따르면, 그가 성전 보수 공사를 하던 중에 두루마리를 발견했다고 전해집니다. 하기는 이미 성전을 보수하고 있었던 것을 보아도 그는 하느님께 충실하려고 노력했던 것 같습니다. 이때에 그가 발견한 두루마리는 신명기의 일부 또는 그 옛 형태였던 것으로 보입니다. 그는 그 두루마리의 내용에 따라, 예루살렘을 제외한 지방 성소를 없앱니다. 소위 '경신례의 중앙 집중'입니다. 우상 숭배만 금한 것이 아니라, 같은 하느님을 섬기는 일이라 하더라도 다른 곳에서 하면 안 된다는 것입니다. 이는 하느님이 한 분이심을 강조하기 위한 조치였습니다. 이곳저곳에서 예배를 드리면 사람들이 그 지역의 다른 신을 섬기는 줄 알고 쉽게 우상 숭배에 빠지기 때문입니다(신명 12장 참조).

하지만 그가 개혁을 시작한 때는 기원전 622년에 이르러서입니다. 재위 18년째이지요. 8세에 임금이 되었기에 초기에는 업적이 없습니다. 그 시기는 오히려 아직도 므나쎄와 아몬 시대의 영향으로 우상 숭배가 한창이었습니다. 스바니야 예언자가 활동한 때가 그 시기였습니다.

> **요시야의 종교 개혁과 신명기의 작성 연대:** 요시야의 종교 개혁에 관한 열왕기 하권의 기록은, 신명기의 작성 연대를 추정하는 데에 매우 중요한 역할을 합니다. 경신례의 중앙 집중을 말하고 있는 신명기 법전이 늦어도 요시야 시대에는 존재했음을 말해 주기 때문입니다.

이 정도 배경을 깔아 놓고 다음에 다시 이 시대 예언자들에게로 돌아올 것입니다. 왕국이 기울기 시작하는 것이 보이십니까? 기원전 8세기의 문제는 아시리아였고 다음에는 바빌론이 문제가 될 것이지만, 열왕기는 아시리아나 바빌론 때문에 유다 왕국이 망했다고 말하지 않습니다. 멸망의 원인은 이스라엘이 한 분이신 하느님께 충실하지 않고 우상을 숭배한 데에 있고, 그 선봉에는 임금들이 있습니다.

10

스바니야서, 나훔서

"니네베가 망하였다!"(나훔 3,7)

때는 요시야 통치 초기. 백성이 살기 힘들었던 시기입니다. 나훔 예언자가 "피의 성읍"(나훔 3,1)이라고 부른 아시리아의 군사력은 주변의 약소국들을 마구 짓밟았습니다. "온통 거짓뿐이고 노획물로 가득한데 노략질을 그치지 않는다"(나훔 3,1). 시리아, 북 왕국 이스라엘, 티로, 시돈 모두 아시리아에게 함락되었습니다. 유다의 백성도 시달렸습니다. 다윗 왕조의 후손이라는 므나쎄와 아몬은 아시리아의 영향에서 벗어나지 못하고 우상을 섬겼습니다. 새로 임금이 된 요시야는 아직 나이가 어렸습니다. 기댈 곳 없는 백성! 스바니야와 나훔은 그 백성을 향해 예언을 선포합니다.

스바니야, 심판 그리고 남은 자들

우상 숭배가 만연한 기원전 630년대의 유다와 예루살렘에게 스바니야가 선포할 말은 심판일 수밖에 없었습니다. 그는 주님의 날을 선포합니다(스바 1,14-18). 사람들은 악하게 살면서도 "주님은 선을 베풀지도 않고 악을 내리지도 않으신다"(스바 1,12) 하고 말합니다. 어떻게 살든 하느님은 그저 내버려 두신다는 의미입니다. 그런 사람들에게 어떻게 하느님께서 가만히 계시겠습니까? 이미 아모스도 주님의 날은 유다를 심판하실 날이 되리라고 말했었습니다. 스바니야는 예언자들 가운데 가장 무섭게 득달같이 달려올 그날을 예고합니다. "그날은 분노의 날, 환난과 고난의 날, 파멸과 파괴의 날, 어둠과 암흑의 날, 구름과 먹구름의 날이다"(스바 1,15). 유다 왕국은 이미 기울어 가고 있습니다. 모든 유배 전 예언자들과 마찬가지로 스바니야는 멸망을 알립니다. 아무도 깨닫지 못하고 있다 해도, 왕국이 무너질 날이 50년 앞으로 다가와 있습니다. 예언자는 그것을 알아봅니다.

그러나 그것으로 끝은 아닙니다. 스바니야는 완전히 새로운 소식을 전합니다. 불의와 억압을 저지르는 유다와 예루살렘에게 심판이 선고되어도, 그 파멸을 뚫고 '남은 자들'이 있으리라는 것입니다. "나는 네 한가운데에 가난하고 가련한 백성을 남기리니"(스바 3,12). '남은 자들', '주님의 가난한 이들'(아나윔), 이들은 바빌론 유배 이후로 중요하게 부각될 개념입니다. 그 시초가 스바니야입니다. 그는 하느님께서 선포하시는 징벌의 날에 온 나라가 무너진다 해도 잿더미 속에서 자라나는 새싹이 있으리라는 것을, 그리고 그 새싹이 다름 아닌 지금 정복자들에게 약탈당하고 무능한 임금 때문에 고통받고 있는 약하고 가난한 백성이라는 것을 예고합니다.

스바니야서가 신학적으로 중요한 의미를 갖는 것은 바로 이 가난한 이들에 대한 신학 때문입니다. 그는 왕국의 멸망을 겪으면서도 주님께 피신할 가난한 이들에게 희망을 둡니다. 이 '아나윔'은 영적으로만 가난한 것이 아니라 우선 물질적으로 가난한 이들입니다. 스바니야는 그들에게서 새로운 시작이 이루어지리라고 말합니다. 앞에서 보았던 것처럼, 이스라엘을 멸망으로 이끈 장본인도 임금들이었습니다. 그래서 왕조는 무너질 수밖에 없습니다. 이제 임금이며 통치자들에게 무슨 희망을 두겠습니까? 주님께서는 예루살렘에서 거만한 이들을 치워 버리실 것입니다(스바 3,11). 남는 것은 가난한 이들입니다(스바 3,12). 억누르는 자들은 하느님께서 치워 버리시고, 절뚝거리는 이들은 주님께서 구하십니다(스바 3,19). 왕국이 무너지면 그 나라에서 세력을 부리던 이들도 모두 무너지겠지요. 그러나 기댈 곳이 없어 오직 하느님께만 의지하는 이들, 주님의 이름에 피신하는 이들은(스바 3,12) 왕국이 멸망한 후에라도 미래를 희망할 근거가 됩니다. 체로 쳐서 돌을 골라내듯 하느님은 힘 있는 자들은 모두 베어 내시고 그 밑에서 죽어가던 백성으로부터 새로운 역사를 시작하실 것입니다.

나훔, 아시리아를 무너뜨리는 하느님의 정의

시간이 좀 더 흐르고 나면, 세상을 영원히 지배할 것 같던 아시리아도 기울게 됩니다. 기원전 7세기 중반에는 바빌론에서 아시리아를 거스른 반란이 일어나고, 아시리아 안에서도 왕권 계승을 둘러싼 내전이 일어납니다. 급기야 기원전 612년에는 메디아와 바빌론이 아시리아의 수도 니네베를 무너뜨립니다. 나훔은 니네베의 함락을 노래합니다.

"보라, 기쁜 소식을 전하는 이, 평화를 알리는 이의 발이 산을 넘어온다"(나훔 2,1). 제2이사야서에 이와 매우 비슷한 구절이 있습니다(이사 52,7). 이사야서에서 그 기쁜 소식이란 이스라엘이 유배에서 풀려나는 것입니다. 그러나 나훔서에서 말하는 기쁜 소식은 니네베의 멸망입니다.

일부 신자들은 나훔서를 읽으며 신학적으로 혼란을 느끼기도 합니다. 나훔이 니네베의 멸망을 너무 기뻐하기 때문입니다. 요나서에서 하느님은 니네베를 아끼십니다. 그와 달리 나훔서에서는 하느님을 "보복하시는 분"(나훔 1,2)이라 부르며 니네베에게 불행을 선언합니다. 어떻게 이해해야 할까요?

나훔서 1,2-8의 노래를 주의 깊게 살펴보면 하느님을 "분노에 더디신 분"(나훔 1,3), "선하신 분"(나훔 1,7)이라고 부르기도 합니다. 다시 말하면, 하느님은 쉽게 분노하고 마구 보복하는 분이 아니시며, 분노에 더디신 분이면서도 아시리아의 지나친 불의를 벌하지 않은 채 끝까지 그대로 두지는 않으신다는 것입니다. 세상을 지배하시는 하느님은 아시리아보다 강하십니다. 아시리아가 폭행을 저지를 때, 그 아시리아를 응징하시는 분이 하느님입니다. 하느님이 세상을 다스리시며, 불의를 꺾고 정의를 세우십니다.

하느님께서 불의를 심판하지 않으신다면 어떻게 불의에 희생된 이들을 구원하시겠습니까? 폭력에 피 흘리는 이들에게 구원을 선포하시는 하느님과 피의 성읍을 세우고 있는 이들에게 징벌을 선포하시는 하느님은 같은 분입니다.

11

하바쿡서

"너는 기다려라"(하바 2,3)

어떤 분이 저에게 좀 어려운 부탁을 하셨습니다. 천천히 생각해 보고, 들어 드리지 않기로 했습니다. 제가 전화를 했습니다. 그런데 그분이 전화를 끊지 않으시는 겁니다. 한 시간 동안 거의 말 없이 서로 전화를 붙잡고 있었고, 결국 제가 그분의 부탁을 들어 드렸습니다. 하바쿡과 하느님의 대화는 이런 식입니다. 하느님에 대한 하바쿡의 태도는, 질문을 하고 대답을 듣는 것보다는 기다리는 것이었습니다. 그는 끝없이 하느님께 질문을 던지고 또 기약 없는 하느님의 응답을 기다렸습니다.

끝없는 불의, 끝없는 질문, 끝없는 기다림

나훔은 니네베가 멸망했다고 기뻐했습니다(기원전 612년). 하지만, 아시리아가 없어지면 이 세상에 불의가 다 없어질까요? 천만의 말씀입니다. 그렇지 않다는 것은 우리도 잘 압니다. 그것이 하바쿡의 문제입니다.

"당신께서 듣지 않으시는데 제가 언제까지 살려 달라고 부르짖어야 합니까?"(하바 1,2) 이것이 하바쿡의 첫 번째 탄원입니다. 어떤 맥락에서 나온 질문인지는 잘 알 수 없습니다. 하바쿡서는 저술 연대를 정확히 추정하기가 어려운 책입니다. 임금의 이름 같은 것이 하나도 나오지 않습니다. 하바쿡이 언제 어디서 태어났는지, 누구의 아들인지도 전혀 알 수 없습니다. 탄원은 하는데 무엇 때문에 탄원을 하는지도 명확하지 않습니다. 억압, 불의, 폭력 모두 어느 시대에나 사라지지 않는 이 세상의 악입니다. 국제 문제와 국내 문제, 두 가지가 다 있는 것 같습니다.

연대 추정의 근거는 "내가 칼데아인들을 일으키리니"(하바 1,6)라는 하느님의 말씀 한 마디뿐입니다. 혹시 이 한 단어가 후대에 덧붙여진 것이라면 하바쿡서에는 연대를 알 수 있는 단서가 전혀 없게 됩니다. 어쨌든 이 한 단어를 믿어 본다면, 칼데아인들은 바빌론 사람들을 가리킵니다.

역사적 배경을 엮어 보면, 아마도 배경은 아시리아가 기울어 가고 이집트와 바빌론이 세력을 겨루던 시기인 것 같습니다. 아시리아에 시달리다가 아시리아가 멸망하고 나니 처음에는 이집트가 꿈

틀거립니다. 요시야는 이집트와 맞서 싸우다가 40세에 전사합니다. 기원전 609년, 나훔이 니네베 멸망을 기뻐한 지 3년 만의 일입니다. 유다 내부의 정치도 어지럽습니다. 넓은 땅에서 아시리아와 이집트와 바빌론이 세력을 겨룰 때 작은 나라 유다에서는 친아시리아파와 친이집트파, 친바빌론파가 갈라질 수밖에 없습니다. 임금들도 전사하고 폐위되고 끌려갑니다. 그 상황에서 하느님은 바빌론을 일으키겠다고 하십니다.

바빌론이 일어나면 어떻게 됩니까? 아시리아가 없어져도 세상에 불의가 없어지지 않았고 바빌론이 일어나도 불의는 없어지지 않습니다. 바빌론은 이집트와 전쟁을 하고 이집트를 꺾을 것입니다. 바빌론이 패권을 잡으면 유다 왕국 안에서도 친아시리아 세력과 친이집트 세력은 무너질 것이고 정치 판도도 바뀔 것입니다. 그러나 언젠가 바빌론은 또 하나의 불의가 되고 폭력이 될 것입니다. 그래서 하바쿡은 또 탄원합니다. 하바쿡서의 두 번째 탄원입니다. 하느님께 질문을 던져 놓고서 하바쿡은 하염없이 기다립니다. 초소에 서 있는 보초처럼, 하느님께서 무어라 말씀하시는지 보기 위하여 성벽 위에 서 있습니다(하바 1,12-2,1).

이어지는 하느님의 두 번째 대답은 "너는 기다려라"(하바 2,3)라는 말씀입니다. 기다려라, 기다려라. 이것이 유일한 대답입니다. 응답은 즉시 이루어질 것이 아니니 기록해 두고 언젠가 이루어지면 확인하라고 하십니다. "늦어지는 듯하더라도 너는 기다려라. 그것은 오고

야 만다, 지체하지 않는다"(하바 2,3). 언제가 될지 모르지만, 그때까지 충실한 믿음으로 기다린다면 반드시 살게 되리라고 약속하십니다. 하느님은 확실한 약속이라고 말씀하십니다. 그러나 언제 이루어질 것인지는 보이지 않는 약속입니다.

그러나, "내 구원의 하느님"

하바쿡은 기다립니다. 하바쿡서 3장에는 하바쿡 예언자의 기도가 덧붙여져 있습니다. 하바쿡이 쓴 것은 아니라고 생각됩니다. 그러나 이 기도는 하바쿡서를 훌륭하게 완성해 줍니다.

기도의 앞부분에서는 땅을 뒤흔드시며 산과 언덕을 내려앉게 하시는 하느님의 엄위를 노래합니다. 그런 하느님이 민족들을 심판하러 오실 것입니다. 당신 백성을 구원하러, 당신의 기름부음 받은 이를 구하러 반드시 오실 것입니다.

하지만 아직은 그날이 오지 않았습니다. 그는 지금도 조용히 기다리고 있습니다(하바 3,16). 아직은 이 세상에 정의가 세워지는 종말이, 악인들을 심판하시는 때가 오지 않았습니다. '무화과나무가 꽃을 피우지 못하고 포도나무에 열매가 없고 올리브 나무에 딸 것이 없다'(하바 3,17)는 것은 아직 구원의 때가 아님을 의미합니다. 그런데도 하바쿡은 "나는 주님 안에서 즐거워하고 내 구원의 하느님 안에서 기뻐하리라"(하바 3,18)고 말합니다.

하바쿡은 보이지 않는 것을 믿으며 기뻐합니다. 믿음에는 아무 증거도 없습니다. 눈앞에 보이는 현실은 그가 믿고 바라는 것과는 거리가 멉니다. 그런데도 그는 주님 안에서 기뻐하고, 그 믿음으로부터 힘을 받습니다.

하바쿡서는 연대 추정이 어렵다고 했습니다. 그래서 하바쿡서는 다른 모든 시대에도 적용될 수 있습니다. 의도적으로 특정한 나라나 임금의 이름을 언급하지 않았는지도 모르겠습니다. 불의는 특정한 시대에만 있는 것이 아니고, 하나의 불의가 사라져도 또 다른 불의가 나타나기 때문입니다. 하바쿡은 우리에게, 그런 현실에서도 믿음을 잃지 말라고 말합니다. 믿음이 우리를 어둠 속에서도 무너지지 않게 합니다. 포도나무에 열매가 없고 밭은 먹을 것을 내지 못할 때, 이 세상에 불의가 판을 칠 때 우리도 하바쿡의 기도를 함께 바칠 수 있었으면 합니다. "주 하느님은 나의 힘. 그분께서는 내 발을 사슴 같게 하시어 내가 높은 곳을 치닫게 해 주신다"(하바 3,19).

12

다윗 왕조의 마지막

"바빌론 임금을 섬기십시오"(예레 27,17)

예레미야서는 요시야 통치 십삼년부터 예루살렘 주민들이 유배될 때까지 주님의 말씀이 예레미야에게 내렸다고 말합니다(예레 1,3). 기원전 627년부터 587년까지, 멸망 직전의 사십 년간입니다. 결코 평탄할 수 없는 시대입니다. 예레미야의 예언은 그의 시대와 깊이 얽혀 있기에, 이제부터 그 시대의 역사를 따라가 보겠습니다.

요시야 시대

문제가 약간 있기는 합니다. 예레미야서에서 우상 숭배를 비판하는 본문들이 요시야 통치 초기를 배경으로 할 수도 있지만, 기원전 622년에 있었던 요시야 임금의 개혁에 대해서 예레미야는 아무 말도 하지 않습니다. 그래서 이 초기 활동은 좀 의심스럽습니다. 일부 학자들은, 예레 1,3에 언급된 요시야 통치 13년이 예레미야가 태어난 해라고 설명합니다. 그가 모태에서부터 예언자로 부르심을 받았기 때문입니다. 어떤 이들은 예레미야가 요시야의 개혁에 만족해서 더 이상 할 말이 없었다고 설명하기도 합니다. 잘 알 수 없습니다. 어떤 경우이든, 므나쎄와 아몬의 영향으로 요시야 통치 초기에 우상 숭배가 만연했고 예레미야가 우상 숭배를 비판하기는 하지만 요시야 시대에 예레미야가 활동을 많이 한 것 같지는 않습니다.

아시리아의 수도 니네베는 기원전 612년에 함락되었습니다. 아시리아는 이미 저물어 갑니다. 그러나 아직은 누구도 패권을 장악하지 못했습니다. 이집트는 아시리아를 도우려 하고, 바빌론은 아시리아에 대항하려 합니다. 유다 임금 요시야는 아시리아의 영향에서 벗어나려 합니다.

이 상황에서 이집트가 아시리아를 돕기 위해 군사를 일으키고, 요시야는 그런 이집트를 막으러 나섭니다. 그러나 기원전 609년, 요시야는 므기또 전투에서 전사합니다. 이로써 유다 왕국의 마지막 희망이 꺼집니다. 이후의 임금들인 여호아하즈, 여호야킴, 여호야킨, 그리고 치드키야는 멸망을 향해 걸어갈 뿐입니다.

여호아하즈, 여호야킴 시대

요시야가 죽은 뒤 백성은 그의 아들 여호아하즈가 아버지의 정책을 이어가기를 바랍니다. 그러나 요시야가 파라오 느코 2세에게 맞서다가 전사했으니, 이제 이집트가 개입합니다. 즉시 여호아하즈를 폐위시켜 이집트로 끌고 가고, 친이집트적이라고 생각되었던 요시야의 다른 아들 여호야킴을 즉위시킵니다(기원전 609년). 그러나 이집트의 세력은 오래 가지 못합니다. 기원전 604년의 카르크미스 전투에서 바빌론에게 패배했기 때문입니다. 이제부터 패권은 바빌론에게 넘어갑니다. 이 당시 바빌론 임금은 네부카드네자르였습니다. 그 네부카드네자르가 장차 예루살렘을 함락할 것입니다.

예레 1,14에서 하느님은 예레미야에게, "북쪽에서 재앙이 터져 이 땅의 모든 주민 위에 덮칠 것이다"라고 말씀하시며 멸망을 선포하라고 하십니다. 카르크미스 전투 이후로는 '북쪽'이 바빌론을 가리키는 것임이 분명해집니다. 예레미야는 멸망이 임박했음을 압니다. 이스라엘이 하느님께 충실하지 않았기에, 하느님과 이스라엘의 관계가 깨졌기에 이스라엘은 무너지고 있습니다. 예레미야는 바빌론의 지배를 받아들이라고 말합니다. 그것이 하느님을 배반한 결과라고 보기 때문입니다. 이제는 죽음을 받아들여야 합니다. 그래야 다시 살아날 수 있습니다.

듣기 싫은 말입니다. 다른 예언자들은 그렇게 말하지 않습니다. 예루살렘은 주님께서 계시는 곳이고 성전은 결코 무너질 수 없다고, 거짓 예언자들은 사람들이 듣고 싶어 하는 말을 해 줍니다. 사제들도 주님의 성전은 안전하다고 말합니다. 그 성전이 강도들의 소굴이 되고 이스라엘은 다른 신들을 따라가고 있는데도(예레 7장 참조), 그들은 멸망이 다가온다는 말을 믿으려 하지 않습니다. 임금도 마찬가지입니다. 여호야킴은 이집트가 여호아하즈를 몰아내고 세운 임금입니다. 그러니 이집트의 허수아비일 수밖에 없습니다. 이렇게 하여 여호야킴 시대에 예레미야는 모든 이와 맞서게 됩니다. 예레미야의 고백록이라고 불리는 글들도 이 시기를 배경으로 합니다.

여호야킨, 치드키야 시대

여호야킴이 죽은 뒤 그의 아들 여호야킨이 즉위하지만(기원전 598년), 곧 바빌론이 예루살렘을 포위 공격하고 여호야킨은 결국 바빌론에게 굴복합니다(기원전 597년). 이로써 제1차 바빌론 유배가 이루어집니다. 아직 유다 왕국이 무너진 것은 아니지만, 여호야킨도 수인으로 바빌론에 끌려가고 그와 함께 중요한 인물들이 많이 끌려갑니다.

바빌론은 요시야의 또 다른 아들 치드키야를 임금으로 세웁니다. 급변하는 국제 정세 속에서 요시야의 아들들 가운데 세 명이 왕위에 오른 셈이 됩니다. 그러나 임금이 된 치드키야는 이 위기에 대처할 만한 능력이 없는 인물이었습니다. 그는 예레미야를 불러 그의 의견을 듣기도 했으나, 결국은 신하들에게 휘둘립니다. 임금은 바빌론에 저항하는 것에 승산이 있는지 확신하지 못하면서도 친이집트 정책을 취하면서 바빌론에 저항하려 합니다.

예레미야는 하느님께서 네부카드네자르에게 통치권을 넘겨주셨다고 보아 이에 반대하지만, 치드키야는 바빌론에 바치는 조공을 중단합니다. 결국 바빌론은 다시 예루살렘을 공격하여, 기원전 587년에는 예루살렘이 함락되고 다윗 왕조가 무너집니다. 네부카드네자르는 치드키야가 보는 앞에서 그의 두 아들을 처형합니다. 치드키야는 바빌론으로 끌려가 그곳에서 죽게 됩니다.

   기원전 587년, 예루살렘 함락. 이스라엘 역사에 큰 획이 그어집니다. 이 멸망이 끝이 아니라는 것을 아직은 깨달을 수 없습니다. 예언자만이 그 멸망을 받아들이라고 외치고 있습니다. 많은 시간이 흐르고서야 이스라엘은 그 멸망이 당신 백성을 구원으로 이끄시는 하느님의 뜻 안에서 이루어진 일임을 알게 될 것입니다.

13

예레미야서

"뽑고 허물고 없애고 부수며 세우고
심으려는 것이다"(예레 1,10)

예루살렘의 멸망을 40년 앞두고 하느님께서 예레미야를 부르십니다. 무엇을 하라고 그를 부르실까요? 멸망은 왜 선포하라고 하실까요?

유다 집안이 돌아오기를 기다리시는 하느님

예레미야의 활동은 회개를 설교하는 것으로 시작됩니다. 므나쎄와 아몬이 통치하던 시대에 만연했던 우상 숭배로, 하느님의 백성은 하느님으로부터 멀어졌습니다. 이스라엘은 "마음을 다하고 목숨을 다하고 힘을 다하여"(신명 6,5) 한 분이신 하느님을 사랑하지 못했고, 신랑이신 하느님께 충실하지 못했습니다. 첫사랑을 저버렸기에 재앙이 닥칩니다(예레 2,2-3). 이 때문에 예레미야는 멸망을 예고합니다.

요나 생각이 납니다. 멸망을 선포하면 멸망해야 하는 것일까요? 아니면 회개하고 돌아와 멸망을 피하도록 하기 위하여 심판을 선고하는 것일까요? 예레미야의 경우, 처음에는 회개의 여지가 있습니다. 예레 36장에서는 예레미야가 바룩을 시켜 자신의 말을 기록하게 하는데, 그것은 하느님께서 "행여 유다 집안이 내가 그들에게 온갖 재앙을 내리기로 하였다는 말을 듣고 저마다 제 악한 길에서 돌아서면, 나도 그들의 허물과 죄를 용서해 주겠다"(예레 36,3)라고 말씀하셨기 때문입니다. 어느 시점까지, 하느님은 당신 백성이 마음을 돌이켜 당신께로 돌아오기를 기다리십니다.

그러나 이제는 새로운 시작을 위한 멸망을 선포할 뿐

그러나 기다리는 것은 어느 순간까지입니다. 예레미야서 안에 어떤 분기점이 있습니다. 아마도 그것이 기원전 604년의 카르크미스 전투였던 것 같습니다. 바빌론과 이집트의 전쟁에서 바빌론이 승리를 거두면서, 국제 정세가 명확해집니다. 이제부터 예레미야는 임박한 파멸만을 예고합니다.

예레 18-19장에는 비슷한 두 가지 이야기가 있습니다. 18장에서 예레미야는 옹기장이 집에 갑니다. 옹기장이는 그릇을 빚으면서, 모양이 마음에 들게 나오지 않으면 반죽을 다시 빚습니다. 이것은 이스라엘이 회개하여 변화될 수 있음을 뜻합니다. 그러나 19장에서 예레미야는 사람들 앞에서 질그릇을 깨뜨립니다. 이미 구워진 질그

릇은 다시 빚을 수 없습니다. 이스라엘도 그와 마찬가지입니다. 옹기장이 손에 든 반죽으로 비유되는 시기는 다 지나갔고, 이제는 이미 질그릇이 구워졌습니다. 다시 빚을 수는 없습니다. 그대로 쓰거나, 아니면 깨뜨리거나. 하느님은 깨뜨리기로 결정하셨습니다. 그래서 예레미야에게도, 이 백성을 위하여 기도하지 말라고 하십니다. 당신이 들어주지 않으실 것이기 때문입니다.

거부되는 하느님의 말씀, 거부되는 예언자

예레미야는 바빌론에 굴복하는 것만이 국가의 완전한 멸망을 피하는 유일한 길이라고 주장합니다. 그는 예루살렘은 멸망할 수 없다고 외치는 거짓 예언자들에게 맞서, 유다가 하느님께 순종하지 않고 그 벌을 받아들이지 않으면 결국은 멸망하게 되리라고 선포합니다. 이것이 처음부터(예레 1장) 하느님께서 예레미야를 통하여 선포한 말씀이었습니다. 하느님은 심판을 선포하시고 그 말씀이 이루어지는지 지켜보고 계십니다(예레 1,12). 하지만 그 말씀이 그렇게 금방 이루어지는 것은 아닙니다. 사람들은 예레미야를 조롱하고 박해합니다. 멸망을 선포해 놓았는데 멸망은 이루어지지 않으니, 그가 거짓 예언자라는 것입니다.

　예레미야는 무엇을 해야 할까요? 하느님의 말씀이 이루어지기를 바라야 할까요? 그런데 그 말씀이 이루어지려면 예루살렘이 멸망해야 합니다. 그가 그 멸망을 바랐을까요? 백성이 하느님의 말씀을 믿지 않을 때 예레미야는 이러한 갈등에 빠집니다.

하느님의 말씀이 거부를 당할 때 예언자도 거부를 당합니다. 앞에서 언급했듯이, 예레미야는 바룩에게 그의 말을 받아 적게 했습니다(예레 36장). 바룩이 그 두루마리를 들고 나가 사람들 앞에서 읽고, 그 두루마리는 여호야킴에게까지 전해집니다. 하지만 여호야킴은 전혀 귀를 기울이지 않습니다. "여후디가 서너 단을 읽을 때마다, 임금은 서기관의 칼로 그것을 베어 화롯불에 던졌다"(예레 36,23). 바룩이 받아 적은 두루마리는 그렇게 사라집니다. 유다의 임금이 하느님의 말씀을 없애 버리려고 하는 것입니다. 하지만 바룩이 예레미야에게 돌아왔을 때, 예레미야는 그에게 다시 말씀을 받아 적게 합니다. 불타 없어진 두루마리 대신 또 하나의 두루마리를 만들게 하고, 이렇게 해서 하느님의 말씀은 보존됩니다. 예루살렘이 불에 탄 뒤에도, 예레미야가 세상을 떠난 다음에도, 지금까지도 예레미야를 통하여 선포된 하느님의 말씀은 사람의 손으로 없앨 수가 없었습니다. 이 두루마리의 모습은 예레미야를 닮았습니다. 두루마리가 불태워질 때 예레미야도 박해를 받습니다. 그것 역시 그의 예언자 소명의 일부였습니다. 하느님의 말씀이 거부당할 때, 예언자의 몫은 그 말씀과 함께 거부를 당하는 것이었습니다.

새 계약

하지만 예레미야서가 심판과 파멸만을 선포하고 끝나지는 않습니다. '뽑고 허물고 없애고 부수는 것'만이 아니라 '세우고 심는 것' 역시 그의 사명이었습니다(예레 1,10 참조). 특히 예레 31,31-34에서는 하느님께서 새 계약을 약속하십니다. '뽑고 허무는 것'은 '세우고 심기' 위해서입니다. 이스라엘은 하느님께 불충했고, 시나이 산에서 하느님과 맺었던 계약을 깨뜨렸습니다. 그러나 이제 하느님께서 사람들 마음에 법을 새겨 주시며 그들과 새 계약을 맺어 주실 것입니다. 그 계약의 주도권은 온전히 하느님께 있어, 다시는 깨질 수 없습니다. 그 계약은 다른 어떤 조건이 아니라 "그들의 허물을 용서하고, 그들의 죄를 더 이상 기억하지 않겠다"(예레 31,34)라는 하느님의 말씀을 기초로 맺어지고 지켜집니다. 죄로 멸망한 이스라엘에게 용서를 베푸시는 하느님의 사랑이, 이스라엘로 하여금 다시 하느님을 사랑하는 하느님의 백성이 되게 하는 것입니다. 멸망은 이러한 깨달음에 이르기 위한 과정이었습니다.

새로운 시작: 예레미야는 새 계약을, 에제키엘은 새 마음과 새 영을(에제 36,26), 제2이사야는 새 노래를(이사 42,10), 제3이사야는 새 하늘과 새 땅을 말합니다(이사 65,17). 모두 유배 중과 유배 후 예언자들입니다. 유다 왕국의 멸망과 유배로 모든 것이 무너진 다음, 비로소 하느님의 창조적 능력으로 완전히 새로운 시작이 이루어집니다.

14

애가

"주님께 소리 질러라, 딸 시온의 성벽아"(애가 2,18)

"아!" 애가 1장, 2장, 4장이 "아"라는 탄식으로 시작됩니다. 이 한 단어로 이 책의 내용이 요약됩니다. 예루살렘의 함락 특히 성전 파괴의 애통함을 표현하는 책이 애가입니다.

저자와 작성 연대

애가는 유배 전 시기에 속하는 책이 아닙니다. 그러나 전통적으로 예레미야와 깊이 연관되기 때문에 예레미야서와 함께 묶였습니다. 사실 애가에는 저자가 전혀 드러나지 않습니다. 그런데 전승에서는 이른 시기부터 예레미야가 애가를 썼다고 여겼습니다. 히브리어 성경에는 그런 언급이 없지만, 그리스어 번역본인 칠십인역에서는 이미 애가의 저자가 예레미야로 나와 있습니다. 아람어 번역본인 타르굼과 대중 라틴말 성경도 마찬가지입니다. 물론, 예루살렘의 멸망이라는 주제 때문에 그렇게 여겼을 것입니다. 애가에서는 임금이 유배 가 있는 상황을 언급하고 있고(애가 4,20), 당시의 상황과 거기에서 느끼는 고통을 생생하게 전해 주고 있다는 점 때문에 예루살렘 함락 직후에 작성된 책이라고 생각하기도 했었습니다.

그러나 실제 작성 연대는 더 늦은 시대였던 것 같습니다. 임금과 예언자에 대한 태도 등 내용상 몇 가지 점이 예레미야에게 부합하지 않을 뿐더러, 애가가 히브리어 성경에서 예언서에 속하지 않고 성문서에 속한다는 사실도 이 책의 작성 연대를 낮추어 잡게 합니다. 이 책에 들어 있는 다섯 편의 애가가 한 사람에 의해서, 또는 같은 시대에 작성되었는지도 분명하게 말할 수 없습니다. 어떤 노래는 예루살렘 함락에서 즉각적으로 느끼는 슬픔만을 표현하고 있고, 또 어떤 노래는 시간이 흐른 다음에야 이루어졌을 신학적 성찰을 보여 주고 있기 때문입니다. 이들은 각각 서로 다른 시대에 생겨났을 수도 있습니다.

시온을 위한 조가

히브리어 성경에서 이 책의 제목은 "아"로 번역된 히브리어 단어 '에카'입니다. 우리말 '애가'와 발음이 비슷하지만, 히브리어로는 탄식을 나타내는 감탄사입니다. 탈무드에서는 이 책을 '키나'의 복수형인 '키노트'라고 지칭하기도 했다고 전하는데, '키나'는 본래 죽은 이를 애도하는 조가弔歌를 나타냅니다. 말하자면 예루살렘 곧 시온을 한 사람처럼 의인화하여 그 시온의 죽음을 슬퍼하는 노래라고 말할 수 있습니다. 애가에는 시온에 대한 애도만이 아니라 하느님을 향한 탄원도 있고 때로는 시온이 스스로 말을 하기도 하지만, 사용된 운율이나 전체 내용을 보아서는 시온을 위한 조가라고 볼 수 있습니다.

도시의 죽음을 애도하는 노래가 구약성경의 애가에서 처음 나타난 것은 아닙니다. 기원전 2000-1700년대 수메르와 고대 바빌론에는 멸망한 도시에 대한 조가들이 있었습니다. 이 노래들은 도시를 의인화하여 설명할 수 없는 신의 분노로 멸망하게 된 도시의 죽음을 슬퍼하는 것이었는데, 애가는 이러한 문학 유형의 영향을 받았으리라고 생각합니다.

시온을 치신 하느님

애가에는 바빌론이 언급되지 않습니다. 바빌론 군대가 예루살렘 성벽을 뚫고 성전을 불살랐어도, 애가는 예루살렘과 하느님에 대해 말할 뿐 바빌론을 탓하거나 비난하지 않습니다.

예루살렘은 황폐하게 되어 슬픔에 잠겨 있습니다. 과거에 벗이었던 이들도 모두 떠나갔습니다. 아무도 예루살렘을 위로해 주지 않습니다. 예루살렘이 이렇게 된 것은 "그의 많은 죄악 때문에 주님께서 그에게 고통을 내리신 것"(애가 1,5)으로 이해됩니다. 예루살렘을 멸망시킨 이는 하느님입니다. 이스라엘의 하느님, 예루살렘을 선택하셨던 그 하느님께서 "원수처럼 되시어"(애가 2,5) 예루살렘을 쳐부수셨기에 예루살렘이 무너진 것입니다. 그래서 2,18-19에서는 딸 시온의 성벽에게 주님 앞에서 통곡하라고, 낮에도 밤에도 눈물을 시내처럼 흘리라고 말합니다. "보소서, 주님, 살펴보소서, 당신께서 누구에게 이런 일을 하셨는지"(애가 2,20).

3장은 애가 중에서도 가장 길고 문학적으로도 최고도의 기법을 보이며 책의 중심을 차지합니다. 마치 욥과도 비슷한 인물이 "나는 그분 격노의 막대로 고통을 겪은 사나이"(애가 3,1)라고 자신을 소개하며 자신이 겪은 고통에 대해 말합니다. 그는 앞에서와 같이 자신의 고통이 하느님으로부터 오는 것이라고 받아들일 뿐 아니라, 고통 속에서도 하느님의 자비에 대한 희망을 잃지 않습니다. 그는 고통이 의미를 지닐 수 있다고 믿고 하느님께 희망을 둡니다. "젊은 시절에 멍에를 메는 것이 사나이에게는 좋다네"(애가 3,27).

여기서 말하고 있는 인물은 누구일까요? 유배를 겪었던 한 개인일 수도 있고, 특별히 예레미야와 연결시키기도 하며, 예루살렘 또는 유다 백성을 나타낸다고 해석하기도 합니다. 애가 전체의 맥락에서 본다면, 집단적 차원이 분명히 들어 있다고 보아야 할 것 같습니다.

특별한 점은, 이렇게 3장에서는 고통을 받아들이지만 5장은 다시 대답 없는 탄원으로 끝난다는 것입니다. 주님을 향한 '우리'의 탄원에서, 모든 것은 이스라엘의 죄에 대한 하느님의 진노를 중심으로 하고 있습니다. 애가의 마지막 말은 "정녕 저희를 물리쳐 버리셨습니까? 저희 때문에 너무도 화가 나셨습니까?"(애가 5,22)입니다. 하지만, 이러한 하느님의 진노 속에서도 애가는 주님께서는 "영원히 좌정하여 계시고 당신의 어좌는 세세 대대로 이어집니다"(애가 5,19)라는 믿음을 버리지 않습니다. 모든 것이 그분께 달려 있다고 믿기에, 멸망도 그분께서 하신 일이고 회개도 주님께서 이루어 주실 일이라고 믿기에 "주님, 저희를 당신께 되돌리소서, 저희가 돌아가오리다"(애가 5,21) 하고 기도합니다.

하느님께서 딸 시온을 치셨어도, 원수같이 무서운 분이 되셨어도 시온이 눈물을 흘리며 돌아갈 곳은 하느님뿐입니다.

- 유배 전 예언자들
- 여호수아부터 왕국 분열까지
- 오경, 구약 성경의 바탕
- 길을 떠나기 전에

V 유배기의 예언자들

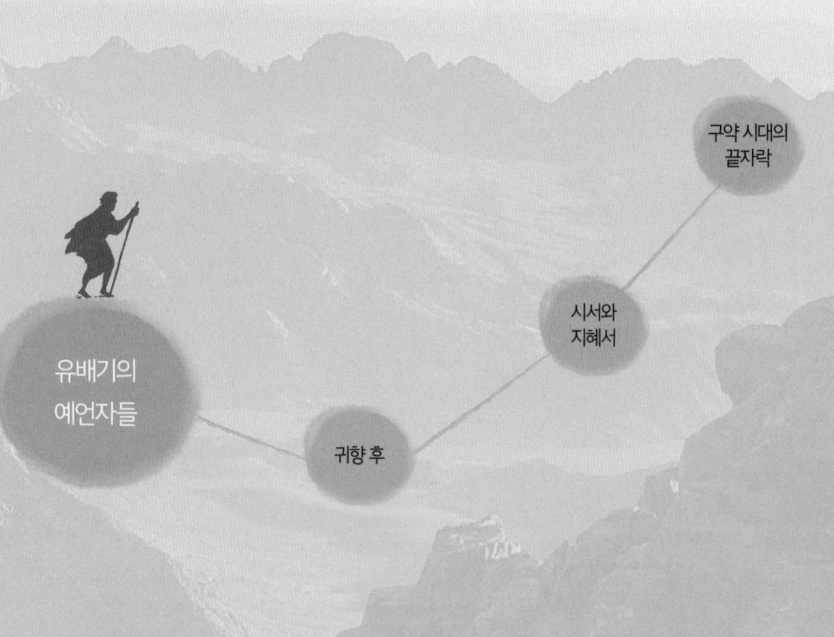

- 구약 시대의 끝자락
- 시서와 지혜서
- 귀향 후
- 유배기의 예언자들

길 안내

예루살렘이 함락되고 많은 유다인이 바빌론으로 유배를 갔습니다. 우리의 여정도 그들을 따라갑니다. 유다 왕국이 무너진 기원전 587년부터 키루스 칙령으로 귀환이 허락된 기원전 538년까지의 역사와 그 시대의 예언자들을 여기에서 살펴보겠습니다. 유배 초기의 예언자인 에제키엘은 먼저 바빌론에 유배를 가서 그곳에서 예언자로 부르심을 받습니다. 한편 이사야 예언서 제2부는 유배 말기를 배경으로 하여, 임박한 귀환을 예고합니다. 모든 것을 잃어버린 백성에게 예언자들이 어떤 말씀을 선포하는지 귀를 기울여 봅시다.

1

유배기의 역사

"바빌론 강 기슭 거기에 앉아"(시편 137,1)

유배라는 것이 어떤 것일까요? 기원전 587년, 바빌론 군대에 의하여 예루살렘이 함락되고 성전이 불타 없어지며 다윗 왕조가 무너지고 유다 주민들이 바빌론으로 유배가게 된 것은 이스라엘 역사에서 최악의 사건이었습니다. 이스라엘에게 유배는 철저한 실패를 의미했고 하느님과의 관계 단절을 의미했습니다. 그러나 그 의미를 생각하기 전에, 먼저 시대 상황을 살펴볼 필요가 있습니다. 50년간의 유배 기간 동안 사람들은 어떻게 살았을까요?

그 시대의 상황을 파악하기 위해서는, 이스라엘 땅에 남아 있던 유다인들의 처지와 바빌론에 가서 살고 있던 유다인들의 처지를 따로 살펴보아야 합니다. 이 외에도 이집트로 내려간 또 다른 부류의 유다인들이 있었지만, 이들은 기원전 6세기에는 아직 생존에 급급했고 나중에 가서야 중요한 유다인 공동체를 이루게 됩니다.

유다 땅에 남아 있던 이들

먼저, 유다 땅에 남아 있던 이들이 있습니다. 유배를 갔다고 해서 유다 땅에 있던 이들이 남김없이 모두 바빌론으로 끌려가고 예루살렘이 텅 비어 있지는 않았습니다. 그것은 불가능한 일입니다. 실제로 유배를 간 사람 수는 이만 명가량 되었을 것으로 추정되고, 인구의 대부분은 유다 땅에 그대로 남아 있었습니다. 또한, 북 왕국 이스라엘을 멸망시킨 아시리아는 이민족을 이스라엘 땅에 살게 하여 사마리아인들의 혈통이 섞이게 하는 식민 정책을 폈지만, 남 왕국 유다를 멸망시킨 바빌론은 유다 땅에 다른 민족들을 옮겨 살게 하지는 않았습니다.

그래도 피해가 적지는 않았습니다. 거의 모든 성읍이 파괴되었고, 농경에도 엄청난 피해가 있었습니다. 바빌론이 예루살렘을 함락시키는 사이, 에사우의 후손 에돔은 영토를 확장시켜 헤브론에까지 이르렀습니다. 구약성경에서 가장 짧은 책으로서 스물한 개의 절로만 이루어진 오바드야서는, 그래서 에돔을 고발합니다. "너는 네 아우의 날을, 그 재난의 날을 흐뭇하게 바라보지 말아야 했다. 유다의 자손들이 멸망하던 날 너는 그를 두고 기뻐하지 말아야 했다"(오바 12절).

다른 한편으로, 바빌론은 백성의 충성을 얻어 내기 위해 유배 간

이들이 소유했던 땅을 유다에 남아 있던 가난한 이들에게 분배했습니다. 유다를 통치하기 위해 바빌론은 그달야를 총독으로 임명합니다. 그달야는 미츠파에 자리를 잡고 재건을 시작하려 했으나, 다윗 왕실에 속한 이스마엘의 지휘 하에 있던 유다인들에게 3개월 만에 죽임을 당합니다. 그렇게 그달야를 암살한 후, 많은 유다인이 바빌론의 보복을 두려워하여 베들레헴 근처로 피신했다가 이집트로 내려갑니다. 그달야 곁에 머물러 있고자 했던 예레미야도, 그달야가 암살된 후 강제로 이집트로 끌려가게 됩니다.

종교적인 면에서는, 폐허가 된 예루살렘 성전 터에 모여 일종의 경신례를 거행한 것으로 보입니다. 분명 예루살렘 파괴는 종교적으로 큰 위기를 가져왔는데, 유배의 상황을 이해하고 설명하기 위한 노력으로 신명기계 역사서가 편집되었습니다. 예언서들의 편집도 진행되고 있었을 것입니다.

바빌론으로 유배 간 이들

"바빌론 강 기슭 거기에 앉아 시온을 생각하며 우네"(시편 137,1)라는 구절은 바빌론으로 유배 간 이들의 처지를 잘 보여 줍니다.

2열왕 24,14-16은 첫 번째 유배에 끌려간 사람들의 수를 전해 주고, 예레 52,28-30은 세 차례에 걸친 유배로 끌려간 이들의 수를 알려 줍니다. 그 두 번째 본문에 따르면 기원전 597년에 3,023명, 586년에 832명, 582년에 745명, 총 4,600명이 유배를 갔다고 나옵니다. 이 숫자가 가장들만을 헤아린 것이라면 실제 유배자의 수는 약

이만 명이 될 것입니다.

숫자로만 본다면 유배를 가지 않은 이들이 훨씬 더 많습니다. 그러나 사회적으로 말하면 귀족, 관료, 사제, 율법학자, 기술자, 토지 소유주 등 유력한 이들이 모두 유배를 갔기에 그 영향은 엄청났습니다. 바빌론인들의 조치로 유배 간 유다인들은 바빌론 남부의 여러 마을에 한데 모여 살게 되었으며, 어느 정도 자유를 누리면서 토지를 구입하고 집을 짓는 등 삶을 영위해 갔습니다. 물질적으로 말한다면 과거에 유다 땅에서 누리던 것과는 비교가 되지 않았지만, 그렇다고 해서 유배 간 이들이 극단적으로 가난했던 것도 아니었습니다. 그들은 바빌론에 정착했습니다. 실제 역사 기록이 아니라 후대에 허구로 쓰인 이야기이기는 하지만, 다니엘서에서는 다니엘과 친구들이 바빌론 조정에서 임금을 섬겼다고 말하지요. 그리고 느헤미야는 바빌론이 멸망한 후에도 페르시아에서 헌작 시종으로서 임금을 가까이 모셨습니다. 기원전 538년, 키루스가 유배 간 이들에게 해방을 선포하는 칙령을 내렸을 때에도, 바빌론에 그대로 머물러 살기를 원하는 사람이 많았습니다. 어느 정도 살 만했기 때문이겠지요.

유다인들에게 더 심각한 위기는 종교적인 것이었습니다. 성전이 파괴되고, 다윗 왕조의 임금이 유배를 가게 되며, 약속의 땅이 바빌론인들의 지배를 받게 된 상황에서 어떻게 하느님의 주권에 대한 믿음을 보존할 수 있을까요? 대부분의 이스라엘인들이 가지고 있었던 신학적 틀로는, 성전 파괴와 유배를 설명할 수가 없었습니다.

그들이 알고 있는 하느님은 시온을 선택하신 분, 예루살렘 성전에 계신 분, 다윗에게 영원한 왕조를 약속하신 분이었습니다. 그렇다면 지금의 상황은 신학적으로 어떻게 이해해야 할까요?

에제키엘은 이 문제에 대해 답을 제시합니다. 그리고 제2이사야는 바빌론의 종교에 접하게 되는 상황에서 유일신 사상을 통하여 이스라엘의 신앙을 더욱 굳게 하며 귀환의 기쁜 소식을 알립니다.

2

에제 1-32장

"나는 유배자들과 함께
크바르 강 가에 있었다"(에제 1,1)

에제키엘의 활동 연대

성경을 공부하고 싶은데 지리를 도무지 파악할 수 없다든가, 아니면 역사를 전혀 이해할 수 없어서 답답할 때가 있지요. 그중 특히 연대표에 약한 분들에게 에제키엘서는 고마운 책입니다. 군데군데 예언자가 언제 이러한 말을 했는지 정확히 언급하고 있기 때문입니다. 에제키엘서에 나오는 연대들은 상당히 중요합니다. 구약성경에서 반드시 외워야 할 연대라고 하면, 예루살렘 함락, 성전 파괴, 바빌론 유배가 일어난 해인 기원전 587년일텐데, 에제키엘의 활동 시기가 대략 기원전 592년부터 571년 정도까지로 바로 그 587년을 중간에 끼고 있기 때문입니다.

유배 전 예언자들이 나름대로의 특징을 가지듯이, 유배 중-유배 후 예언자들도 또 나름대로의 특징을 가집니다. 그런데 에제키엘의 경우, 한 사람의 예언자가 상황이 서로 다른 두 시대에 걸쳐 활동함으로써 기원전 587년을 중심으로 그 이전에 선포한 내용과 그 이후에 선포한 내용이 확연한 차이를 보입니다. 간단히 구분하자면, 유배 전 예언자들은 심판을 선고하고 유배 중-유배 후 예언자들은 구원을 선포하는데, 에제키엘은 한 사람이 그 두 가지를 모두 선포합니다. 1-24장에서는 주로 심판을 선고하고, 이민족들에 관한 예언이 나온 다음(25-32장)부터 마지막(33-48장)까지는 구원을 선포합니다. 심판과 구원의 분기점이 곧 유배입니다. 그 중에서 심판을 선고한 부분을 먼저 읽어 보겠습니다.

더 큰 재앙이 다가오고 있다

정확히 말한다면, 예루살렘이 완전히 함락되고 왕국이 멸망하기 10년 전인 기원전 597년에 이미 제1차 유배가 있었습니다. 당시 임금이던 여호야킨을 비롯하여 중요한 인물들이 이때 유배를 갔는데, 사제였던 에제키엘도 함께 바빌론으로 끌려갔습니다. 그래서 에제키엘은 "유배자들과 함께 크바르 강 가에" 있게 됩니다. 그는 유배 간 그곳에서 예언자로 부르심을 받습니다(에제 1-3장).

하지만 이 시기에 유다인들은 유배라는 문제를 그리 심각하게 받아들이지 않았습니다. 아직은 나라가 멸망한 상태도 아니었고,

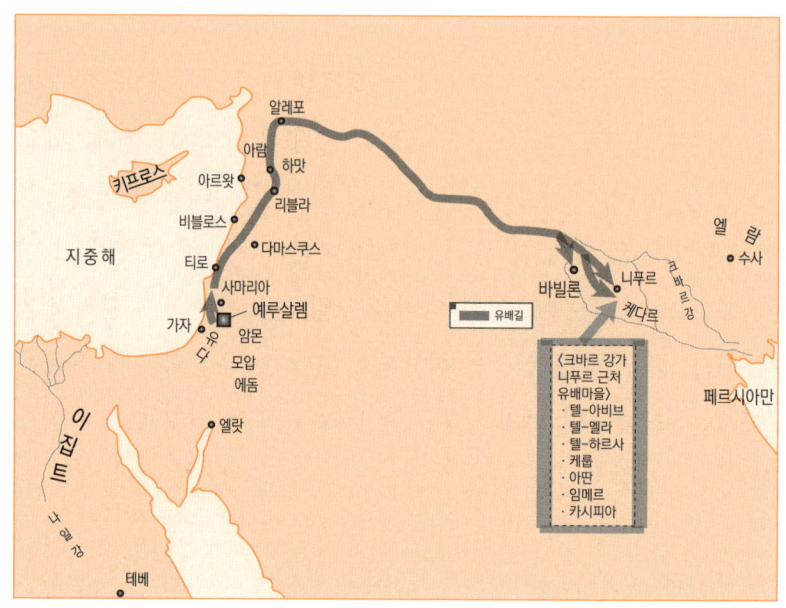

바빌론 유배 경로 　　　　　　　　　《성서사십주간 성경지도》 지도 92

처음 유배를 갔던 이들은 이 유배가 오래 지속되지 않을 것이며 곧 고국으로 돌아갈 수 있으리라 생각하고 있었습니다. 그런데 에제키엘은 그렇지 않다고 말합니다. 이것이 유배 전 예언자의 특징, 심판 선고이지요. 그는 이미 있었던 것보다 더 큰 재앙이 다가오고 있다고 선언합니다. 예루살렘이 함락되고 말 것이며, 성전까지도 파괴될 것이라고 말합니다.

어떻게 예루살렘이 함락될 수 있는가?

사람들은 그 말을 믿지 않습니다. '어떻게 예루살렘 성전이 무너질 수 있다는 말인가?' '성전은 하느님께서 계시는 곳, 하느님의 집이 아닌가?' '아무리 외적이 쳐들어 와도, 그 성전 안에 머무시는 하느님께서 우리를 지켜 주시지 않겠는가?' '만일 바빌론군이 쳐들어와 성전을 무너뜨릴 수 있다면, 바빌론의 신 마르둑이 우리의 하느님 야훼보다 강하다는 뜻이 되지 않는가?'

이러한 질문에는 나름의 근거도 있었습니다. 2장에서 에제키엘을 예언자로 부르시며 하느님께서 말씀하셨듯이, 이스라엘이 마음이 완고해서 예언자의 말에 귀를 기울이지 않은 것도 있지만(에제 2,4 참조), 신학적으로도 예루살렘의 함락이란 설명할 수 없는 일이었습니다. 이사야 시절에는 예루살렘을 지키시는 하느님을 믿어야 한다고 하지 않았던가요? 아시리아의 산헤립이 예루살렘을 공격했을 때에는, 하느님의 천사가 하룻밤 사이에 아시리아군 십팔만 오천 명을 친 일도 있지 않았던가요? 이 시기에 에제키엘이 한 일은, '어떻게 예루살렘이 함락될 수 있는가?'라는 신학적 질문에 대답한 것이었습니다.

8장에서 에제키엘은 환시를 봅니다. 바빌론에 유배 가 있는 에제키엘에게 하느님은 예루살렘에서 벌어지고 있는 일들을 보여 주십니다. 그가 본 장면은 예루살렘에서 사람들이 우상을 숭배하고 있는 모습들입니다. 한 장면 한 장면을 보여 주실 때마다 하느님께서는 "너는 더 역겨운 짓들을 보게 될 것이다"(에제 8,6)라고 말씀하십니다. 이스라엘은 주님께 등을 돌리고 온갖 종류의 우상을 숭배하고, 심지어 성전에서도 다른 신들에게 절하고 있습니다. 하느님께서는, 이스라엘이 당신을 성전에서 떠나가게 하려고 그런 짓들을 한다고 말씀하십니다. 결국 하느님께서는 성전을 떠나기로 작정하시고, 10장에서는 주님의 영광이 성전 동쪽 문으로 나와 그 문 밖에 대기하고 있던 커룹들을 타고 성전을 떠나십니다. 이제 성전에는 하느님이 계시지 않습니다.

그렇다면 예루살렘 성전이 함락되는 것은, 바빌론군이 성전을 공격할 때 하느님이 그들보다 약해서 밀려나시는 것이 아닙니다. 바빌론군이 오기 전에 하느님은 먼저 성전을 떠나셨고, 그 이유는 이스라엘이 우상을 숭배하였기 때문입니다. 이것이 '어떻게 예루살렘이 함락될 수 있는가?'에 대한 에제키엘 예언자의 대답입니다. 예루살렘 성전이 무너진 원인은 하느님의 무력함에 있지 않습니다. 오히려 그 원인은 이스라엘의 우상 숭배에 있습니다. 그들이 하느님을 성전에서 떠나시게 했고, 그래서 바빌론군이 성전을 불태울 수 있었던 것입니다.

바빌론 유배는 구약 시대의 이스라엘 역사에서 가장 치명적인 사건이었습니다. 다윗 왕조가 무너지고 성전이 불타 없어진다는 것은, 이스라엘에게는 그들이 딛고 서 있는 땅이 꺼지는 것과 같은 사태였습니다. 그러나 이것은 하느님이 성전을 지킬 힘이 없으셨기 때문이 아니라, 이스라엘이 하느님으로 하여금 그들을 떠나갈 수밖에 없게 만들었기 때문이었습니다. 거룩하신 하느님은 우상을 숭배하는 이들과 함께 머물 수 없으십니다.

3

에제 33-48장

"나의 거룩한 이름 때문이다"(에제 36,22)

멸망했습니다. 바빌론군이 쳐들어와 성전을 불살랐습니다. 다윗 왕조도 무너졌습니다. 그럼 이제 어떤 미래를 생각할 수 있을까요? 어떻게든 새로운 미래를 내다보아야 하지 않을까요? 그런데 새로운 출발점으로 삼을 만한 것이 하나도 없습니다.

다른 이들이 멸망을 믿지 않을 때에 멸망을 말했던 에제키엘은, 다른 이들이 희망을 잃어버린 이 시점에서는 다시 불가능할 것 같은 희망을 선포합니다. 이제는, '어떻게 예루살렘이 함락될 수 있는가?'가 아니라 '어떻게 새로운 시작이 가능한가?'라는 질문에 답을 합니다.

주님의 거룩한 이름 때문에

새로운 시작과 관련된 여러 주제가 36장에서 나옵니다. 여기서 결정적인 것은 "주님의 거룩한 이름"입니다. 예루살렘이 멸망한 것 역시 이스라엘의 죄 때문이었고, 주님을 성전에서 떠나가시게 한 것은 이스라엘이었어도, 지금과 같은 상태가 계속될 수는 없습니다. 주님께서는 흩어진 당신 백성을 다시 모아들이시기로 하시고, 이렇게 말씀하십니다. "이스라엘 집안아, 너희 때문에 내가 이 일을 하는 것이 아니다. 너희가 민족들 사이로 흩어져 가 거기에서 더럽힌 나의 거룩한 이름 때문이다"(에제 36,22).

"너희 때문에" 하는 것이 아니라니 조금 이상한 느낌이 들지요. 멸망한 당신 백성이 소중하지 않다는 뜻일까요? 하느님께서는 그들을 위해서 그들의 운명을 되돌려 줄 마음이 없으신 걸까요? 그런 뜻이 아닙니다. 이 말씀은, 멸망의 원인이 이스라엘에게 있었다는 것과 정반대의 말씀입니다.

이스라엘에게 심판이 선고된 것은 그들의 죄 때문이었습니다. 말하자면, 공부한 대로 성적이 나오는 것입니다. 그런데 지금 이스라엘을 보아서는 성적을 줄 근거가 하나도 없습니다. 이스라엘에게는 내세울 것이 전혀 없습니다. 자신들이 하느님의 백성이라고, 계약에 충실하고 율법을 지켰다고 말할 수가 없습니다. 우리가 이만큼 했으니 하느님도 이만큼 해 주셔야 한다고 내놓을 것이 없습니다. 그래서 하느님은, "너희" 때문이 아니라 "나" 때문에 그들을 구해 주겠다고 하십니다. 다시 말하면, 인간 편에서 어떤 조건이 갖추어져서가 아니라 하느님께서 일방적으로 당신 이름 때문에 예루살렘을 회복시켜 주신다는 것입니다. 이스라엘이 계약에 충실하지 못했고 그 결과로 계약이 파기될 위험에 처하게 되었다면, 이제 계약의 회복은 하느님의 선물로 이루어집니다.

이스라엘이 흩어져 살면서 주님의 이름을 더럽혔다는 말이 구체적으로 의미하는 것은, 다른 민족들이 멸망한 이스라엘을 보면서 그 이유가 주님께서 무능력하고 당신 백성을 지킬 수가 없으셨기 때문이라고 여긴다는 뜻입니다. 그래서 하느님은 당신 이름을 위해서 죄를 짓고 흩어진 이스라엘을 다시 그들의 땅으로 모으십니다. 그런 다음 그들을 모든 부정과 우상에서 정결하게 해 주시고 그들이 새 마음, 새 영으로 살 수 있게 해 주십니다. 그들이 회개를 하고 돌아오는 것이 아니라 하느님이 돌로 된 그들의 마음을 살로 된 마음으로 바꾸어 주십니다. 이렇게 하느님께서 사람들 앞에서 당신의 거룩하심을 드러내시면, 그제야 그들은 주님을 알게 될 것입니다(에제 36,23).

이것은 에제키엘만이 아니라 유배 중-유배 후 예언자의 공통적인 특징입니다. 이스라엘과 하느님의 관계가 한번 깨진 다음, 그 관계의 회복은 온전히 하느님에 의하여 이루어지게 됩니다. 37장에서 마른 뼈들이 살아나는 환시 역시, 인간이 보기에는 아무 희망이 없으나 하느님은 그 속에서도 구원을 이루실 수 있음을 보여 줍니다. 흩어진 마른 뼈들은 다시 살아날 것 같지 않습니다. 이것은 "우리 뼈들은 마르고 우리 희망은 사라졌으니, 우리는 끝났다"(에제 37,11)

고 말하고 있던 이스라엘의 상황을 나타냅니다. 그 뼈들이 살아날 것인지는 주님께서 아십니다.

> **에제키엘의 사제 신분:** 주님의 '거룩한' 이름과 하느님의 '영광'이라는 주제, 성전에 대한 관심 등은 에제키엘이 사제였다는 점과 연관됩니다. 에제키엘서는 오경에 나오는 사제계 문헌과도 많은 공통점을 보입니다.

새 예루살렘

요한 묵시록의 마지막 부분이 언젠가 완성될 새 예루살렘을 보여 주듯이, 에제키엘서의 마지막 부분은 장차 회복될 예루살렘 성전을 보여 줍니다. 주님의 영광이 성전에서 떠난 다음에 바빌론이 성전을 파괴했습니다. 이제 하느님의 주도로 시작될 예루살렘의 회복은, 그 과정이 역전되어 새 성전이 세워지고(에제 40-42장) 주님의 영광이 그 성전으로 돌아오는 것으로(에제 43장) 이루어집니다.

잠시 에제키엘이 이러한 예언을 했던 연대를 기억해 봅시다. 예루살렘 성전이 무너진 것이 기원전 587년이고, 에제키엘은 기원전 571년까지 예언 활동을 했습니다. 아직 유배 초기, 성전이 무너지고 나서 많은 시간이 흐르지 않은 때입니다. 그 시기에 누가 성전이 회복될 날을 내다보았겠습니까? 많은 사람이 아직 슬픔에 잠긴 채 무너진 예루살렘을 안타까워하며 눈물을 흘리고 있을 때, 에제키엘은 이미 그 성전의 회복을 말합니다. 성전 오른편에서 물이 흘러나오고, 그 물 곁에는 나무들이 다달이 열매를 맺습니다(에제 47장). 물에는 물고기가 그득하고 그 물이 가는 곳마다 생명이 넘쳐납니다. 주님께서 다시 성전에 와 계시기에, 그 성전으로부터 예루살렘과 온 세상에 생명이 흐르게 되리라는 예언입니다.

아름다운 광경이라고 감탄만 할 것이 아니라, 이러한 말씀을 선포하기 위해서 그리고 그 말씀을 믿기 위해서 얼마나 큰 믿음이 필요했을지를 생각해 봐야 합니다. 예언자가 멸망을 선포할 때 그 말씀을 듣고 회개하는 이가 적었던 것처럼, 그가 구원을 선포할 때에도 그 말씀에 희망을 두는 이는 많지 않았을 듯합니다. 예언자들의 믿음은 청개구리 같습니다. 모두가 걱정 없다고 말할 때 더 큰 재앙을 예고하고 절망 속에서 새 예루살렘을 선포하는 예언자들은, 하느님의 말씀에 대한 믿음으로 이 세상을 거슬러 살았습니다.

4

이사야 40-55장

"우리 하느님의 말씀은 영원히 서 있으리라"(이사 40,8)

뒷장에 나오는 지도를 잠시 보십시오. 바빌론을 멸망시킨 페르시아 제국의 지도입니다(기원전 6세기). 엄청납니다. 왼쪽 구석에 유다가 보이십니까? 고목나무에 붙은 매미라는 표현이 맞을 듯합니다. 제2이사야라고 불리는 예언자는 바로 이런 시대에 살았습니다.

이사야서 앞부분을 읽을 때에 보았던 것처럼, 아모츠의 아들인 이사야라는 예언자가 살았던 때는 기원전 8세기입니다. 그러나 이사야서에서 40장 이후의 부분은 그 이사야 예언자가 쓴 것이 아닙니다. 이사야가 예고했던 대로 과연 유다 왕국은 멸망의 길을 갔고, 다윗 왕조가 무너지고 많은 사람이 바빌론으로 유배를 갔습니다. 에제키엘이 활동하던 시기에 일어난 일이었지요. 그 후 시간이 좀 더 흘러, 이제 유배가 끝날 때가 다가옵니다. 이 시기에 작성된 이사야 예언서 제2부, 곧 이사 40-55장의 저자를 편의상 제2이사야라고 부릅니다. 어디까지나 편의상 부르는 명칭일 뿐, 실제로는 한 사람이 아니었을 것으로 추정합니다.

해방의 기쁜 소식, 그 말씀에 대한 믿음

이사야 예언서 제2부를 시작하는 첫 구절이 "위로하여라, 위로하여라, 나의 백성을"(이사 40,1)입니다. 그가 선포하는 위로는 무엇일까요? "예루살렘에게 다정히 말하여라. 이제 복역 기간이 끝나고 죗값이 치러졌으며 자기의 모든 죄악에 대하여 주님 손에서 갑절의 벌을 받았다고 외쳐라"(이사 40,2). 이스라엘이 하느님을 거슬러 죄를 지어 나라가 멸망하고 유배를 가게 되었지만, 이제는 그 징벌의 기간이 모두 끝나 유배에서 돌아갈 때가 되었다는 것입니다.

그 사이에 국제 정세가 바뀌었습니다. 달은 차면 기울게 마련이고, 세력이 절정에 달했던 바빌론도 어느덧 쇠퇴의 길로 접어듭니다. 유다 왕국을 멸망시켰던 네부카드네자르가 세상을 떠난 다음 바빌론은 내정이 불안해져서 임금들이 계속 교체되었고, 마지막 임금인 나보니두스는 종교적인 이유로 마르둑의 사제들과 충돌했습니다. 세력을 갖고 있던 사제들이 임금과 같은 편이 되지 않았으니 나라가 평온할 리 없습니다. 페르시아의 키루스가 바빌론에 쳐들어왔을 때, 나보니두스를 반대했던 사제들은 키루스에 맞서 싸우는 것이 아니라 그를 해방자로 여겨 환영했습니다. 그렇게 해서

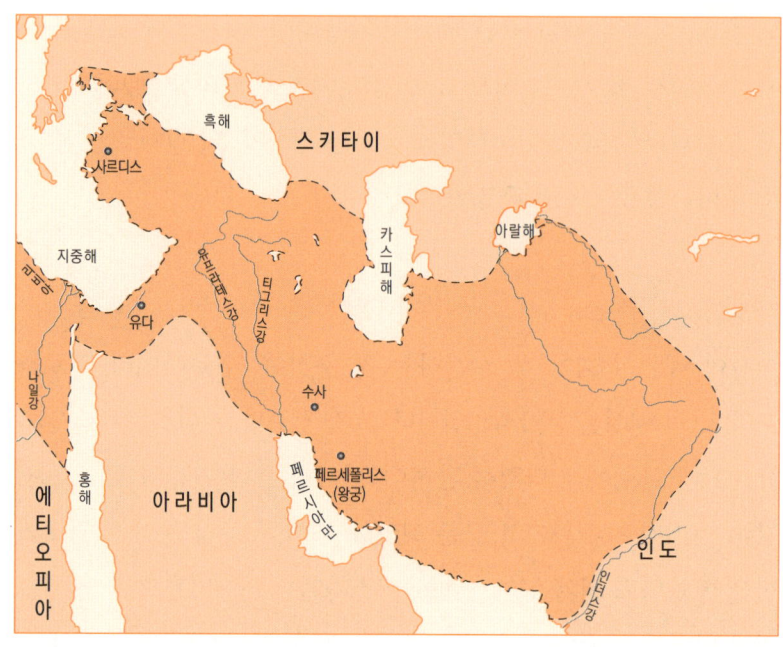

페르시아 제국　　　　　　　　　　　《성서사십주간 성경지도》 지도 99

바빌론은 생각보다 너무 쉽게 무너졌습니다. 이제 패권을 잡은 나라는 페르시아입니다. 정복 민족들을 다스리는 방식에서 페르시아는 바빌론과 매우 달랐습니다. 종교적으로도 페르시아인들은 타종교에 대하여 관용적이었고, 또 넓은 땅을 다스리기 위해서라도 무리한 힘으로 정복 민족들을 내리누르기보다 그들에게 어느 정도 숨통을 터 주면서 그들을 자신 아래 매여 있게만 했습니다.

　이러한 전환기를 맞아 제2이사야는, 이스라엘에게 해방을 선포합니다. 이제는 고향으로 돌아가게 되리라는 것입니다. 이것이 그가 선포한 첫 번째 '위로'였습니다. 예전에 멸망을 선포하도록 아모츠의 아들 이사야를 부르셨던 하느님은(이사 6장 참조), 이제 해방을 알리라고 다시 예언자를 부르십니다. 그러나 심판을 선고해도 귀를 기울이지 않던 사람들은 구원을 알려도 반응을 보이지 않습니다. 그들은 이미 너무 지쳐 버렸습니다. 더 이상 무엇을 바랄 수 있단 말인가? 예언자 자신도 도대체 어떻게 말을 해야 이 사람들의 마음을 움직일 수 있을지 알 수 없습니다. 사람들은 이미 희망을 잃어버린 듯합니다.

이때 하느님께서 말씀하십니다. "풀은 마르고 꽃은 시들지만 우리 하느님의 말씀은 영원히 서 있으리라"(이사 40,8). 바빌론도, 페르시아도 모두 덧없는 풀입니다. 인간이 이 세상을 쥐고 흔들 수 있을까요? 아닙니다. 그것은 오직 하느님의 몫입니다. 제2이사야가 크게 강조하는 주제 가운데 하나가 창조입니다. "누가 저 별들을 창조하였느냐?"(이사 40,26) 그래서 태초로부터 오늘에 이르기까지, 그리고 세상 끝 날까지, 온 세상 구석구석에 이스라엘의 주 하느님의 힘이 미치지 않는 곳이 없습니다. 어느 누구도 그 하느님보다 강할 수 없습니다. "너희는 나를 누구와 비교하겠느냐?"(이사 40,25) 역사의 주인은 하느님이시고, 이스라엘이 어떤 상황에 처해 있든지 하느님은 그들을 구원하십니다.

페르시아인 키루스를 통하여 이루신 이스라엘의 구원

실제로 어떻게 하셨을까요? 하느님께서는 뜻밖에도 페르시아 임금 키루스를 통해 이스라엘을 해방시키셨습니다. 키루스는 이교인입니다. 페르시아가 바빌론을 멸망시키고, 키루스가 이전에 바빌론이 멸망시킨 민족들을 자기 나라로 돌아가게 하고 그들이 각각 자신들의 성전을 복구하도록 허락했기 때문에 이스라엘은 유배에서 풀려나 고국으로 돌아갈 수 있게 됩니다.

이것이 이스라엘에게는 이해할 수 없는 일입니다. 모세처럼, 기드온처럼, 이스라엘 가운데서 구원자를 세우신 것이 아니라 하느님을 알지도 못하는 사람을 통해 당신 백성을 구원하셨기 때문입니다. 이것을 어떻게 설명할 수 있을까요? 그 설명이 창조 신앙이고 주님 외에는 다른 하느님이 없다는 철저한 유일신 사상입니다. 이전까지는, 다른 신을 따라가서는 안 된다는 것을 강조했지만 다른 신들이 있는지 없는지 하는 문제는 크게 중시하지 않았습니다(신명기 참조). 제2이사야에 와서는, 다른 신들이란 없고 우상이란 인간의 손으로 만든 것에 불과하다는 점이 부각됩니다. 바빌론이라는, 페르시아라는 강대국들을 보면서 오히려 이스라엘은 자신들의 역사만이 아니라 온 세상의 역사를 이끄시는 분이 주 하느님이시라는 신앙을 고백하기에 이르게 됩니다. 키루스를 불러 일으키신 분은 이스라엘의 주님이신 하느님이시며, 그분께서 인간 역사의 변천 속에서 당신 백성을 구원으로 이끄십니다.

5

주님의 종의 노래

"의로운 나의 종은 많은 이들을 의롭게 하고
그들의 죄악을 짊어지리라"(이사 53,11)

'많은 이의 죄악을 짊어지고 하느님의 손에서 고통을 받는 종'이라고 하면, 우리 그리스도인들은 곧바로 예수님을 떠올립니다. 조금은 성급하게, 중간 단계를 건너 뛴 해석입니다. 이 고통받는 주님의 종을 예고하는 것이 이사야서 제2부입니다.

'주님의 종의 노래'

우리 《성경》에는 네 개의 본문에 '주님의 종의 노래'라는 제목이 붙어 있습니다. 이사 42,1-9; 49,1-7; 50,4-11; 52,13-53,12입니다. 하지만 성경 원문에는 단락이 나뉘어져 있거나 제목이 붙어 있지 않습니다. '주님의 종의 노래'라는 것은 19세기 말에 학자들이 붙인 제목입니다.

이사야서 제2부는 사실 '종'이라는 단어를 많이 사용하는 편입니다. 대부분의 경우 그 '종'은 이스라엘을 지칭합니다(이사 41,8.9; 44,1 등). 그런데 가끔씩, '종'이 이스라엘을 가리키지 않는 것으로 보이는 단락들이 있습니다. 이 노래들에서 '종'은 이스라엘 전체가 아니라 개인 또는 몇몇 사람으로 보입니다. 학자들은 이러한 단락들을 골라내어 '주님의 종의 노래'라 불렀습니다.

이 노래들에 나오는 '종'은 이사야 예언서 제2부의 다른 부분들에서 '종'으로 일컬어지는 이스라엘과는 여러 점에서 다른 면모를 보입니다. 이스라엘은 이미 자신의 죄에 대하여 죗값을 다 치렀고(이사 40,2) 이제는 용서를 받게 되었는데(이사 44,22), 주님의 종의 넷째 노래에 나오는 종은 무죄하면서도 다른 이들의 죄를 짊어지고 고통을 겪습니다(이사 53,4-7.11). 또 이스라엘은 하느님께서 자신의 권리를 돌보지 않으신다고 탄식하는데(이사 40,27) 이사 49,4에서 주님의 종은 주님께서 자신의 권리를 돌보아 주심을 믿습니다.

하지만 이 종이 누구인지는 밝히기 어렵습니다. 종이 모세와 같이 먼 과거의 어떤 인물일 거라 생각하는 이들도 있고, 지금 우리는 누구인지 알 수 없는 당시의 어떤 인물이라고 생각하는 이들도 있습니다. 예레미야, 여호야킨 등 여러 인물이 후보로 등장합니다. 이 노래들이 역사상의 어떤 인물을 통해 완전히 실현된 것이 아니라고 보아 미래의 인물을 가리키는 것으로 여기는 이들도 있습니다.

주님의 종과 고통의 의미

그러나 이 글을 읽으시는 여러분은 이미 수렁에 빠졌습니다. 주님의 종의 노래를 읽으면서, 종이 누구인지를 밝히려는 데에 관심을 집중하면 결국은 실패합니다. 종이 여러 의미를 동시에 갖기 때문입니다. 종이 누구인가 하는 것보다, 종의 노래에서 종에 대해 무엇을 말하는지를 보아야 길이 열립니다.

첫째 노래(이사 42,1-9)에서는 하느님께서 종을 선택하십니다. 그 종은 하느님께서 선택한 이, 하느님 마음에 드는 이입니다. 둘째 노래는(이사 49,1-7) 종의 사명을 말합니다. 하느님께서 그를 부르신 것은 이스라엘을 당신께 돌아오게 하기 위해서였습니다. 셋째 노래는(이사 50,4-11) 이 사명을 수행하며 종이 겪게 되는 운명을 묘사합니다. 여기에서 이미 박해와 거부, 고통이 나타납니다. 마지막 넷째 노래는(이사 52,13-53,12) 종의 죽음을 주제로 합니다.

이 노래들에서 종이 누구인지를 아는 것보다 중요한 것은, 주님의 종의 노래들이 보여 주는 고통과 구원에 대한 새로운 이해입니다. 특히 주님의 종의 넷째 노래에서 무죄한 종의 고통은 많은 사람에게 구원을 가져옵니다. 전통적으로는 악인이 벌을 받아 고통을 당한다고 생각했고, 그래서 거꾸로 고통받는 사람은 죄인이라고 여겼습니다. 주님의 종의 노래는 이 도식을 뒤집어 놓습니다. 그 종이 받는 고통은 그가 지은 죄에 대한 벌이 아니라 다른 이들의 죄를 짊어지는 고통입니다. 종은 아무 죄가 없으면서도, 하느님께서 뜻하신 이러한 고통을 순종으로 받아들입니다.

종의 노래의 여러 의미

종이 누구인가 하는 문제는, 이 노래들을 어떤 맥락에서 읽는가에 따라 달라집니다. 종의 노래들을 따로 떼어 놓고 읽을 때, 이 노래들만 모아 놓고 읽을 때, 이사야서의 앞뒤 문맥 안에서 읽을 때, 그 해석은 각각 달라집니다. 그 가운데 주님의 종을 예수 그리스도라고 보는 해석은 구약과 신약을 모두 하나로 묶어 놓고 그 안에서 이 노래들을 읽을 때에 나오는 결과입니다. 신약성경의 저자들은 이 노래들을 읽을 때에 예수 그리스도에게서 이 말씀들이 온전히 실현된다고 보았고 그래서 이 노래들을 예수님께 적용시켰던 것입니다.

이 노래의 본래 저자가 처음부터 예수님을 생각하고 노래를 쓴 것은 아닙니다. 그러나 구약이 신약에서 완성되고 성취되었다고 보는 전망 안에서 성경을 해석할 때에는 이 노래를 예수 그리스도께 적용할 수 있습니다. 이사야서 7장의 임마누엘 예언과 유사하게, 주님의 종의 노래들도 신약성경에서 이미 예수님께 적용됩니다. 신약성경의 저자들은 이사야서에 들어 있는 이 노래들에 비추어 예수님의 수난과 죽음을 이해했습니다. 주님의 종의 죽음은 사람들이 이해할 수 없는 죽음이었고 그 모습은 사람들에게 멸시를 받을 비참한 모습이었습니다. 그러나 넷째 노래에서, 그를 바라보던 이들은 그의 죽음이 자신들의 죄를 대신한 죽음이었음을 깨닫게 됩니다. 주님의 종의 노래에서는 고통이 언제나 고통당하는 사람 자신의 죄의 결과인 것은 아니며, 무죄한 이의 고통이 다른 이들의 구원을 위한 의미를 지닐 수 있다는 시각이 나타납니다. 신약에 이르러 그리스도인들은, 예수 그리스도의 수난과 죽음을 바로 이러한 의미로 이해할 수 있었던 것입니다.

주님의 종의 모습은 사람 같지 않게 망가졌습니다(이사 52,14). 사람들은 그 종이 누구인지 알아보지 못합니다. 우리가 알아보지 못하는 무수한 주님의 종들이 겪는 고통이, 이 세상의 구원을 위한 제물로 바뀝니다.

유배 전
예언자들

오경, 구약
성경의 바탕

여호수아
부터 왕국
분열까지

길을
떠나기 전에

VI

귀향 후

예루살렘이 함락되고 제2차 바빌론 유배가 있은 다음 약 오십 년이 지났을 때, 페르시아가 바빌론을 무너뜨립니다. 페르시아 임금 키루스의 칙령으로 유배 갔던 유다인들이 이스라엘 땅으로 돌아오게 되고, 예루살렘에서 성전과 도성을 재건하고 공동체의 삶을 다시 세웁니다. 우리도 이들의 여정을 함께 따라갑니다. 먼저 이들을 독려한 예언자들과 에즈라, 느헤미야 시대의 역사를 살펴보고, 이와 더불어 정확한 연대를 말하기 어렵지만 이방인 속에서 살아가는 유다인들의 애환을 담은 몇 편의 교훈적 이야기를 함께 읽겠습니다.

1

귀향 후의 역사

"그들을 올라가게 하여라"(2역대 36,23)

"페르시아 임금 키루스는 이렇게 선포한다. 주 하늘의 하느님께서 세상의 모든 나라를 나에게 주셨다. 그리고 유다의 예루살렘에 당신을 위한 집을 지을 임무를 나에게 맡기셨다. 나는 너희 가운데 그분 백성에 속한 이들에게는 누구나 주 그들의 하느님께서 함께 계시기를 빈다. 그들을 올라가게 하여라" (2역대 36,23).

페르시아 임금 키루스

한 시대를 시작하기 위하여 또 역사 공부를 해야 하겠습니다. 위에 인용한 것은 역대기의 마지막 부분과 에즈라기의 첫 부분에 실려 있는 키루스 칙령의 내용입니다.

에제키엘은 언젠가 예루살렘이 회복되리라고 예고했고, 제2이사야는 해방이 가까웠음을 선포했습니다. 이제 마침내 그 날이 왔습니다. 기원전 539년에 바빌론을 무너뜨린 페르시아 임금 키루스가, 바빌론에 유배 가 있던 유다인들에게 귀향을 허락한 것입니다. 바빌론에 비해서 페르시아는 정복 민족들에게 관용적이었다고 앞에서 말씀드렸지요. 무력으로 그들을 내리누르기보다, 적당히 풀어 주면서 자기편으로 만드는 것이 더 쉽고 비용도 적게 들었다고 합니다. 제국의 넓이를 생각하면 그럴 법도 합니다.

엄밀하게 말해서, 키루스가 역대기나 에즈라기에 나온 그대로의 칙령을 반포했을 것으로는 보이지 않습니다. 사실, 키루스에게 유다는 너무 작은 땅입니다. 그가 실제로 예루살렘에 성전을 다시 짓는 것을 자신의 특별한 임무로 여기지는 않았을 것입니다. 그러나 키루스가 다른 민족들의 종교 자유를 제한하는 바빌론의 금령들을 폐지했고 바빌론이 여러 나라의 신전에서 빼앗아 온 신상과 기물들을 되돌려 준 것은 분명합니다. 그래서 페르시아의 지배하에 있던 여러 나라가 신전을 다시 지음으로써 재건을 시작할 수 있게 되었습니다. 이러한 배경에서 유다인들도 고향으로 돌아와 예루살렘 성전과 도성을 재건할 수 있게 되었을 것입니다. 에즈 6,3-5에서는 페르시아 왕실에서 성전 건축 비용을 대어 주기까지 했다고 말합니다.

그러나 쉽지 않은 귀향

하지만, 돌아가라고 한다고 모두 신이 나서 즉시 바빌론을 떠나온 것은 결코 아닙니다. 그렇게 상상했다면 바빌론 유배에 대해 잘못 생각하고 있는 것입니다. 유배 간 이들은 바빌론의 한 지역에 모여 살면서 정착하여, 나름 안정된 생활을 하고 있었고, 오히려 유다의 상황이 더 어려웠습니다. 서울 시내에서도, 수십 년간 장사를 한 가게가 재개발로 철거될 상황이 되면 사람들은 떠나기를 어려워합니다. 머나먼 바빌론에서 50년간 땅을 가꾸고 일을 하며 살아왔다면 어떻겠습니까?

페르시아 왕실은 세스바차르에게 예루살렘 성전 기물들을 되돌려 줄 임무를 맡겼습니다(에즈 5,15 참조). 세스바차르가 어떤 사람인지는 잘 알 수 없습니다. 그와 함께 귀향한 이들의 수도 정확히 알 수 없지만 분명 그리 많은 수는 아니었고, 이들은 예루살렘의 재건을 크게 진척시키지도 못했습니다. 도성이 워낙 많이 파괴되어 있었을 뿐만 아니라, 유배에서 돌아온 이들과 유배를 가지 않고 유다 땅에 남아 있던 이들 사이에 적지 않은 충돌도 있었습니다. 문제는 땅이었습니다. 지배 계층과 기술자들이 유배를 간 다음, 바빌론은 그들이 소유하고 있던 땅을 유배 가지 않은 가난한 이들에게 나누어 주었습니다. 가진 것이 아무것도 없던 이들이 바빌론 정복자들로부터 땅을 받으면, 어떻게 될까요? 당연히 그들은 바빌론에 절대 충성하는 백성이 되었을 것입니다. 그런데 50년이 지나 본래 땅 주인이 돌아옵니다. 더 늦게 돌아온 이들도 적지 않습니다. 그러면 그 땅은 누구의 것이 되어야 할까요? 좀 더 시간이 지나고 나면, 유배 전의 땅 주인은 더 이상 그 땅에 대한 권리를 주장할 수 없게 됩니다. 이 문제는, 유배가 끝난 다음 정복 세력이 아니라 유다인들 내부에서 있었던 분열과 갈등의 상황을 보여 주는 대표적인 예입니다.

예루살렘의 재건

이후의 역사는 더 간단히 요약하겠습니다. 기원전 520년에는 다윗 왕조의 후손인 즈루빠벨과 사제 예수아의 지도로 또 한 집단이 귀환합니다. 기원전 520-518년에는 예언자 하까이와 즈카르야가 예루살렘 성전 재건을 독려하였고, 기원전 515년에는 소위 제2성전이라고 부르는 재건된 성전이 봉헌되었습니다. 이 성전은 솔로몬 성전처럼 화려하지는 못했지만, 귀향 후 이스라엘 공동체의 중심이 됩니다.

> **제2성전:** 기원전 515년에 지어진 성전을 '제2성전'이라고 부르는 것은, 솔로몬 시대의 성전이 첫 번째 성전이기 때문입니다. 이스라엘의 역사에서 '제2성전 시대'라는 표현도 사용하는데, 이는 유배에서 돌아와 다시 성전을 지은 기원전 515년부터 로마인들에 의해 성전이 파괴된 기원후 70년까지를 지칭합니다.

기원전 5-4세기의 상황에 대해서는, 에즈라와 느헤미야의 활동 외에 알려진 것이 별로 없습니다. 페르시아의 고위 관리로 일했던 느헤미야는 기원전 445년에 예루살렘에 돌아와 도시의 성벽을 재건합니다. 여러 어려움에도 불구하고 느헤미야는 이 일을 완수했고, 그 후 약 십여 년 동안 예루살렘에 머뭅니다. 얼마 동안 페르시아에 갔다가 다시 예루살렘에 돌아온 것으로 보입니다.

한편, 사제이며 율법학자였던 에즈라는 주로 종교적인 영역에서 활동하였습니다. 그가 예루살렘에 돌아온 때가 언제인지는 분명하게 알 수 없습니다. 에즈 7,7에서는 아르타크세르크세스 임금 제칠년이라고 말하는데, 그가 아르타크세르크세스 1세라면 그 해는 기원전 458년일 것이고(느헤미야가 활동하기 전) 그렇지 않고 일부 학자들이 주장하는 대로 아르타크세르크세스 2세라면 기원전 398년이 됩니다(느헤미야가 활동한 다음). 성경에서는 에즈라가 느헤미야보다 먼저 왔다고 말하는데, 묘사된 상황을 보면 아무래도 느헤미야가 먼저 온 것 같은 느낌이 듭니다. 어떤 경우이든, 에즈라가 한 일은 종교 개혁으로서 하느님의 법을 선포하는 것이었습니다. 에즈라와 느헤미야의 활동이 있은 다음, 알렉산드로스 대왕이 등장하기까지 유다에는 큰 변동이 없었습니다.

귀환 이후부터 알렉산드로스까지 연대표(기원전 6-4세기)

539-538년	바빌론 멸망, 키루스 칙령
	세스바차르와 첫 집단의 귀환
520-518년	즈루빠벨과 예수아 집단의 귀환
	하까이와 즈카르야 예언자 활동
515년	성전 재건
458년	에즈라의 활동?
445년	느헤미야, 도성 재건
398년	(에즈라의 활동?)
332년	알렉산드로스 대왕의 팔레스티나 정복

2

이사 56-66장

"너희는 공정을 지키고 정의를
실천하여라"(이사 56,1)

새 집에 이사를 가게 되어 기대에 부풀었는데, 막상 가 보니 수도와 전기가 연결되어 있지 않고 도배도 아직 안 되어 있다면 어떨까요? 아니, 집이 반쯤 무너져 있다면 어떤 마음일까요? 실망스럽고 막막하겠지요. 유배에서 돌아온 이스라엘의 심정이 바로 그러했을 것입니다. 귀향은 드디어 이루어졌지만 상황은 좋지 않습니다. 그 이유를 설명해 주는 것이 이사야서의 마지막 부분입니다.

귀향 후의 어려움

제2이사야서까지 읽고 나서도 이사야서는 아직 끝나지 않았습니다. 제2이사야는 유배 중인 이스라엘을 위로하며 징벌의 기간이 끝나고 해방이 다가왔음을 선포하였습니다(이사 40-55장). 시간이 더 흘러, 이제 이스라엘은 바빌론을 떠나 고향에 돌아와 있습니다. 이 시기에 완성된 이사야서의 마지막 부분이 이사야 예언서 제3부(56-66장)이고, 이 부분의 저자를 편의상 제3이사야라고 부릅니다. 어디까지나 '편의상'입니다. 구체적인 한 인물이 있었던 것은 아닐 듯합니다. 저자와 편집자가 여러 명 있었을 수 있습니다. 한 사람이든 여러 사람이든, 누군가가 유배에서 돌아온 다음 아직 성전이 재건되지 않은 때에(기원전 538-520년 사이) 그 시대를 배경으로 이사야서의 앞부분을 다시 읽으며 이 책을 완성했습니다.

  논리적으로 조금만 생각을 해 보면, 이 정도의 정보만 가지고서도 이 책의 내용은 어렵지 않게 이해할 수 있습니다. 이사야서의 앞부분과 연결하여 생각할 때, 그의 문제는 앞에서 특히 제2이사야가 선포한 구원이 왜 온전히 실현되지 않는가 하는 것이었습니다. 제2이사야는 유배 중인 이스라엘에게, 온 세상이 주님의 구원을 보게 되리라고 알리면서 "떠나라, 떠나라, 거기에서 나와라"(이사 52,11) 하며 귀환을 독려했습니다. 귀향길은 이집트에서 떠나오던 그 길보다도 더 영화로우리라고 목소리를 높였습니다. 물론, 키루스는 고향으로 돌아가 성전을 재건해도 좋다는 칙령을 내렸고 덕분에 이스라엘은 유배에서 돌아왔지요. 기적적인 사건이었습니다. 이미 죽은 줄 알았는데 다시 살아난 것과 같은 체험이었습니다(에제 37장 마른 뼈 환시 참조). 그러나 돌아와 보니 여기도 문제가 심각합니다. 이

상황을 어떻게 이해해야 할까요? 이사야 예언서 제3부에서는 유배에서 돌아온 이들과 팔레스티나에 남아 있던 유다인들, 그 사이에서 살고 있던 이방인들, 팔레스티나 밖에 흩어져 살고 있던 유다인들 등 여러 부류의 사람들에게 해당하는 다양한 문제를 다룹니다.

구원은 왜 지체되는가?

기대했던 구원은 왜 실현되지 않을까요? 왜 이렇게 살기가 어려울까요? 하느님은 무엇을 하시는 것일까요? 과거에 예언자들이 선포한 약속들이 이루어지지 않는 것으로 보이자 사람들은 하느님의 능력을 의심합니다. 하느님은 약속만 하시고는 그 약속을 실행할 능력이 없으신 것 아닐까? 이 어려운 상황에는 하느님도 어쩔 수가 없으신 것 아닌가? 더 이상은 하느님께 아무런 기대도 할 수 없는 것이 아닐까?

제3이사야는 이러한 질문들에 답을 제시합니다. "보라, 주님의 손이 짧아 구해 내지 못하시는 것도 아니고 그분의 귀가 어두워 듣지 못하시는 것도 아니다. 오히려 너희 죄악이 너희와 너희 하느님 사이를 갈라놓았고 너희의 죄가 너희에게서 그분의 얼굴을 가리어 그분께서 듣지 않으신 것이다"(이사 59,1-2). "너희는 공정을 지키고 정의를 실천하여라. 나의 구원이 가까이 왔고 나의 의로움이 곧 드러나리라"(이사 56,1). 하느님의 능력이 부족하여 구원이 이루어지지 못하는 것이 아니라는 뜻입니다. 하느님의 구원은 가까이, 문 앞에까지 와 있으나 그 구원이 실현되지 못하는 것은 인간의 죄가 그 길을 가로막고 있기 때문입니다. '정의와 공정'은 이사야서 첫 장에서 부터(이사 1,27부터) 여러 차례 강조된 주제입니다. 마지막 부분에 이르기까지 이사야서는 '정의와 공정'을 호소합니다.

여기에는 유배 이전 예언자들이 심판과 멸망을 선포할 때와 유사한 원리가 들어 있습니다. 에제키엘의 경우를 기억하시면 좋을 것입니다. 성전이 무너지는 것은 이스라엘의 주 하느님께서 바빌론의 신들보다 힘이 약하시기 때문이 아니었습니다. 이스라엘이 우상을 숭배했기 때문에 하느님이 성전을 떠나셨고, 그래서 바빌론군이 성전을 파괴할 수 있었습니다. 잘못은 하느님께 있지 않고 이스라엘에게 있었습니다. 지금의 상황 역시, 아직도 구원이 이루어질 수 없는 것은 하느님 능력의 한계 때문이 아닙니다. 정의와 공정을 실천하지 않은 이스라엘의 잘못 때문에, 그 잘못이 구원의 실현을 가로막고 있는 것입니다. 그래서 예언자는 이스라엘에게 정의를 실천하라고, 단식하고 기도한다며 앉아 있기만 하지 말고 가난하고 약한 이들을 보살피며 너의 먹을 것과 입을 것을 그들에게 나누라고 외칩니다(이사 58장).

모든 이에게 열린 구원의 문

구원을 위하여 필요한 것이 정의와 공정을 실천하는 것이라면, 여기에 따라오는 다른 측면이 있습니다. 이방인들의 구원 문제입니다. 이스라엘 가운데서도 정의와 공정을 실천한 이들만이 구원을 누릴 수 있다면, 이방인이라 하더라도 정의와 공정을 실천하면 그들은 구원될 수 있다는 말입니다. 이제는, 이스라엘은 구원되고 다른 민족들은 멸망하리라고 말하지 않습니다. 민족 단위가 아닌 개인 단위로 구원의 여부가 결정되고, 이방인들에게도 구원의 문이 열립니다. 그래서 이사야서의 마지막 부분이 그려 보이는 예루살렘의 미래는, 세상의 모든 민족들이 주님을 경배하러 모여드는 것입니다. 예를 들면, 주님 공현 대축일에 동방의 박사들이 예수님을 찾아온 것을 기억하며 읽는 독서가 이 부분에서 나옵니다. 그날에는 "주님을 따르는 이방인"(이사 56,3)이 주님의 백성이 될 것입니다. 하느님은 온 세상에서 당신 백성을 모으십니다. 이방인인 우리가 이스라엘과 더불어 하느님의 백성이 되는 것은, 이러한 전망 안에서 비로소 가능합니다. 우리에게도, 구원은 문 앞에 와 있습니다.

3

하까이서

"너희는 산에 올라가서 나무를 가져다가
집을 지어라"(하까 1,8)

"집을 지어라"(하까 1,8). 이 말씀을 들으면, '쓰러져 가는 나의 집을 고쳐라!'라는 주님의 말씀을 듣고 그대로 달려가 성당을 수리했던 프란치스코 성인이 떠오릅니다. 그러나 프란치스코 성인의 활동은 집을 짓는 것으로 끝나지 않았습니다. 그가 집을 지었던 것은 교회 안에서 그의 사명을 발견하는 계기가 되었지요. 하까이 예언서에서 집을 지으라고 하는 말씀 역시, 단순히 성전 건물을 지으라는 말로 그치는 것은 아닙니다.

성전 재건을 촉구하시는 하느님

기원전 520년. 하까이 예언자가 활동한 연대입니다. 어떻게 그렇게 정확히 집어낼 수 있을까요? 간단합니다. 하까이 예언서 첫머리에 나오는 "다리우스 임금 제이년"(하까 1,1)이라는 구절 때문입니다. 이 구절이 가상으로 만들어진 것인지 의심할 필요는 없다고 생각합니다. 하느님의 집을 지으라고 호소하는 하까이 예언자의 메시지도 기원전 520년의 상황과 정확히 맞아 떨어지기 때문입니다.

기원전 538년에 키루스 칙령으로 고향에 돌아왔는데, 성전이 지어진 것은 기원전 515년입니다. 성전이 무너졌을 때에는 그렇게들 슬퍼했는데, 막상 성전을 지어도 좋다는 허락이 떨어지고 나서 성전을 짓기까지는 거의 20년이 걸렸습니다. 엄청난 대공사를 하느라고 20년이라는 시간이 필요했던 것이 아닙니다. 그만큼 일이 지체되었던 것입니다. 유배에서 돌아온 사람들이, 하느님의 집을 다시 짓는 일을 뒷전으로 미루어 두었다는 뜻입니다. 그래서 하까이 예언자는 이제 하느님의 집을 지으라고 재촉합니다.

먼저 "다리우스 임금 제이년 여섯째 달 초하룻날"(하까 1,1) 내린 주님의 말씀에서(하까 1,1-11), 하느님은 예언자 하까이를 통하여 즈루빠벨 유다 총독과 예수아 대사제에게 성전을 재건하라고 재촉하십니다. 추수를 해도 얼마 거두지 못하는 것은 사람들이 자신의 집은 꾸며 놓고 살면서 성전 재건은 미루었기 때문이라는 것입니다. 제가 학생 때, "너희가 지금 판벽으로 된 집에서 살 때냐?"(하까 1,4)라는 말씀을 이해하지 못해서, 학생들끼리 이거 판자집 아니냐고

했던 기억이 납니다. 그게 아니라, 판벽은 맨 흙벽돌이 아니라 그 위에 장식으로 덧씌운 벽을 말합니다. 그러니까 여기서 하느님은, 단칸방도 없는 사람들이 아니라 자기 집은 멋지게 해 놓고 사는 사람들을 향해 말씀하고 계십니다.

이에 "여섯째 달 스무나흗날"(하까 1,15) 즈루빠벨과 예수아, 그리고 백성은 성전을 짓는 일에 착수합니다(하까 1,12-15). 예언서들을 읽으면서, 백성이 "예언자의 말을 잘 들었다"(하까 1,12)라고 하는 구절은 하까이서에서 처음 보는 것 같습니다. 그만큼 유배는 이스라엘이 하느님께로 돌아가는 회심의 계기가 되었습니다.

"그해 일곱째 달 스무하룻날"(하까 2,1), 곧 성전 재건을 시작하고 거의 한 달이 지났을 때 다시 하느님은 성전 재건을 독려하시며, 당신께서 그 집을 영광으로 가득 채우시고 평화를 주시리라고 약속하십니다(하까 2,1-9). 그리고 이에 이어지는 2,10-19은 성전 재건을 시작하고 꼭 석 달 후인 "아홉째 달 스무나흗날"(하까 2,10) 내린 말씀입니다. 하까이는 사제들에게 질문을 하고, 이전에는 백성 모두와 그들이 하는 일, 그들이 바치는 제물이 모두 부정했지만 성전 재건을 시작함으로써 이제 그 모든 부정을 씻고 축복과 구원의 시대가 시작되었음을 알립니다. 성전을 짓는 일이 그들을 새롭게 하는 순간이 되었다는 의미입니다.

성전 재건의 의미

성전 재건의 의미는 무엇일까요? 같은 시기의 예언자인 하까이와 즈카르야를 비교한다면, 두 예언자 모두 성전 재건과 메시아 희망을 포함한 (종말론적) 구원을 선포합니다. 이 두 가지가 귀향 후 예언자들의 중심 주제입니다. 그 두 가지 주제 가운데 하까이는 성전 재건을 전면에 내세우면서, 그것이 구원을 위한 조건이 된다고 말합니다. "아홉째 달 스무나흗날부터 주님의 성전에 기초를 놓은 날부터 생각해 보아라. … 오늘부터 내가 너희에게 복을 내리리라"(하까 2,18-19). 그는 제3이사야가 강조했던 정의의 실천은 중시하지 않는 듯이 보입니다. 이것은 대대로 헛된 경신례를 비판해 온 예언자들의 전통을 거스르는 것이 아닐까요?

하까이 예언자의 이 말은, 성전에 대한 태도가 곧 하느님에 대한 태도라는 사실을 생각할 때 이해할 수 있습니다. "'주님의 집을 지을 때가 되지 않았다'고 말한다"(하까 1,2)라는 것은, 이스라엘이 하느님이 아닌 다른 어떤 것을 더 앞세우고, 그들에게 경제적인 문제가 하느님보다 더 중요한 관심사가 되었다는 의미입니다. 이스라엘의 삶을 위하여 "필요한 한 가지"(루카 10,42)는 모든 복의 근원이신 하느님께서 백성 가운데에 현존하시는 것인데, 이스라엘은 그 중요한 사실을 잊고 다른 곳에서 자신의 미래를 찾으려 했던 것입니다.

하까이 예언서를 잘못 이해하면, 성전 건물을 짓기만 하면 축복과 풍년이 따르리라는 기복신앙적 태도로 흘러갈 위험이 있습니다. 중요한 점은 성전 건물을 짓는 것이 아니라, 다른 무엇인가를 포기하고 가장 우선적으로 하느님을 선택할 수 있는가 하는 것입니다. 성 프란치스코에게 주님께서 '쓰러져 가는 나의 집을 고쳐라!' 하고 이르셨을 때, 그 말씀이 단순히 건물을 지으라는 의미를 넘어서 흔들리는 교회를 바로 세우라는 뜻을 포함하고 있었듯이, 우리에게 하시는 "집을 지어라"(하까 1,8)라는 말씀도 만사 제쳐놓고 성전 건물을 짓는 데에 매달리기만 하면 된다는 뜻이 아닙니다. 프란치스코가 교회를 세운 것은 그의 가난을 통해서였다는 사실을 기억할 필요가 있습니다.

4

즈카르야서

"두려워하지 말고 힘을 내어라!"(즈카 8,13)

즈카르야서 1-8장(제1즈카르야서)에도 하까이서처럼 특정한 날짜가 표시되어 있습니다(즈카 1,1.7; 7,1). 이에 따르면 즈카르야 예언자는 하까이 예언자가 활동하던 기원전 520년부터 518년 정도까지, 즉 성전이 재건되기 직전 시기에 예언을 한 것으로 나타납니다. 내용상으로도 하까이와 마찬가지로 성전 재건과 종말론을 말하지만, 하까이와 비교해 볼 때 즈카르야에게서는 임박한 종말을 알리는 것이 더 중심을 이룹니다.

새 시대를 알리는 즈카르야서의 환시

즈카르야 예언서에서 특징적인 것은 1-6장에 들어 있는 환시들입니다. 이전의 예언서들에서도 환시는 나타나지만, 즈카르야서의 환시들은 좀 다릅니다. 지금까지는 그런 환시를 보는 예언자가 직접 하느님과 대화하거나 아니면 자신이 보는 것을 바로 이해했던 반면 즈카르야서는 예언자가 자신이 환시로 본 것의 의미를 알지 못하여 천사가 매번 그 환시의 의미를 설명해 줍니다. 이러한 양식은 묵시 문학에서 크게 발전하게 될 것으로, 하느님의 초월성을 강조합니다. 이 환시들이 인간이 알아들을 수 없는 신비한 내용을 담고 있기에, 예언자라고 하더라도 그 내용을 이해하지 못하는 것입니다.

현재의 본문에는 환시가 여덟 개 나오는데, 그 가운데 다섯째 환시에서는 즈루빠벨과 예수아가 함께 나오는 반면 넷째 환시에서는 즈루빠벨이 언급되지 않고 예수아만 나옵니다. 이것에 대해 학자들은, 즈카르야서에 본래 들어 있던 환시는 일곱 개였는데 즈루빠벨이 사라진 다음 현재의 네 번째 환시가 삽입되어 예수아 대사제에게 희망이 집중되었다고 봅니다. 환시가 일곱 개라면 그 중심에는 즈루빠벨과 예수아, 두 인물이 있게 되는데 여덟 개가 되면서는 중심에 예수아만이 남게 되는 것입니다. 환시 여덟 개의 의미에 대해서는 우리도 천사의 설명을 들어야겠지요.

- 첫 번째 환시, 말 탄 기사(즈카 1,7-17): 말 탄 기사들은 세상을 돌아보고, 온 세상이 평온하다고 주님께 보고를 드립니다. 여기에서 세상이 평온하다는 것은 새 시대가 시작할 기미가 보이지 않는다는 부정적 의미를 지닙니다. 이러한 초조함에 대하여 주님께서

"다정하고도 위로가 되는 말씀으로 대답하셨다"(즈카 1,13)라는 것은, 하느님께서 곧 개입하시어 민족들을 심판하시고 예루살렘을 구원하시리라는 응답을 뜻합니다.

 - 두 번째 환시, 뿔과 대장장이(즈카 2,1-4): 예언자는 먼저 뿔 네 개를 보고, 이어서 대장장이 네 명을 봅니다. 그 뿔들은 이스라엘을 흩어 놓은 이방 민족들이고 대장장이들은 그 민족들을 물리치기 위하여 옵니다. 이제 새 시대가 올 것을 의미합니다.

 - 세 번째 환시, 측량줄(즈카 2,5-17): 한 사람이 측량줄을 들고 예루살렘을 측량하러 갑니다. 그러나 하느님은, 돌아온 이들과 짐승의 수가 너무 많아 예루살렘은 성벽이 없이 넓게 자리하게 되리라고 말씀하십니다. 구원의 시대를 묘사하는 것입니다.

 - 네 번째 환시, 예수아 대사제(즈카 3,1-10): 천상의 법정에서 사탄이 더러운 옷을 입고 있는 예수아 대사제를 고발합니다. 그러나 천사가 예수아에게 깨끗한 옷을 입히고 터번을 씌워 줍니다. 이 환시는 유배 후의 공동체에서 사제직이 중심적 역할을 하게 되리라는 것을 예고합니다. 실상 유배에서 돌아온 후 유다 공동체에는 임금이 없었고, 사제들이 정치적으로나 사회적으로도 큰 영향을 미쳤습니다.

 - 다섯 번째 환시, 등잔대와 두 올리브 나무(즈카 4,1-14): 이 환시에서 올리브 나무 두 그루는 즈루빠벨과 예수아를 가리키는데, 유배 이후의 공동체에서 초기에 정치적 권력과 종교적 권력이 균형을 이루고 있던 상태를 나타냅니다. 이후에 어떻게 해서 즈루빠벨이

역사에서 사라지게 되었는지는 분명치 않습니다.

　- 여섯 번째 환시, 두루마리(즈카 5,1-4): 날아다니는 두루마리에는 악인들에 대한 저주가 적혀 있어서, 이 세상에서 악이 제거될 것임을 예고합니다.

　- 일곱 번째 환시, 뒤주(즈카 5,5-11): 뒤주 안에 앉아 있는 여자는 이 세상의 악을 나타내며, 환시는 그 악이 신아르 즉 바빌론 땅으로 옮겨질 것임을 보여 줍니다. 이로써 예루살렘은 정화되고 악에서 자유롭게 될 것입니다.

　- 여덟 번째 환시, 병거(즈카 6,1-8): 병거 넉 대가 사방으로 갑니다. 북쪽으로 가는 병거가 주님의 영을 북쪽 땅에 자리하게 한다는 것은, 유배 간 이들에게 고향으로 돌아와 성전 재건에 참여하도록 권고하기 위한 것입니다.

어두운 현실, 희망의 환시

첫 번째 환시를 보면서 즈카르야는, "만군의 주님, 당신께서는 예루살렘과 유다의 성읍들을 가엾이 여기지 않으시고 언제까지 내버려 두시렵니까?"(즈카 1,12) 하고 묻습니다. 악에 대한 심판도, 하느님을 기다리는 이들의 구원도 이루어지지 않고 있던 당시 상태에 대한 의문입니다.

　그러나 이 환시들은 하느님께서 곧 예루살렘을 구원하시고 영광스럽게 하시리라는 것을 말하고, 유다 총독 즈루빠벨과 대사제 예수아가 하느님께 성별된 사람들임을 보여 줍니다. 그의 예언은 한

마디로 새로운 미래에 대한 희망이라고 요약할 수 있습니다. 1-6장의 환시들이 예루살렘의 구원이 가까웠음을 알리는 것이라면 8장에서는 그 약속이 완성되었을 때의 모습을 그려 보입니다. 즈카르야가 환시를 보았던 짧은 기간 사이에 천지가 바뀌는 놀라운 일이 일어났을까요? 성전 재건이 가까워지기는 했지만, 마지막 심판과 구원은 아직도 이루어지지 않았습니다. 어두운 시대, 인간이 알아들을 수 없는 신비를 보여 주는 예언자의 환시는 아직 보이지 않는 희망을 보게 해 줍니다. 어둠 속에서 보이지 않는 희망을 붙잡고 걸어가게 하는 것, 그것이 즈카르야서와 이후의 묵시문학이 하는 역할입니다.

> **제2즈카르야:** 즈카 9-14장은 즈카르야 예언자보다 늦은 시기에 첨가된 부분으로 문체와 주제 면에서 즈카 1-8장과 많이 다릅니다. 그러므로 엄밀하게는 제2즈카르야라는 표현도 사용합니다.

5

에즈라기, 느헤미야기

"백성은 모두 율법서의 말씀에 귀를 기울였다"(느헤 8,3)

어느 날 통일이 되었다고 합시다. 그동안 갈라져 있던 이들을 무엇으로 다시 묶을 수 있을까요? 또는, 형제 하나를 아주 어렸을 때 잃어버렸다가 어른이 되어서 찾았다고 합시다. 그 관계를 어떻게 회복할 수 있을까요?

바빌론 유배에서 돌아온 이들을 하나의 공동체로 결합시키는 것은 쉬운 일이 아니었습니다. 50년 동안 유배지에서 살다가 돌아온 이들과 같은 기간 동안 이스라엘 땅에 머물렀던 이들이 있었고, 자신이 살던 땅을 잃어버린 이들과 남들이 살던 땅을 차지한 이들이 있었습니다. 뒤죽박죽이고 이해 관계도 얽혀 있었습니다. 임금도 없습니다. 임금이 있어서 하나의 왕국으로 묶을 수 있었다면, 그래도 그 상황에서 임금 노릇 하기는 쉽지 않았겠지만, 어떻게든 손을 써 볼 수도 있었을 것입니다. 그런데 지금 이들은 임금도 없고 하나의 왕국으로 묶여 있지도 않습니다. 어떻게 해야 할까요?

이때 공동체의 구심점이 된 것이 성전과 율법이었습니다. 성전 재건을 위해서는 하까이와 즈카르야 예언자의 활동이 중요했지요. 그 역사가 에즈라기의 앞부분에도 기록되어 있습니다. 성전을 재건하는 것도 물론 쉬운 일은 아니었습니다. 국민이 단합되고 국력이 남아돌아 당당한 성전을 짓는 것이 아니라, 온갖 어려움 속에서 정말 있는 힘을 다 모아 지은 성전이었을 것입니다. 그 성전의 기초가 놓이는 것을 보고, 옛 성전을 보았던 많은 노인들이 목 놓아 울었다고 합니다(에즈 3,12). 성전이 무너지면서 공동체도 와해되었다면, 이제 성전이 다시 지어졌다는 것은 이전과 같은 공동체가 다시 세워졌다는 뜻이었습니다.

에즈라, 율법과 정체성

그 후에 에즈라가 예루살렘으로 옵니다(기원전 458년?). 페르시아 임금 아르타크세르크세스가 그에게, 백성에게 하느님의 법을 가르치라고 명했기 때문입니다. 에즈라는 백성에게 모세의 율법을 가르칩니다. 이 부분에 대하여 페르시아가 모세의 율법을 이 지역의 국법으로 인정해 준 것이라고 설명하기도 하는데, 의심스러운 부분들도 있어서 단언하기는 어렵습니다. 어쨌든, 유배에서 돌아온 공동체에게 성전이 눈에 보이는 중심이 되었다면, 율법은 내적으로 그들을 하나로 결속시키는 요소였습니다. 에즈라는 그 백성이 율법을 통하여 민족의 정체성을 확인하게 합니다.

그런데 그 사이에, 유배에서 돌아온 이들이 이민족과 결혼하는 경우들이 생겨났습니다. 에즈라는 이를 보고 크게 슬퍼하며, 그들로 하여금 이민족 아내들을 내보내게 하는 조처를 단행했습니다. 글쎄요. 현대의 시각에서는 아무리 보아도 지나칩니다. 하지만 유배에서 돌아온 공동체로서는 자신들의 정체성을 확고하게 유지하기 위한 필사적인 노력이었습니다. 비유가 그리 적절치 않을 수도 있지만, 진돗개의 혈통을 순수하게 보존하기 위하여 얼마 전까지 진도에는 다른 개들이 들어갈 수 없었다는 기사를 읽은 적이 있습니다. 시각 장애인 인도견에게도 예외를 적용하지 않아 어려움이 있었다고 합니다. 그와 같은 논리입니다. 이스라엘 민족의 정체성, 그것이 유배에서 돌아온 공동체에게 가장 절실한 문제였습니다. 그러나 한 가지 목표를 추구하는 데에 전념하다 보면 다른 것은 놓치기 쉽지요. 그들은 자신들의 공동체를 세워야 한다는 지상 과제 때문에 다른 많은 가치를 희생시켰습니다. 우리는 앞으로 요나서와 룻기에서, 이 시기의 이스라엘이 놓친 것이 무엇인지를 보게 될 것입니다.

느헤미야, 도성의 재건

한편 느헤미야는, 페르시아 궁정에서 비교적 높은 지위에 오른 사람이었습니다. 하지만 그는 유배에서 돌아온 이들이 예루살렘에서 아직도 큰 불행과 수치 속에(느헤 1,3) 살고 있음을 걱정하여 고국으로 돌아옵니다. 그가 한 일은 도성을 재건하는 일이었습니다. 이때에도 반대는 많았습니다. 여러 가지 이유로 여러 사람이 반대했습니다. 재건에 착수했던 이들은 한편으로는 성을 쌓는 일을 하고 다른 한편으로는 공격과 방해를 물리치기 위해 싸워야 했습니다.

그런데 이와 더불어 느헤미야는, 유배에서 돌아온 이들이 옳지 못한 행동을 하고 있음을 봅니다. 동족 가운데 부유하고 힘있는 이들이 가난한 이들을 괴롭히고, 빚 때문에 종으로 팔려가는 이들이 속출하고 있었던 것입니다. 기껏 바빌론 유배에서 해방되어 돌아와서는, 가난 때문에 다시 동족의 종이 된 사람들의 처지는 얼마나 기가 막혔을까요? 느헤미야는 이러한 사회 불의를 비판합니다.

새로운 시작을 위하여

이 공동체를 다시 세우기 위하여 에즈라와 느헤미야는 백성에게 율법을 가르칩니다. 온 백성을 모아 놓고 에즈라는 율법서를 읽어 줍니다. 백성은 그 율법을 들으면서 눈물을 흘립니다. 모세의 율법대로 살지 않았기에 하느님께서 주신 땅의 축복을 누리며 살 수 없었다는 것을, 그래서 다윗 왕조가 무너지고 백성은 유배를 가게 되었다는 것을 생각하며 비통해합니다.

하지만 에즈라는, 이제 슬퍼하지 말라고 말합니다(느헤 8,10). 언제까지 지나간 과거를 슬퍼하기만 해야 하겠습니까? 이제는 새로 시작해야 할 때입니다. 과거에 그들이 모세의 가르침대로 살지 않아 멸망을 겪어야 한다면, 이제는 그 율법을 중심으로 다시 일어서야 하는 것입니다. 나라가 무너지고 임금이 없어도, 그 후에는 많은 사람이 본토를 떠나 곳곳에 흩어져 살게 되어도, 율법은 유다인들을 하나로 묶어 줄 것입니다. 수백 년의 세월이 더 흐른 다음 다시 성전이 무너지고 유다인들이 그 땅에서 쫓겨가게 될 때에도, 그리고는 이천 년 동안 나라 없이 살게 되었을 때에도, 율법은 그들을 구별해주는 표지가 됩니다. 모세의 율법, 그것은 무너진 왕국을 대신하여 유다인 정체성의 근거가 되었습니다.

6

요나서

> "이 커다란 성읍 니네베를 내가 어찌 동정하지 않을 수 있겠느냐?" (요나 4,11)

월드컵 결승에서 우리나라와 다른 나라가 시합을 하게 되었다고 상상해 봅시다. 그 날은 모두 다 애국자가 될 것입니다. 그런데 응원석에서 다른 나라 사람이 자리를 잘못 앉아 우리 국민들 사이에서 상대편을 응원한다면 어떻게 될까요? 대대로 축구 시합은 한 나라, 한 학교, 한 반의 결속력을 강화하는 역할을 했습니다. 하지만 그 열성이 과도하게 되면 상대편을 응원하는 사람과는 부딪히게 됩니다. 외국에서는 축구를 응원하던 이들이 서로 충돌하여 참사가 벌어진 일들도 없지 않지요.

에즈라-느헤미야 시대의 배타성

에즈라-느헤미야 시대, 유배에서 돌아온 이스라엘은 민족적, 종교적 정체성을 확립하고자 노력했습니다. 어려움 속에서도 성전을 짓고, 예루살렘 도성도 복구하고, 율법을 충실하게 따르는 삶으로 자신들의 전통을 확고하게 다지려 했습니다. 그런데 동전의 이면같이 이에 따라오는 부정적 결과가 있었습니다. 다른 민족들에 대한 배타성이었습니다. 축구 시합에서 우리 편을 응원하다 보면 상대방이 점수를 얻는 것을 기뻐할 수 없게 되는 것과 마찬가지로, 이 시대 이스라엘은 다른 민족들을 생각할 여지가 없었습니다.

요나는 이러한 시대를 대변합니다. 요나서의 성경 본문에서는 요나가 아미타이의 아들이라고 나옵니다(요나 1,1). 그렇다면 2열왕 14,25에 따라 그가 북 왕국 이스라엘의 예로보암 2세 때에 활동한 예언자라고 생각할 수 있을 것입니다(기원전 8세기). 하지만 그가 실제로 이 책을 쓴 것은 아닙니다. 요나서는 그 인물을 주인공으로 채택하여, 그 이야기를 통해서 기원전 5세기인 에즈라 시대의 사람들에게 교훈을 전달하고자 하는 책입니다. 실제로 요나라는 이름의 예언자가 니네베에 갔던 것도 아니고, 니네베가 하루아침에 회개하는 일이 일어났을 가능성도 매우 희박합니다. 요나서에 사용된 히브리어 역시 예로보암 시대가 아니라 늦은 시기의 특징들을 보입니다. 요나서의 주인공 요나는 니네베로 가라는 하느님의 말씀을 거부합니다. 니네베로 가려면 동쪽으로 가야 하는데, 하느님의 명령을 피하여 오히려 서쪽 끝까지 도망치려 합니다. 그다음에, 잘 아시는 바와 같이, 큰 물고기가 요나를 삼켰다가 사흘 만에 니네베에 내려놓습니다. 이 부분 역시 역사적 사실이라고 말하기는 어렵습니다. 오히려 이것은, 요나 이야기가 사실을 기록하는 것이 아니라 다른 의도로 기록된 책임을 보여 주는 단서입니다.

모든 이의 구원을 바라시는 하느님

그러면, 요나서가 전하려는 메시지는 무엇일까요? 두 가지만 짚어 보겠습니다.

첫째는, 하느님은 모든 사람의 구원을 바라시기에 이방인들에게도 구원은 주어진다는 것입니다. 요나가 하느님의 명령을 피해 타르시스로 떠나는 1장에서는 그가 도망치는 이유가 나오지 않지만, 마지막 4장에 가면 그는 하느님께 화를 내며 그 이유를 말하지요. 그는, 하느님께서 죄 많은 도시 니네베에게 멸망을 선고하라고 하시지만 사실은 니네베를 용서해 주실 것을 알고 있었습니다(요나 4,2 참조). 그것이 싫어서, 니네베인들이 구원되는 것이 싫어서 하느님의 도구가 되지 않으려 한 것이지요.

니네베는 아시리아의 수도이고, 아시리아는 이스라엘의 오랜 적입니다. 하느님은, 그런 니네베라 하더라도 멸망하는 것을 원치 않으십니다. 뜨거운 햇빛을 가려 주던 아주까리가 말라 죽는 것을 보고 화가 나서 죽겠다고 하는 요나에게 하느님은 이렇게 말씀하십니다. "오른쪽과 왼쪽을 가릴 줄도 모르는 사람이 십이만 명이나 있고, 또 수많은 짐승이 있는 이 커다란 성읍 니네베를 내가 어찌 동정하지 않을 수 있겠느냐?"(요나 4,11) 아주까리가 자라는 데 아무 일도 하지 않은 요나가 아주까리가 죽었다고 그렇게 호들갑을 떤다면, 하느님이 어찌 그 수많은 사람의 죽음을 안타까워하지 않으시겠습니까?

이것이 에즈라 시대의 유다인들을 향한 요나서의 가르침이었습니다. 자신들의 정체성을 지킨다는 명분으로, 결혼해서 아이가 있는 이방 여자들을 내보내는 것이 옳은 일일까요? 자신들만 구원 받고 다른 민족들은 멸망해도 좋다고 생각해도 되는 것일까요? 요나서는 그 시대의 유다인들에게, 구원은 다른 민족들에게도 이르러야 한다는 사실을 말해 줍니다.

하느님의 너그러우심을 받아들여야

둘째는, 용서를 베푸시는 하느님을 받아들여야 한다는 것입니다. 요나는 자신이 하느님을 경외하는 사람이라고 말하고(요나 1,9), 그 하느님이 자비하시고 너그러우신 하느님이시며, 분노에 더디시고 자애가 크시며, 벌하시다가도 쉬이 마음을 돌리시는 분이라는 것을 알고 있습니다(요나 4,2). 문제는, 하느님이 어떤 분이신지 알고 있는데 그런 하느님이 마음에 들지 않는다는 데에 있습니다. 요나는 하느님께서 이스라엘의 원수인 아시리아인들을 사랑하시고 그들에게 자비를 베푸신다는 사실을 받아들일 수가 없습니다. 머리로는 하느님에 대해 완벽하게 알고 있으나, 그 하느님을 용납하지 못합니다.

요나서는 그런 요나에게 회개를 요청합니다. 회개는 나훔 예언자가 "피의 성읍"(나훔 3,1)이라고 불렀던 니네베 사람들에게만 필요한 것이 아니었습니다. 하느님의 자비하심을 참지 못하는 요나에게도 회개는 필요했습니다. 나에게 멸망을 선포하라고 하셨으면 반드시 그 멸망을 이루시어 나의 명예도 지켜 주시고 원수에게 앙갚음도 하게 하시는 하느님이 아니라, 내가 선포한 경고를 철회하시면서까지 인간을 가엾이 여기시고 사랑을 베푸시는 하느님을 받아들여야 했습니다. 요나서는, 하느님이 나에게 자비를 베푸실 때에는 좋아하면서 남에게 자비를 베푸실 때에는 화를 내는 우리에게, 자비로우신 하느님을 닮으라고 촉구합니다.

그래서 요나 이야기는, 하느님만큼 자비롭지 못한 우리 모두에게 마지막 질문을 던집니다. "이 커다란 성읍 니네베를 내가 어찌 동정하지 않을 수 있겠느냐?"(요나 4,11)

7

룻기

"어머님의 겨레가 저의 겨레요
어머님의 하느님이 제 하느님이십니다"(룻 1,16)

이민족과의 결합을 인정하지 않았던 에즈라와 느헤미야의 뜻대로 했더라면, 룻은 집안에서 쫓겨났을 것이고 나오미는 혼자 방황하며 가난하게 살다가 죽었을 것이고 다윗은 태어나지도 못했을 것입니다. 룻이 모압 여자였기 때문입니다. 이스라엘의 율법은 모압 사람들과 상종하지 말라고 분명히 말합니다. "암몬족과 모압족은 주님의 회중에 들 수 없고, 그들의 자손들은 십 대 손까지도 결코 주님의 회중에 들 수 없다"(신명 23,4). 더구나 배타적이었던 에즈라-느헤미야 시대라면 두말할 것도 없었을 것입니다.

에즈라-느헤미야 시대를 배경으로

룻기의 첫머리에서는 "판관들이 다스리던 시대에"(룻 1,1) 나오미와 룻이 살았다고 말하고, 룻기의 마지막은 룻이 오벳을 낳은 다음 오벳은 이사이를 낳고 이사이는 다윗을 낳았다는 말로 끝납니다(룻 4,21). 그래서 어떤 이들은 룻기가 다윗 시대에 작성되었다고 생각했습니다. 룻기가, 다윗의 조상 가운데 모압 여자가 있다는 사실을 언짢아하는 사람들에게 그 조상 룻이 어떤 사람인지를 설명해 주려 했다는 것입니다. 이렇게 되면, 룻기는 다윗의 왕권을 정당화하는 책이 되겠지요.

그러나 근래에는, 룻기라는 책이 작성된 시기는 그보다 훨씬 늦은 시기인 유배에서 돌아온 후라고 봅니다. 이방인을 배척하던 에즈라-느헤미야 시대가 바로 룻기가 생겨난 시대이고, 그 시기에 룻기의 저자는 오백 년도 더 되었을 룻이라는 인물을 들고 나와 그 시대의 사고방식에 이의를 제기합니다. 민족의 정체성과 율법에 대한 충실성만을 고수하던 시대에, 그것이 전부가 아님을 말합니다. 그러면, 그 시대에 맞서 룻기가 들고 나온 것은 무엇일까요?

성경에서 룻기의 위치: 가톨릭 성경에서 룻기는 판관기 다음에 나옵니다. 여호수아기, 판관기, 사무엘기, 열왕기로 이어지는 신명기계 역사서들 사이에 들어 있는 것이지요. 하지만 히브리어 성경에서 룻기는 성문서에 속하여 훨씬 뒷부분에 있습니다. 구약성경을 그리스어로

> 번역한 이들이 지금의 앞 자리로 옮겨 놓은 것인데, 사실 책의 종류도 매우 다릅니다. 룻기는 엄밀한 의미에서 '역사서'라기보다, 교훈을 전달하기 위한 이야기에 속합니다.

모압 여인의 '헤세드'

나오미는 남편 엘리멜렉과 함께 모압 땅에 가서 살지만, 그곳에서 남편도 죽고 두 아들도 죽었습니다. 남은 것은 모압 여인이었던 두 며느리 오르파와 룻이었습니다. 나오미는 그들에게 각자 자기 집으로 돌아가라고 합니다. 여기서 나오미는 모압인들이 다른 신을 섬긴다는 사실을 문제 삼지 않습니다. 만일 룻기가 이방인들에게 이스라엘의 하느님에 대한 신앙을 가르치려 했다면, 나오미는 룻에게 "네 동서는 제 겨레와 신들에게로 돌아갔다. 너도 네 동서를 따라가거라"(룻 1,15) 하고 말하지 않았을 것입니다. 나오미는 오직 그들이 안정된 생활을 하기를 바랍니다. 더 이상 남편도 없고 아들도 없는 나오미는 며느리들에게 미래를 보장해 줄 수가 없습니다. 그러니 그들을 돌보아 줄 친족이 있는 곳으로 돌아가라는 것입니다. 나오미는 모압의 친족들에게 돌아간 오르파를 탓하지도 않습니다. 룻기의 저자도 오르파의 행동을 비난하지 않습니다. 살기 위해서는 어쩔 수 없는 일이고 그저 정상적인 일이기 때문입니다. 그렇다면 룻의 행동이 오히려 정상을 벗어난 일이고 당연하지 않은 일인 셈입니다. 규칙을 따른 행동이 아니라 그 선을 넘어선 행동입니다. 에즈라와 느헤미야가 고개를 갸우뚱 하며 모압 여자 룻을 쳐다볼 것 같습니다. 룻의 이러한 행동을 보아즈는 '효성'이라고 부릅니다(룻 3,10).

여기서 우리 말 '효성'으로 번역된 단어가 히브리어 '헤세드'입니다. 룻기 안에서도 여러 번 사용되는 단어이지만 한 단어로 옮기기가 어려워서, 많은 경우 '자애'라고 번역됩니다. 나오미는 며느리들에게 "너희가 죽은 남편들과 나에게 해 준 것처럼 주님께서 너희에게 자애를 베푸시기를 빈다"(룻 1,8)고 말합니다. 의미심장한 말입니다. 이후에 전개되는 룻기의 모든 사건이, 자애를 실천했던 룻에게 하느님께서 자애를 베푸시어 이루어지는 일임을 우리에게 암시해 주고 있기 때문입니다.

룻에게 베푸시는 하느님의 자애는 보아즈를 통하여 실현됩니다. 룻이 이삭을 주우러 갔는데 마침 그 밭이 엘리멜렉의 친척인 보아즈의 밭입니다. '마침', 룻기에서 중요한 단어입니다. 룻기에서는 비현실적으로 보일 만큼 절묘한 우연에 의해 이루어지는 일이 많기 때문입니다. 왜 그럴까요? 의미는 분명합니다. 그 일이 하느님께서 이루어 주시는 일이라는 뜻입니다. 그 하느님의 자애로 룻은 보아즈를 만납니다. 보아즈는 룻이 행한 '효성'(헤세드)을 보고, 룻과 나오미에게 넘치도록 '자애'(헤세드)를 베풀어 줍니다.

룻기에서는 하느님께서 베푸시는 자애와 사람들이 서로에게 베푸는 자애가 중첩됩니다. 나오미는 룻에게 하느님께서 자애를 베풀어 주시기를 기원하지만, 실제로 룻이 보아즈를 만나도록 방법을 가르쳐 주는 것은 나오미입니다. 보아즈도 룻에게 하느님께서 당신 날개 아래로 찾아온 룻을 돌보아 주시기를 기원하지만(룻 3,12), 실제로 룻에게 옷자락을 덮어 주며 룻을 품어 주는 이는 보아즈입니다(룻 3,9). 히브리어에서 '날개'와 '옷자락'은 같은 단어입니다.

사람을 살리는 '헤세드'

룻과 나오미와 보아즈, 이들은 모두 정해진 규정을 지키는 데에 머물지 않고 자신의 도움을 필요로 하는 이들에게 그 이상의 사랑을 베풀었습니다. 룻은 남편이 세상을 떠난 다음에도 홀로 남은 시어머니와 함께 베들레헴으로 돌아가 결국 집안의 대를 이어 주었고, 나오미는 룻에게 살 길을 찾도록 이끌어 주었습니다. 보아즈는 엘리멜렉을 위하여 그 집안을 지켜 주었고 나오미와 룻을 보호해 주었습니다. 그리고 이들에게서 오벳이 태어나고, 오벳에게서 이사이가, 이사이에게서 다윗이 태어납니다. 룻기가 작성된 시대가 에즈라-느헤미야 시대라면, 이미 다윗의 왕권을 정당화하는 것은 필요하지 않습니다. 다윗은 최고의 권위입니다. 오히려, 룻에게서 다윗의 조상이 태어났다는 것은 룻의 행위가 정당한 것이었음을 다윗의 권위로 보증해 줍니다. 에즈라-느헤미야보다 다윗이 더 위에 있습니다. 룻기는, 율법을 통해 민족의 정체성을 지키려는 시도보다 이방인이면서도 가족을 사랑했던 룻의 자애를 더 높이 평가합니다. 그 자애가 사람을 살리기 때문입니다.

8

요엘서

"그런 다음에"(요엘 3,1)

요엘 예언서에는 중요한 주제가 두 가지 있습니다. 무서운 심판의 날인 '주님의 날'이 다가온다는 경고와 주님께서 모든 사람에게 당신의 영을 부어 주시리라는 약속입니다. 이 두 가지는 의심스러울 만큼 철저히 대조되는 주제입니다. 어떻게 한 예언자가 모순되어 보이는 이 두 가지 예언을 선포할 수 있을까요? 전반부에서 후반부로 넘어가는 지점을 표시해 주는 "그런 다음에"(요엘 3,1)라는 한 마디가 그에 대한 답을 줍니다. 심판은 반드시 있을 것이며, 그 후에 구원의 때가 오리라는 말입니다.

심판의 전조인 메뚜기 재앙

요엘 예언자가 언제 활동했는지를 알아내기는 쉽지 않습니다. 우리나라에서, '태풍이 불던 해'라고 하면 그것이 1950년대인지 2000년대인지 알 수 없겠지요. 마찬가지로, 요엘은 메뚜기 재앙에 대해 말하고 있지만 이것은 연대를 추정하는 데에 큰 도움이 되지 않습니다. 그래서 요엘서의 연대에 대해서는 기원전 9세기라고 주장하는 사람부터 기원전 3세기라고 보는 사람까지 다양한 의견이 있습니다. 요즘은 주로 기원전 5-4세기라고 보지만, 메뚜기 재앙은 성경 여기저기서 언급될 만큼 이스라엘에서 종종 일어나던 재앙이었습니다.

정확하지는 않지만, 메뚜기 떼가 몰려와 농작물을 모두 갉아먹었던 어느 해에, 요엘은 이 재앙이 앞으로 다가올 더 무서운 심판의 전조라고 선포하기 시작합니다. 아모스부터 시작하여 이미 과거의 예언자들이 장차 닥쳐올 '주님의 날'을 선고했습니다. 그날은 이스라엘에게 빛이 아니라 어둠일 것이며, 죄에 대한 심판이 있으리라고 말했습니다. 요엘은 이제 메뚜기떼와 가뭄, 외적의 침입과 같은 상황 앞에서 이 예언자들의 말을 상기시킵니다. 지금 눈앞에 보이는 상황만을 한탄할 것이 아니라 앞으로 다가올 그 심판의 날을 대비하라고 말합니다(요엘 2,1). "주님의 날은 큰 날, 너무도 무서운 날, 누가 그것을 견디어 내랴?"(요엘 2,11)

용서를 베푸시는 하느님

그러면 어떻게 해야 합니까? 무엇보다 우선해야 할 것은 회개입니다(요엘 2,12-17). "옷이 아니라 너희 마음을 찢어라"(요엘 2,13)라는 유명한 구절이 여기에도 나옵니다. 이스라엘은 단식하고 울고 슬퍼하며 하느님께 돌아가야 합니다. 그러나 회개가 전부는 아닙니다. 회개가 구원의 길이 되기 위해서는 하느님의 자비가 있어야 합니다. 하느님께서 용서를 베푸시는 분이 아니시라면, 아무리 울며불며 땅을 쳐도 소용이 없을 것입니다. 이러한 맥락에서 중요한 의미를 지니게 되는 것이 탈출 34,6-7에서 선포되었던 하느님의 두 번째 이름, 그분은 "너그럽고 자비로운 이, 분노에 더디고 자애가 큰 이"라는 것입니다(요엘 2,13). 요엘서뿐만 아니라 다른 예언서나 시편들에서도 특히 유배 이후의 본문 여러 곳에서 이 구절을 인용하는 것을 볼 수 있는데, 그것은 이미 멸망을 겪은 시점에서 오직 하느님의 자비만이 이스라엘이 살길이었기 때문입니다.

요엘은, 자비로우신 하느님께서 유다와 예루살렘의 운명을 되돌려 주시리라고 믿습니다. 그래서 오늘 우리의 초점은 주님의 날과 그 심판이 아니라, 그 후의 일들입니다. 요엘을 유배 후의 예언자로 본다면, 과거에 예언자들이 선포했던 심판은 이미 이루어졌습니다. 예루살렘은 이미 예레미야가 예고했던 바와 같이 멸망했고 왕정은 무너졌습니다. 그러니 이제는 구원을 기다릴 때입니다. 요엘보다 앞서 에제키엘, 하까이, 즈카르야 등의 예언자들이 이미 이스라엘의 회복을 예언했습니다. 요엘은 이제 곧 약속들이 성취될 날이 오리라는 것을 선포합니다.

그 이유는 주님께서 "당신 땅에 열정을 품으시고 당신 백성을 불쌍히 여기셨다"(요엘 2,18)는 것으로 설명됩니다. 여기서 '열정'으로 번역된 단어는 보통 '질투'를 뜻하는 단어입니다. 하느님을 일컬어 질투하시는 하느님이라고 할 때에 사용되는 그 단어입니다. 하느님이 당신 땅에 대해 '질투'하시는 것은, 오직 당신의 것이고 당신께 속해 있어야 하는 땅이 다른 이들에게 짓밟히고 있기 때문입니다. 질투하시는 하느님은, 당신의 땅을 누가 건드리는 것을 용납하지 않으십니다. 당신께서 되찾으셔야만 합니다. 그래서 그 땅을 되찾으심으로써 "주 너희 하느님이 바로 나요 나 말고는 다른 신이 없음을"(요엘 2,27) 알게 하십니다.

모든 이에게 하느님의 영을 내려 주실 날

이어서 나오는 "그런 다음에"(요엘 3,1)는 매우 중요한 표현입니다. 심판이 모두 끝난 다음, 이스라엘이 다시 회복될 때를 말합니다. 그런데 요엘서에서 심판 이후에 이루어질 구원을 묘사하는 데에서 가장 특징적인 것은 "모든 사람에게 내 영을 부어 주리라"는 것입니다. 보통 주님의 영은 판관, 임금, 예언자 등 특정한 사람들에게 내립니다. 그런데 요엘서에서는 누구에게나 당신의 영을 주시리라고 말씀하십니다. 아들과 딸, 노인과 젊은이, 그리고 남종과 여종은 결국 특정한 성별과 나이와 신분에 한정되지 않는 모든 사람을 뜻합니다. 그리고 예언을 하고 꿈을 꾸고 환시를 본다는 것(요엘 3,1)은,

모두 하느님으로부터 전할 말씀을 전달받음을 뜻합니다. 그렇게 되면, 모든 사람이 예언자가 되는 것이지요. 이 예언은 사도 2,16-21에서 성령 강림을 통해 이루어집니다. 성령께서 오신 때는 예언자들의 기다림이 성취된 순간이 될 것입니다.

주님께서 말씀하신 대로, 이전에 다른 예언자들을 통해서 말씀하신 대로, 시온산에는 남는 이들이 있게 될 것입니다. 그리고 그들에게는 하느님의 영이 내릴 것입니다. 요엘은 그 믿음을 품고 있습니다. 예언자는 세상이 무사한 것처럼 보일 때에도 그 안에서 심판이 선고될 이유를 보고, 세상이 멸망할 것처럼 보일 때에도 그 안에서 구원의 희망을 봅니다. 하느님께서 그의 눈을 열어 주시기 때문입니다.

9

말라키서

"주님의 크고 두려운 날이 오기 전에"(말라 3,23)

 마지막 예언서, 말라키서가 남았습니다. 구약의 예언들은 늦은 시기로 갈수록 종말론적 색채가 강해집니다. 그 마지막인 말라키서는, "화덕처럼 불붙는 날이 온다"(말라 3,19)고 예고하며 주님께서 오시는 그날을 맞을 수 있도록 준비를 갖추라고 우리를 일깨웁니다.
 '말라키'라는 이름은 '나의 사자使者'라는 뜻입니다. 어떤 예언자에게라도 적용될 수 있는 이름이겠지요. 실제로 '말라키'라는 이름을 가진 예언자가 있었던 것인지, 아니면 이름을 알 수 없는 어떤 인물을 이렇게 부르는 것인지, 그것도 아니면 가상으로 '나의 사자'를 이 책의 저자로 내세우고 있는 것인지 우리는 알 수 없습니다. 사실 말라키서는 말라키가 언제 태어났고 어떤 사람인지에 대하여

한 마디도 말하지 않습니다. 그저 본문을 보면서 시대를 짐작할 따름입니다. 이 책에 나타난 사회적·경제적 상황, 그리고 성전에서 제사를 바치고 있다는 언급 등을 근거로 이 책이 작성된 때는 성전이 재건된 때로부터 느헤미야의 개혁이 있기 이전 사이의 시기, 대략 기원전 5세기 전반으로 봅니다.

의인에게 과연 갚음이 있는가?

이 작은 책에서는 당시에 문제가 되고 있던 주제들을 하나하나 들고 나와 논쟁을 합니다. 그 형태가 눈길을 끕니다. 매번 하느님이, 또는 예언자가 한 마디 말을 하면 그 말을 들은 이스라엘이 반박을 합니다. 그러고 나면 그 대답으로 설명이 뒤따릅니다. 이러한 논쟁이 여섯 번 펼쳐집니다.

그 논쟁들 가운데 특별히 부각되는 주제가 종말의 심판입니다. 사람들은, 하느님이 과연 의인과 악인의 행동을 보고 계시며 그 행실대로 갚아 주시는지 의심을 품습니다. "주님의 눈에는 악한 일을 하는 자마다 다 좋고 그분께서는 그러한 자들을 좋아하신다"(말라 2,17). 이게 웬말입니까? 이런 말을 하는 것은 악인들이 아닙니다. 의인들이, 착하게 살아도 복을 받기는커녕 고생만 많고 오히려 악한 사람들이 글자 그대로 잘 먹고 잘 살고 있으니 하느님의 정의를 의심하는 것입니다. 하느님은 보지 않으신다고, 개입하지 않으신다고 생각합니다. 그럴 바에야 무엇 때문에 손해를 보면서 착하게 살아야 한단 말인가? 악인들이 번영을 누리며 잘 사는 것을 보면, 하느님은 그들에게 오히려 잘 해 주시는 것이 아닌가? 악인들의 번성이라는 문제 때문에, 의인들의 믿음이 흔들리고 있습니다. 선과 악에 대한 갚음은 과연 이루어지는가, 이것은 지혜문학에서도 크게 부각될 문제입니다.

이것에 대한 말라키서의 대답이 종말의 심판입니다. 하느님께서 심판하시고 의인과 악인이 서로 다른 운명을 맞게 될 날이 반드시 있을 것입니다. "보라, 내가 나의 사자를 보내니…"(말라 3,1). 사람들이 볼 때에는 선을 행하는 이들이나 악을 행하는 이들이나 아무 차이가 없이 그냥 살고 있는 것처럼 보이지만, 하느님께서 "의인과 악인을 가리고 하느님을 섬기는 이와 섬기지 않는 자를 가릴"(말라 3,18) 날이 분명히 있으리라고 말씀하십니다. 하느님을 경외하는 이들의 이름은 "비망록에"(말라 3,16) 기록되어 있습니다. "하느님을 섬기는 것은 헛된 일이다"(말라 3,14)라고 말하고 있는 이들에게, 그렇지 않다는 것을 확인하게 해 주실 것입니다. 하느님은 부모가 자식을 아끼듯이 당신을 섬기는 이들을 아껴 주실 것이며, 그날에 의인과 악인이 드러나게 될 것입니다.

주님의 날을 기다리며

여기까지, 종말에 대한 말씀에서 눈에 띄는 특별한 점이 있습니다. 악인들이 번성하는 현실 앞에서 신앙이 흔들리던 말라키 시대 사람들에게 주님의 날, 심판의 날은 무서운 날이 아니라 기다려지는 날이었습니다. 말라키서가 그 날이 반드시 오리라고 말한 이유는,

위협하기 위해서가 아니라 의인들에게 있을 상급을 약속하기 위해서였습니다. 그들이 괴로워한 것은 심판이 두려워서가 아니라 심판이 없기 때문이었습니다.

과연 어떻게 하면 주님께서 오시는 날을 두려움 없이 맞을 수 있을까요? 말라키서의 마지막 부분에서는 그 비법을 알려 줍니다. 모세의 율법을 기억하고, 엘리야를 비롯한 예언자들의 말에 귀를 기울이라고 합니다(말라 3,22-24 참조). 다른 새로운 가르침이 있어야 하는 것이 아니라 모세의 가르침에 충실하게 살면 되고, 이스라엘이 그 길을 충실히 따라가도록 예언자들이 옆에서 일깨워 줍니다. 오경과 예언서가 완성되어 가던 시기에, 말라키서는 그 가르침들이 주님의 날을 위하여 이스라엘을 준비시켜 주는 것이라고 말합니다. 이미 있던 율법이고 이미 있던 예언서라 하더라도, 그 가르침들이 주님의 날에 오시는 주님을 맞이하기 위한 지침이 된다는 것은 마지막 예언서인 말라키서에서 새롭게 부각됩니다.

그리스도인들에게는 이 마지막 단락이 더욱 특별한 의미를 갖습니다. 그리스도교의 성경은 유다교의 성경과 책들의 배열 순서가 달라서(배열 순서는 이 책 23쪽 참조), 말라키서가 구약의 마지막 책이 되기 때문입니다. 이렇게 되면 말라 3,22-24은 구약에서 신약으로 건너가는 문턱이 됩니다. 아시는 바와 같이, 신약성경에서는 이 구절을 여러 차례 인용하며(마태 17,10-13; 마르 9,11-12; 루카 1,17) 세례자 요한에 대해 말하는 내용으로 해석합니다. 율법학자들은 예수님께서 메시아시라면 예수님보다 앞서 엘리야가 왔어야 한다고 믿습니다. 제자들도 그러한 주장을 부인할 수 없기에 예수님께 묻습니다. 예수님께서는 엘리야가 이미 왔다고 말씀하시고, 제자들은 그 말씀이 세례자 요한을 두고 하신 말씀인 줄을 알아듣습니다. 이렇게 해서, 이 구절을 통하여 신약이 구약의 전망과 이어지고 우리는 예수 그리스도 안에서 구약의 약속들이 성취됨을 봅니다.

10

토빗기

"하느님을 진심으로 섬기고 그분께서
좋아하시는 일을 하여라"(토빗 14,8)

토빗기와 역사

이제부터 토빗기, 유딧기, 에스테르기를 읽어 보려고 합니다. 그런데 주의할 점이 있습니다. 이 책들은 역사서로 분류되지만 실제로는 역사적 사건에 대한 기록이라기보다 교훈적인 이야기라는 점입니다. 첫머리에서 구체적인 시대 배경을 제시하고 있지만, 자세히 보면 전혀 정확하지 않습니다. 토빗기의 경우, 토빗 1,4에서 말하는 것처럼 토빗이 젊었을 때에 납탈리 지파가 다윗 집안에서 떨어져 나갔다고 한다면 이것은 기원전 10세기, 솔로몬 사후의 일입니다. 그때에 살았던 토빗이 기원전 8세기에 니네베로 유배를 갔다는 것은 불가능합니다. 또한, 토빗 14,15에서 말하는 것처럼 그의 아들 토비야가 기원전 612년에 니네베의 멸망을 보았다는 것 역시 매우 어려운 일이 됩니다. 당황하실 필요 없습니다. 이 책이 역사 기록이 아니라는 사실은 독자들에게도 명백했기 때문입니다. 이 책의 저자는 귀신 이야기나 전설 등의 요소도 자유롭게 사용하면서 독자에게 어떤 가르침을 전달하려 합니다.

토빗기, 유딧기, 에스테르기, 이 책들은 몇 가지 공통점을 지니고 있습니다. 어떤 시대를 배경으로 줄거리가 전개되든, 이 책들의 작성 연대는 늦은 편입니다. 세 권 모두 외국에서의 삶 또는 이방인들과의 관계를 배경으로 하고 있습니다. 토빗은 아시리아로 유배를 갔고, 유딧도 아시리아와 전쟁 중에 포위되었으며, 에스테르는 페르시아에서 왕비가 됩니다. 그것은 아마도, 많은 유다인이 외국 땅에 흩어져 살게 된 시대에 이 책이 쓰였기 때문일 것입니다. 토빗기도 이야기 자체가 이스라엘 땅을 떠나 유배지에 있는 이들에게 어떻게 살아가야 할지를 말하고 있으며 예루살렘으로 돌아갈 날과 예루살렘의 회복을 바라고 있다는 점을 고려할 때에, 아마도 디아스포라를 그 배경으로 한 것으로 생각됩니다.

토빗기의 줄거리

먼저 토빗기의 줄거리를 보아야 하겠습니다.

아시리아의 니네베로 유배를 간 토빗은 친척과 동족들에게 자선을 베풀며 올바르게 삽니다. 그는 가난한 이들을 돌보고 죽임을 당한 동족의 시체를 묻어 주기도 했지만, 불행히도 눈이 멀게 됩니다. 이에 토빗은 하느님께, 곤궁과 모욕을 벗어나도록 차라리 죽음을 달라고 청합니다.

같은 시기에, 메디아의 엑바타나에는 토빗의 친척인 라구엘의 딸 사라가 살고 있었습니다. 그녀는 일곱 번 결혼을 했지만 매번 아스모대오스라는 악귀가 남편을 죽였습니다. 여종의 조롱을 받은 사라는 하느님께 자신의 목숨을 거두어 주시기를 청하고 있었습니다. 바로 그때 하느님께서 그 둘의 기도를 들으시어 라파엘 천사를 파견하십니다. 토빗은 아들 토비야에게 라게스에 가서 자신이 맡겨 둔 돈을 찾아오라고 일러 주는데, 라파엘 천사가 그에게 나타나 길잡이를 하겠다고 자청합니다. 그들은 강에서 물고기를 잡아 약을 마련하고, 엑바타나에 이르러 라파엘은 토비야에게 사라와 혼인하라고 권고합니다. 토비야는 물고기의 간과 염통을 태워 마귀를 쫓아내고 사라와 혼인을 하며, 토빗이 맡겨 놓은 돈도 찾아와 니네베로 돌아갑니다. 니네베에 돌아와 라파엘이 말한 대로 물고기의 쓸개를 아버지에게 바르자 토빗은 시력을 되찾았습니다. 라파엘은 자신의 정체를 밝히고 하느님께 올라갔습니다. 토빗은 다시 복을 누리다가 세상을 떠났고, 토비야도 영예를 누리며 살다가 죽기 전에 니네베가 멸망하는 것까지 보고 하느님을 찬미하였습니다.

자선, 이국 땅에서 신앙을 실천하는 길

토빗기에서는 선행, 그중에서도 자선을 크게 강조합니다. 이유가 있습니다. 토빗이 아시리아인들의 땅 니네베에서 살고 있기 때문입니다(토빗 1,3). 유배를 가기 전, 그는 예루살렘 성전을 순례하며 십일조를 바치는 등 전례 규정을 열심히 준수했던 인물입니다. 그런데 아시리아로 끌려갔을 때에는, 성전에 갈 수가 없습니다. 유배지에서 그가 신앙을 실천하는 길이 바로 선행이고 자선이었습니다. 그는 배고픈 이에게 먹을 것을 주고 헐벗은 이에게는 입을 것을 주며, 죽어서 던져져 있는 동족을 보면 그를 묻어 주는 것으로 자신의 신앙을 입증했습니다. 이것이 토빗에게는 율법을 지키고 하느님께 충실하게 살아가는 길이었습니다. "자선을 베푸는 모든 이에게는 그 자선이 지극히 높으신 분 앞에 바치는 훌륭한 예물이 된다"(토빗 4,11)는 토빗의 가르침은 이러한 배경에서 이해할 수 있습니다. 토빗기에서 자선은 단순히 인도적인 덕행을 넘어서는 의미를 갖습니다. "자선은 사람을 죽음에서 구해 주고 암흑에 빠져 들지 않게 해 준다"(토빗 4,10).

이것은 토빗과 마찬가지로 팔레스티나 땅을 떠나 디아스포라에서 살아가던 당시의 수많은 유다인에게 삶의 지침이 될 수 있었습니다. 토빗은 죽기 전에 아들 토비야에게도, 하느님께서 좋아하시는 의로운 일을 하고 자선을 베풀라는 유언을 남깁니다. 그리고 그는, 이국 땅의 유다인들이 하느님께 충실하게 살아간다면 하느님께서 언젠가 그들에게 자비를 베푸시고 흩어진 이스라엘을 다시 예루살렘으로 불러 모아 주시리라고 믿습니다(토빗 13장의 기도 참조). 그는 그날에 구원을 받고 하느님을 진심으로 생각하는 이스라엘의 모든 자손이 한데 모여 예루살렘으로 가서, 자기들에게 주어진 아브라함의 땅에서 영원히 안심하고 살 것이라는 희망을 간직하고 있었고 (토빗 14,7), 그래서 이를 위하여 하느님을 섬기고 선을 행하라고 권고했던 것입니다.

"좋기도 하여라, 우리 하느님께 찬미 노래 부름이.
즐겁기도 하여라, 그분께 어울리는 찬양을 드림이.
주님께서는 예루살렘을 세우시고
이스라엘의 흩어진 이들을 모으신다"(시편 147,1-2).

11

유딧기

"하느님 앞에서 죄를 짓지 않는 한"(유딧 5,17)

토빗기와 마찬가지로 유딧기도 교훈적인 이야기입니다. "대성읍 니네베에서 아시리아인들을 다스리던 네부카드네자르 임금 제십이년의 일이다"(유딧 1,1)라는 유딧기의 첫 구절은 아주 정확한 연대 표시인 것처럼 보이지만, 네부카드네자르는 아시리아의 임금이 아니라 바빌론의 임금입니다. 게다가 그는 예루살렘을 함락하고 다윗 왕조를 무너뜨린 임금이니, 저자가 잠시 혼동한 것일 리도 없습니다. 그러니 이 이야기는 역사적 사건에 대한 기록이라고 볼 수 없습니다. 비슷한 전승들이 여럿 있는 것을 보면 실제로 어떤 인물 또는 사건이 이 이야기의 기원이 되었을 가능성도 배제할 수는 없지만, 확인할 수는 없습니다.

유딧기의 줄거리

유딧기는 전쟁 이야기입니다. 줄거리가 익숙하지 않은 책이지요. 아름다운 과부가 홀로 적진에 들어가 적장의 머리를 베어 오는 이야기인데, 유딧은 한마디로 말하면 이스라엘의 논개입니다.

책의 전반부(1-7장)에서는 아시리아가 이스라엘을 공격하여 배툴리아가 위기를 맞게 되는 상황을 묘사합니다. 아시리아 임금 네부카드네자르가 메디아 임금 아르팍삿과 전쟁을 할 때 페르시아와 이스라엘의 주민들은 아시리아의 편을 들지 않았고, 이에 네부카드네자르는 아르팍삿을 무찌르고 대장군 홀로페르네스에게 다른 지방들을 정복하라고 명했습니다. 해안 지방의 여러 민족이 그를 두려워하여 홀로페르네스에게 화친을 청했으나, 유다인들은 예루살렘과 성전을 걱정하면서 맞서 싸울 준비를 하는 한편 단식하며 하느님께 간절히 기도를 했습니다. 전쟁을 앞둔 홀로페르네스가 유다인들에 대해 묻자 암몬인인 아키오르가 대답을 하는데, 그는 유다인들이 하느님 앞에서 죄를 짓지 않았다면 하느님께서 그들을 보호하시기 때문에 그들을 정복할 수 없다고 말합니다. 홀로페르네스는 그의 말에 귀를 기울이지 않고 배툴리아를 포위하였는데, 아시리아 군대가 샘을 장악하였으므로 배툴리아의 주민들은 물이 떨어져 위기를 맞게 되었고, 닷새를 더 기다려도 주님이 도와주시지 않는다면 아시리아에게 항복하기로 합니다.

8장부터 하느님을 경외하는 과부인 유딧이 등장합니다. 유딧은 날짜를 정하여 하느님을 시험하는 것은 옳지 못하다고 말하고, 하느님께 희망을 두고 동포에게 모범을 보이자고 권고합니다. 하느님께서 그들에게 시련을 주시는 이유는 그들을 깨우쳐 주시기 위한 것이기 때문입니다. 유딧은 머리에 재를 뿌리고 자루옷을 입고 하느님께 이스라엘을 지켜 주시기를 간청하고, 화려하게 꾸미고는 시녀를 데리고 적진으로 가서 홀로페르네스를 만나고 그곳에서 지냅니다. 어느날 홀로페르네스가 유딧을 연회에 불러 술을 마시다가 취해서 잠이 들었을 때, 유딧은 그의 목을 베어 시녀에게 들게 하고 배툴리아로 돌아갑니다.

마지막 부분(15-16장)에서 아시리아 군대는 홀로페르네스가 죽은 것을 보고 달아나고, 유딧은 하느님을 찬양합니다. 유딧은 배툴리아로 돌아가 존경을 받으며 살았고, 유딧이 죽은 다음까지도 오랫동안 아무도 이스라엘을 위협하지 못했습니다.

전쟁의 승패는 무엇에 달려 있는가

유딧기에서는 배툴리아의 해방을 위하여, 외세의 공격을 받던 유다 민족의 구원을 위하여, 유딧이 무엇을 했는가를 보여 줍니다. 그런데 유딧이 한 구체적인 행동보다 더 먼저 생각해야 할 것은 유딧기가 보여 주는 역사 이해입니다. 유딧이 승리를 거둘 수 있었던 이유는 무엇이었습니까? 다른 말로 하면, 유다 민족이 살 길은 어디에 있습니까? 그들의 도움은 어디에서 옵니까?

그 대답은 여러 본문에서 찾을 수 있습니다. 그 첫 번째가 유딧기 5장입니다. 유딧 5,3-4에 나온 홀로페르네스의 질문과, 5,5-21에 나온 아키오르의 대답을 대조해 보십시오. 홀로페르네스는 공격을 하기 전에 먼저 그가 공격할 성읍과 군대가 어떠하며, 그 임금이 누구인지를 알려고 합니다. 그는 전쟁의 승리가 군사력에 달려 있다고 믿었기 때문입니다. 그러나 이에 대해 아키오르는 (아키오르는 유다인도 아닌 암몬인입니다!) 이 백성이 "하느님 앞에서 죄를 짓지 않는 한"(유딧 5,17) 그들은 번영하였고 "하느님께서 명령하신 길에서 벗어나자, 그들은 많은 전투에서 무참히 패배하고 이국 땅으로 끌려갔습니다"(유딧 5,18)라고 대답합니다. 곧, 문제는 군사력이 아니라 백성이 하느님께 충실하게 살았는지 여부에 달려 있다는 말입니다. 그러니 그들이 하느님께 죄를 지었다면 홀로페르네스가 승리할 것이고, 그렇지 않다면 홀로페르네스의 공격은 성공할 수 없으리라는 것입니다.

유딧 역시 그와 같은 믿음을 가지고 있었습니다. 유딧은 이렇게 기도합니다. "당신의 능력은 수에 달려 있지 않고 당신의 위력은 힘센 자들에게 달려 있지 않습니다. 당신은 오히려 미천한 이들의 하느님, 비천한 이들의 구조자, 약한 이들의 보호자, 버림받은 이들의 옹호자, 희망 없는 이들의 구원자이십니다"(유딧 9,11). 외적으로 연약한 여인인 유딧은 자신처럼 힘없고 약한, 군사적으로는 홀로페르네스에게 맞설 수 없는 이스라엘을 대변합니다. 그녀는 이스라엘 백성이 "하느님께 죄를 짓지 않는 한, 징벌을 당하지도 않고 칼에 압도되지도 않는다"(유딧 11,10)는 사실을 알고 있습니다. 그런 믿음 때문에 유딧은 용감하게 적진으로 갈 수 있었고, "전능하신 주님께서는 그들을 여자의 손으로 물리치셨"(유딧 16,5)습니다. 이로써 하느님은 "당신께서 모든 권세와 능력을 지니신 하느님으로서, 당신 말고는 이스라엘 겨레를 보호하실 분이 없음을, 당신의 온 백성과 모든 지파가 깨달아 알게"(유딧 9,14) 하십니다.

"이들은 병거를, 저들은 기마를 믿지만
우리는 우리 하느님이신 주님의 이름을 부르네.
그들은 넘어지고 쓰러지지만
우리는 일어나 굳건히 서 있으리라"(시편 20,8-9).

12

에스테르기

"제 민족을 살려 주십시오"(에스 7,3)

어느 날 미사 때에 마침 성가가 '주님의 집에 가자 할 때'였습니다. 그런데 아뿔싸! 우리가 손에 들고 있는 악보는 원선오 신부님이 작곡하신 노래였는데 반주는 현정수 신부님 곡이 나왔습니다. '주님의 집에 가자 할 때…'라고 노래는 시작했으나 끝까지 부를 수가 없었습니다. 뒷부분 가사가 달랐기 때문입니다. 제목이 같다고 같은 노래가 아닌 것이지요.

   에스테르기가 이와 비슷합니다. 에스테르기의 줄거리는 대략 아시리라고 생각합니다. 그런데 여기에 함정이 있습니다. 히브리어본 에스테르기와 그리스어본 에스테르기 사이에 적지 않은 차이가 있기 때문입니다. 히브리어본 에스테르기는 더 짧고, 그리스어본에는 히브리어본에 없는 내용이 더 첨가되어 있습니다. 그러니 에스테르기에 대해 이야기할 때에는 주의를 해야 합니다. 개신교 신자들이나 유다교 신자들도 에스테르기를 성경의 한 권으로 여기지만, 그들이 말하는 에스테르기는 히브리어본이므로 가톨릭 성경에 들어있는 일부 본문은 포함되어 있지 않습니다. 같은 노래인줄 알고 부르기 시작했는데 뒤에 가서 노래가 달라지는 당황스러운 상황이 되는 셈이지요.

하느님을 언급하지 않는 히브리어본 에스테르기

우리가 아는 대략의 줄거리, 곧 페르시아 임금 크세르크세스의 왕비가 폐위된 후 유다인으로서 모르도카이의 사촌이며 양녀인 에스테르가 페르시아에서 왕비가 되고, 하만이 음모를 꾸며 유다인을 몰살하려고 할 때 에스테르가 목숨을 걸고 임금에게 간청하여 자기 민족을 구했다는 이야기는 히브리어본에도 들어 있는 줄거리입니다. 그리스어본에는 이 줄거리 앞에 모르도카이의 꿈에 관한 내용이 더 들어 있습니다. 그보다 더 중요한 것은, 히브리어본 에스테르기에는 하느님에 대한 언급이 전혀 없는데 그리스어본에는 여러 곳에서 하느님이 언급된다는 점입니다. 그리스어본 에스테르기 4장에는 모르도카이의 기도와 에스테르의 기도가 들어 있고, 마지막에는 모르도카이가 지난 일들을 회상하며 그 모든 일이 하느님의 계획으로 이루어진 것임을 생각하는 장면이 나옵니다.

여기서, 히브리어본 에스테르기를 어떻게 이해할 수 있을까 하는 질문을 해 볼 수 있습니다. 그냥, 하느님과는 아무 관계가 없는 옛날 이야기라고 해야 할까요? 그렇게 생각하는 이들도 없지 않습니다. 이 책이 순전히 세속적인 이야기라고 보는 것이지요.

하지만 또 어떤 이들은, 히브리어본 에스테르기가 굳이 하느님을 언급하지 않으면서도 인간의 역사를 인도해 가시는 하느님의 손길을 암시하고 있다고 봅니다. 순전히 인간들의 손으로 이루어지는 것처럼 보이는 사건들 안에서 사실은 하느님이 움직이고 계시며, 독자는 이 이야기를 읽으면서 그 하느님의 섭리를 알아보는 법을 깨닫게 됩니다.

흔히 예로 드는 구절이 에스 4,13-14입니다. 모르도카이는 에스테르에게, 임금에게 가서 동족을 위하여 간청하라고 다음과 같이 말합니다. "그대가 이런 때에 정녕 침묵을 지킨다면, 유다인들을 위한 해방과 구원은 다른 데서 일어날 것이오. 그러나 그대와 그대의 아버지 집안은 절멸하게 될 것이오. 누가 알겠소? 지금과 같은 때를 위하여 그대가 왕비 자리에까지 이르렀는지"(에스 4,14). 여기서 말하는 "다른 데"는 하느님입니다. 그리고 모르도카이의 이 말은 에스테르가 왕비가 된 것이 이때를 대비하기 위하여 하느님의 계획으로 이루어진 것임을 우리에게 알려 줍니다. 룻기에서도 그랬듯이, 비현실적이라고 느껴질 만한 우연으로 사건이 전개되는 것은 그 안에 하느님의 섭리가 있기 때문입니다. 에스테르는 그러한 하느님 섭리의 도구입니다.

보이지 않는 하느님의 얼굴을 찾기 위하여

그러면, 왜 이렇게 하느님을 한 번도 언급하지 않는 이야기를 썼을까요? 그것은 아마도, 에스테르기가 작성된 시대가 하느님이 계시지 않다고 느껴지는 암울한 시기였기 때문일 것입니다. 토빗기나 유딧기와 마찬가지로 에스테르기도 역사적 사실의 기록은 아닙니다. 페르시아 역사에는 와스티라는 왕비도, 에스테르라는 왕비도 없습니다. 에스테르기의 마지막에서 말하듯이 유다인들이 페르시아인들을 몰살했다는 기록도 없습니다. 외국인들에게 배타적인 하만의 태도도 페르시아 시대에는 어울리지 않습니다. 그의 모습은 오히려 기원전 2세기말 셀레우코스 왕조의 통치를 묘사하는 것으로 보입니다.

기원전 2세기, 외세의 억압과 박해 속에서 유다인들은 하느님이 과연 그들과 함께 계신지를 의심했습니다. 하느님은 당신 얼굴을 감추셨습니다. 마치 안 계신 듯, 하느님은 아무것도 하지 않으시는 것처럼 보입니다. 이 속에서 어떻게 하느님을 찾을 수 있는지 알려주는 것이 에스테르기입니다. 기원전 2세기의 누군가가 에스테르기를 읽으며 그 안에서 유다인들이 모두 죽게 된 상황에서도 보이지 않게 움직이시며 그들을 구원으로 이끄시는 하느님의 손길을 알아보게 된다면, 그는 캄캄한 어둠 속에서 하느님의 발자취를 알아보는 법을 깨닫게 되었을 것입니다. 그래서 자신이 살고 있는 그 시대에서도 하느님은 당신 백성을 기억하시고 돌보고 계심을 믿게 되었겠지요.

그렇다면, 히브리어 에스테르기와 다른 그리스어 에스테르기는 어떻게 이해할 수 있을까요? 하느님이 한 번도 언급되지 않는 히브리어 에스테르기를 그리스어로 번역한 사람이 그 책에 여러 단락을 덧붙이면서 이 모든 사건의 전개가 하느님의 개입으로 이루어진 것임을 표시해 주었다면, 그는 우리의 일을 더 쉽게 해 준 셈입니다. 모든 일이 끝난 다음 모르도카이는, 하느님께서 당신의 백성과 이민족들에게 서로 다른 운명을 마련하셨다고 말하며 "주님께서는 당신의 백성을 구원하시고 우리를 이 모든 악에서 건져 주셨다"(에스 10,3)고 말합니다. 에스테르기는, 혼란스러운 인간의 역사 안에서도 하느님의 발자취를 알아보라고 말해 줍니다.

- 유배 전 예언자들
- 오경, 구약 성경의 바탕
- 여호수아 부터 왕국 분열까지
- 길을 떠나기 전에

VII 시서와 지혜서

길 안내

우리는 이스라엘 역사를 지도 삼아 구약 종주를 시작했습니다. 그런데 여기서 잠시 여행 안내 지도를 내려 놓아야 하겠습니다. '시서와 지혜서'로 분류되는 책들은 역사서나 예언서에 비하여 이스라엘 역사와 연관이 약할 뿐만 아니라, 시편과 잠언 같은 경우는 오랜 기간에 걸쳐 형성되고 수집되었기 때문입니다. 내용에서도 모든 시대, 모든 장소의 사람들에게 적용되는 보편적인 주제들을 다루는 것이 지혜문학의 특징입니다. 먼저 시서에 속하는 시편과 아가를 읽고, 이어서 지혜문학의 책들을 대략 시대 순서에 따라 읽겠습니다. 지혜서는 작성 연대가 마카베오기나 다니엘서보다도 더 늦으므로, 뒤에서 따로 다루겠습니다.

1

시편

"좋기도 하여라, 우리 하느님께
찬미 노래 부름이"(시편 147,1)

구약성경에서 아직 다루지 않은 부분들이 꽤 남아 있기는 하지만, 그래도 우리는 창세기에서 시작하여 이스라엘의 역사를 따라 걸으며 유배 이후의 예언서와 역사서들까지 이미 많은 책을 거쳐 왔습니다. 시편은 그 모든 역사가 녹아 있는 용광로와 같습니다. 한 시대 한 작가가 쓴 것이 아니라 대개 연대도 저자도 알 수 없는 수많은 사람의 기도인 시편 안에서, 이스라엘이 살아온 역사와 그 안에서 만났던 하느님의 모습들이 다채롭게 펼쳐집니다.

하느님께 드리는 찬양과 탄원

이렇게 다양한 성격을 지닌 150편이나 되는 시편 전체의 내용을 어떻게 요약할 수 있을까요? 제목을 가지고 시작해 봅시다. 시편집의 히브리어 제목은 '찬양가들의 책'입니다. 그렇다고 해서 시편집이 온통 기쁜 찬양의 노래로만 채워져 있는 것은 아닙니다. 오히려 탄원시편의 수가 찬양시편의 수보다 더 많습니다. 어쩌면 자연스러운 일입니다. 시편은 과거에 누군가가 했던 기도들을 모아 놓은 것이고, 우리가 체험하듯이 우리의 기도도 찬양만으로 일관되지 않기 때문입니다. 시편집이 찬양시편들만 모아 놓았다면 우리에게는 비현실적인 기도들이 되었을 것입니다.

시편의 여러 종류 가운데 가장 대표적인 두 가지, 탄원시편과 찬양시편에 대해서만 살펴 보겠습니다. 탄원시편에서 기도자는 하느님을 부른 다음 자신의 처지를 하느님 앞에 하소연하고, 하느님의 도우심을 청합니다. 여기에서 핵심은 그가 자신만을, 자신의 고통만을, 또는 자신을 괴롭히는 이들만을 바라보는 것이 아니라 눈길을 하느님께 돌리고 있다는 사실입니다. "하느님께 바라라. 나 그분을 다시 찬송하게 되리라"(시편 42,6). 하느님께 부르짖는 탄원은, 고통 가운데에서도 하느님과 나의 결합을 확인하는 과정이 되어 갑니다.

한편 찬양시편에서는 흔히 첫머리에서 다른 이들을 향해 하느님을 찬양하라고 권고하고 이어서 하느님을 찬양하는 이유를 말해 줍니다. 창조의 놀라움, 역사에서 하느님께서 베푸시는 변함없는 자애 등 여러 가지가 하느님을 찬양할 이유가 됩니다. 시편집이 삶의 고통을 잊지 않기에, 그 책에 들어 있는 찬양시편은 삶의 굴곡 속에서 멈추어 하느님께 마음을 들어 올리는 순간이 됩니다.

시편의 저자와 형성 과정

개별 시편들의 저자는 알 수 없습니다. 전체 시편 150편 가운데 총 73편에 '다윗'이라는 머리글이 붙어 있고 전통적으로는 시편집 전체를 '다윗의 시편'이라고 일컫기도 합니다. 하지만, 그것은 모세 오경을 모세가 썼다고 말하는 것과 유사한 신학적인 의미에서 그런 것이지 실제로 다윗이 이 시편들을 쓴 것은 아닙니다. 다윗을 시편의 저자라고 하는 주장은 그가 악기를 연주했다거나 노래를 지었다는 이야기들이 성경에 전해지고 그가 전례를 정비하는 데에도 큰 역할을 했다고 일컬어지기 때문이며, 다윗이 훌륭한 임금으로서 메시아의 전형이 되었기 때문일 수도 있습니다. 어쨌든 정확히는 알 수 없습니다. 하지만 시편 대부분은 다윗 시대보다는 늦은 시대를 배경으로 하며, 신학적으로도 이미 유배를 겪은 흔적을 드러내는 경우가 많습니다.

이렇게 저자를 알 수 없어도, 분명 저자가 있기는 했겠지요. 그 사람은 어떤 구체적인 상황에서 시편을 썼을 것입니다. 기쁨에 넘쳐서 하느님을 찬양하기도 했을 것이고, 슬픔 속에서 하느님 앞에 마음을 쏟아 놓기도 했을 것입니다. 그런데 그 사람의 기도가, 시간이 흐르면서 그 한 사람만의 것이 아닌 여러 사람의 기도로 바뀌어 갑니다. 마치 어떤 계기로 노래 가사를 쓰거나 곡을 만들었던 것이 나중에는 사람들에게 전파되어 많은 사람이 그 노래를 부르게 되듯이, 한 사람의 기도가 모든 이의 것이 되어 갑니다. 이렇게 하나하나 모인 시편들이 하나의 책으로 완성된 때는 기원전 2세기 무렵으로 추정합니다. 그러니 벌써 이천 년도 더 지났습니다. 그런데도 우리는, 수천 년 전에 누군가가 했던 그 기도를 지금도 바칩니다. 그렇게 할 수 있는 것은, 오래 전에 그 기도를 바쳤던 사람과 지금의 우리 사이에 어떤 공감대가 있기 때문이겠지요.

주님께 피신하는 가난한 이들의 기도

공감대, 그것이 시편을 우리의 기도로 만들어 줍니다. 시편에서 저자는 자주 자신을 가난한 사람이라고 말합니다("나는 가련하고 불쌍하지만," 시편 40,18). 시편은 주님께 피신하는 가난한 이들의 기도입니다. 시편이 얼마나 진실하게 나의 기도가 될 수 있는가 하는 것은, 나 스스로 어느 만큼 가난한 사람이 되어 있는가에 비례합니다. 탄원이 찬양보다 더 많은 구약의 시편집은 분명 태평하고 아쉬울 것 없는 사람의 기도가 아닙니다. 어려움 속에서 나 혼자의 힘으로 삶을 헤쳐갈 수 없음을 아는 약한 이들의 기도, 훌륭하고 좋은 것 역시 내 힘으로 이룩한 것이 아니라 그 모두가 오직 하느님으로부터 오는 것임을 아는 사람의 기도입니다.

　이렇게 고통 속에서 하느님께 매달리고 기쁨 가운데 하느님을 찬미하는 시편의 기도들은 하느님을 임금으로 선포합니다. 그래서 시편 22,4에서는 하느님을 "이스라엘의 찬양 위에 좌정하신 분"이라 부릅니다. 이 세상의 이런저런 힘들이 세상을 들었다 놓았다 하는 것같이 보일지라도, 시편을 노래하는 이들은 하느님의 다스리심에 대한 믿음을 고백하고 있습니다. "당신의 나라는 영원무궁한 나라, 당신의 통치는 모든 세대에 미칩니다"(시편 145,13).

2

아가

"먹어라, 벗들아. 마셔라, 사랑에 취하여라"(아가 5,1)

연애편지의 내용을 요약하여 그 줄거리를 말할 수 없듯이, 아가도 그렇습니다. 아가는 사랑의 노래입니다. 더 이상 내용을 풀어 말할 수가 없습니다. 아가는 줄거리가 있는 이야기가 아니라 커다란 하나의 감탄사와 같기 때문입니다. 부분적으로는 사랑의 여정이 나타나기도 해서 사랑하는 남녀가 서로를 찾고, 서로의 찾음이 엇갈린 다음 마침내 서로를 만나 상대방의 아름다움에 경탄하고, 사랑의 합일이 이루어진 다음에는 다시 그 만남이 끝나는 모습이 그려지지만, 아가는 소설이 아닙니다.

아가의 우의적 해석

"솔로몬의 가장 아름다운 노래"(아가 1,1)라는 표제에 이어 즉시 적나라한 표현이 나옵니다. "아, 제발 그이가 내게 입 맞춰 주었으면!"(아가 1,2) 성경에 이런 구절이 있었나 하고 깜짝 놀라시는 분들이 분명 계실 것입니다. 옛날에도 많이 있었으니까요. 수천 년 전부터 아가를 읽어 온 많은 사람이 이러한 애정 표현이 성경에 어울리지 않는다고 여겼습니다. 혹시 잘못 들어간 것은 아닐까, 아니면 다른 어떤 의미가 있는 것은 아닐까 생각했습니다.

전통적으로는, 아가가 겉으로는 남녀 간의 사랑을 노래하고 있지만 사실은 '그런' 사랑이 아니라 '다른' 사랑에 대해 말하는 책이라고 여기는 사람이 많았습니다. 유다교에서는 아가의 주인공 남녀가 각각 신랑이신 하느님과 신부인 이스라엘을 나타낸다고 해석했습니다. 호세아, 예레미야, 에제키엘 같은 예언자들을 바탕으로 한 해석입니다. 이전부터 하느님을 이스라엘의 신랑이라고 불러 왔기에, 아가를 읽으면서 자연스럽게 아가의 신랑 신부가 하느님과 이스라엘이라고 생각할 수 있었던 것이지요. 무리한 해석은 결코 아닙니다. 그리스도교의 해석도 기본 틀은 그와 동일합니다. 이스라엘의 자리에 교회를 대입하면 됩니다. 교부들은 신랑이신 그리스도와 신부인 교회라는 개념, 에페 5,32에도 나타나는 이 개념을 바탕으로 아가를 읽었습니다. 더 나아가서 클레르보의 성 베르나르도나 십자가의 성 요한, 아빌라의 성녀 데레사 같은 신비가들은 아가를 그리스도와 영혼 사이의 사랑을 노래하는 것으로 해석했습니다.

> **우의적 해석**: 본문이 어떤 것에 대해 말하는 것으로 보이지만 사실은 그에 빗대어 다른 무엇을 말하는 것으로 이해하는 해석, 이것을 '우의적 해석'이라고 합니다.

특별한 인물이 하나 있었습니다. 5세기에 살았던 몹수에스티아의 테오도로는, 아가가 순전히 남녀 간의 사랑을 노래한 것이며 따라서 성령의 영감을 받은 책이 아니라고 주장했습니다. 그 주장은 단죄를 받았지요. 그런데 여기에서 잠시 생각을 해 봅시다. 몹수에스티아의 테오도로는 남녀 간의 사랑을 어떻게 평가했기에, 그 사랑을 주제로 하는 책이 성경이 될 수 없다고 여겼던 것일까요?

아가의 자구적 해석

아가에 대한 해석이 달라지기 위해서는 인간적 사랑에 대한 평가가 달라져야 했습니다. 그리고 그 일이, 르네상스와 종교개혁, 계몽주의와 낭만주의 시대에 이루어졌습니다. 남녀 간의 사랑의 아름다움을 드러내놓고 말할 수 있게 되었을 때, 아가를 바라보는 시각도 바뀌었습니다.

과연, 남녀 간의 사랑을 노래한 아가는 성경의 전통에서 벗어나 있었던 것일까요? 아가가 남녀 간의 사랑을 노래한 것이라서 성경에서 삭제해야 할까요? 그러면 창세기는 어떻게 할까요? 창세기에서는 모든 것이 하느님께서 보시기에 좋았다고 말합니다. 남녀의 사랑도 하느님 보시기에 좋았습니다. 하느님 보시기에 좋지 않았던 것은 아담이 혼자 있다는 사실이었고 그래서 그의 짝으로 하와를 만드신 것이었습니다. "이야말로 내 뼈에서 나온 뼈요 내 살에서 나온 살이로구나!"(창세 2,23) 이 말씀을 성경에서 뺄 수 없다면 아가도 뺄 수 없습니다. 아가의 토대는 구약성경 세계관의 바탕인 창조의 선성善性에 대한 믿음입니다.

창세 2,25에서와 마찬가지로, 아가의 남녀는 알몸을 부끄러워하지 않습니다(남자와 여자가 각각 상대방의 몸을 묘사하는 아가 4,1-7; 5,10-16; 7,2-10을 보십시오). 그들은 서로를 바라보며 끊임없이 "정녕 그대는 아름답구려"(아가 1,15; 2,14; 4,1 등), "정녕 당신은 아름다워요"(아가 1,16 등) 하며 경탄합니다. 궁극적으로 여기에서 긍정하는 것은 바로 창조의 선성입니다. 하느님께서 주신 선물의 아름다움을, 그 가치를 알아보고 경탄하는 것에서 죽음보다 강한 사랑이 생겨납니다. 여인의 입장에서 말한다면, "그대의 모습을 보게 해 주오. … 그대의 모습은 어여쁘다오"(아가 2,14)라는 연인의 목소리는 벼랑 속에 숨어 있는 비둘기가 얼굴을 내밀고 밖으로 나오게 합니다. 서로의 가치를 인정하는 데에서 상대방에게 자신을 내주는 것이 가능하게 되고, 남녀는 그 사랑 안에서, 바로 그 소위 세속적이고 육적인 사랑 안에서 하느님을 체험합니다.

하느님의 불꽃인 사랑

아가는 하느님을 직접적으로 언급하지 않는데, 하느님에 대한 언급으로 볼 수 있는 것은 8,6 뿐입니다. 《성경》에서 "더할 나위 없이 격렬한 불길"이라고 번역된 구절은 원문에서 한 단어로 되어 있고, 그 마지막이 "야"입니다. 이것을 최상급의 의미로 이해하여 《성경》처럼 번역할 수도 있지만 "야훼의 불길"로 번역할 수도 있습니다. 이 두 번째 해석을 따른다면, 아가 8,6은 인간적 사랑에 관한 아가의 신학 전체를 요약해 주는 것이라고 말할 수 있습니다. 아가의 저자는 에덴 동산에 살고 있지 않습니다. 그는 이 세상에 이미 죄와 죽음의 그림자가 드리워졌음을 알고 있습니다. 인간의 근본적인 선성을 의심하게 하는 모든 어두움에도 불구하고 사랑의 모험을 시작할 수 있다면, 그것은 하느님의 불꽃인 그 사랑이, 사랑에 따르게 마련인 자신의 죽음에 대한 두려움을 태워 없애기 때문일 것입니다.

3

지혜문학 입문

"이스라엘을 그 교훈과 지혜와 관련하여
칭송하는 것은 마땅합니다"(집회서 머리글)

지혜에 대한 추구

인간에게는 알고자 하는 갈망이 새겨져 있는 듯합니다. 그저 지금 알고 있는 것으로 만족하지 않고, 끊임없이 앎을 향하여 손을 내뻗습니다. 그 형태는 여러 가지로 나타날 수 있지만, 모든 문화에서 인간은 지혜를 추구했습니다. 성경에서도 '지혜문학'으로 분류되는 책들이 있습니다. 좁은 의미에서는 잠언, 욥기, 코헬렛, 집회서, 지혜서가 여기에 속합니다. 지혜에 대한 관심이 이 책들에만 나타나는 것은 아니지만, 이 책들은 처음부터 끝까지 거의 지혜에 관련된 문제에만 집중하고 있습니다.

고대 근동의 다른 나라들에서도 지혜에 대한 추구는 크게 발전했습니다. 열왕기 저자가 솔로몬의 지혜는 동방 모든 이의 지혜와 이집트의 모든 지혜보다 뛰어났다고 말한다면(1열왕 5,10), 이 말은 거꾸로 동방과 이집트의 지혜가 널리 알려져 있었으며 이스라엘이 그것을 알고 있었음을 보여 주는 것이겠지요. 더 늦은 시기에는 그리스와 로마에서도 지혜를 찾는 이들이 끊이지 않았고, 구약성경 가운데에서도 가장 늦은 시기의 책인 지혜서에서는 이들의 영향도 나타납니다. 사실 지혜문학은 특정한 장소에 한정되지도 않고 특정한 시대에 한정되지도 않습니다. 다른 나라들에도 지혜문학이 발달했을 뿐만 아니라 구약성경의 책들이 그 영향을 받아들일 수 있었던 것은, 그만큼 지혜문학에서 다루는 주제들이 보편적이고 국제적이기 때문이지요. '인간은 이 세상을 어떻게 살아야 하는가?' '사회생활에서 성공하는 길은 무엇인가?' '죽음과 고통은 인간의 삶에서 어떤 의미를 가지는가?' 이런 문제들은 어느 시대 어느 장소에 살든 모든 사람이 고민하는 것입니다. 또한 지혜문학이 이러한 문제들에 접근하는 방법도 보편적입니다.

지혜문학의 출발점은 인간 이성

지혜문학의 특징으로 여러 가지를 들 수 있겠지만, 지금은 한 가지에만 초점을 맞추려 합니다. 가장 두드러진 특징은, 그 출발점이 인간의 이성이라는 점입니다. 출발점이라고 앞에 붙여 놓은 것을 잊지 마시기 바랍니다. 끝까지 여기에만 머물지는 않을 것이기 때문입니다. 그러나 적어도 출발점에서, 오경이 하느님께서 모세에게 알려 주신 율법에서 출발하고 예언서가 하느님께서 예언자들에게 하신 말씀에서 시작하는 데에 비하여, 지혜문학은 인간 이성의 추구에서 시작합니다. 인간의 머리로 세상의 질서를 파악하려고 노력합니다. 하느님을 찾는 길에 있어서도 마찬가지입니다. 역사에서 당신 자신을 드러내시며 아브라함을 부르신 하느님, 이스라엘을 이집트에서 해방시키신 하느님에서 출발하는 것이 아니라, 인간이 세상의 질서를 보면서 하느님을 감지합니다. 여기에서 중요한 역할을 하게 되는 것이 창조 질서입니다. 우주와 자연 현상의 질서를 바라보며, 그 안에 하느님의 지혜가 깃들어 있음을 깨닫고 그로부터 이 세상을 만드신 하느님의 존재를 추론하는 것입니다.

지혜문학의 세 단계

구약성경 지혜문학의 첫 단계인 잠언은 주로 이렇게 세상의 질서를 파악하는 데에 집중합니다. 이러한 지혜를 고전적 지혜라 부릅니다. 다른 여러 나라의 지혜문학과 공통된, 아주 전형적인 지혜문학의 모습이 여기에 나타납니다. 이 세상의 질서에 관심을 집중하며, 인간의 행위에는 반드시 갚음이 있음을 역설합니다. 관심은 현세에 집중되어 있으며 선과 악에 대한 갚음도 현세에서 이루어진다고 봅니다.

그런데 이것으로 문제가 다 해결되지는 않습니다. 지혜문학의 출발점이었던 인간의 지혜로 이 세상의 질서를 파악해 보려고 노력하지만, 어디에선가는 분명 한계에 맞닥뜨리지 않을 수 없습니다. 세상 일이 원리원칙대로 되지 않는다는 것, 이 세상에서 언제나 착한 사람이 복을 받고 나쁜 사람이 벌을 받는 것은 아니라는 것, 살면서 언젠가는 체험하게 되는 일들입니다. 그래서 고전적인 지혜에 대하여 이의를 제기하게 됩니다. 구약성경의 지혜문학 가운데서는 욥기와 코헬렛이 이 단계를 대변합니다. 잠언이 이 세상의 정돈되고 질서 있는 영역에 머물렀다면, 욥기와 코헬렛은 세상의 끝까지 가서 그 한계선을 붙잡고 몸부림칩니다. 인간의 지혜에 한계가 있음을 확인하고 그 앞에서 무릎을 꿇는 것이 욥기와 코헬렛입니다.

하지만 구약성경의 지혜문학은 여기에서 멈추지 않습니다. 인간의 능력으로는 지혜를 온전히 깨달을 수 없음을 인정하지 않을 수 없는 바로 그 한계선에서, 현인들은 하느님을 만납니다. 인간으로서는 파악할 수 없는 지혜를 알고 계신 분이 하느님이시며, 그 하느님께서 인간에게 당신의 지혜를 알려 주심을 발견합니다. 아니, 이스라엘의 조상들에게 이미 알려 주셨다는 것을 깨닫습니다. 위에서 지혜문학의 출발점이 인간 이성이라고 했지요. 말하자면 철학적 사고와 유사하게, 처음에는 인간의 머리로 지혜를 깨달으려고 했습니다. 이것이 성경의 지혜문학만이 아니라 주변 여러 나라의 지혜문학이 공통적으로 보여 주는 특징이었습니다. 지혜문학의 출발점은 계시가 아니었습니다. 그러나 구약성경 지혜문학의 특징은, 마지막에 가서 계시로 돌아온다는 점입니다. 하느님께서 이미 조상들에게, 구체적으로는 모세에게 주셨던 율법을 통하여 인간의 능력으로는 알 수 없는 지혜를 알려 주셨음을 깨달은 다음, 집회서와 지혜서는 율법(토라)으로 돌아갑니다. 참된 지혜는 멀리 있는 것이 아니라 바로 율법 안에 있었음을 알았기 때문입니다.

"주님을 경외함은 지식의 근원이다"(잠언 1,7). 구약성경의 지혜문학은 이 말로 시작하여 이 말로 끝납니다. 인간의 이성을 출발점으로 하면서도 주님에 대한 경외심이 없이는 참된 지혜에 도달할 수 없음을 알았던 것이 구약성경 지혜의 특징이었습니다.

구약성경 지혜문학의 세 단계

고전적 지혜	잠언	현세의 인과응보	인간의 지혜로 세상의 질서를 파악
이의 제기	욥기, 코헬렛	인과응보가 이루어지지 않음	질서를 파악할 수 없는 인간 지혜의 한계
새로운 해답	집회서, 지혜서 (제2경전)	내세의 인과응보	하느님의 계시를 통하여 지혜에 도달

4

잠언

"내 아들아, 아버지의 교훈을 들어라"(잠언 1,8)

옛부터 전해 온 가르침

고전적 지혜. 구약성경의 지혜문학 가운데 가장 오래된 책인 잠언은 대대로 전해진 오랜 가르침을 담고 있습니다. 그 가르침이 언제부터 시작되었을까요? 알 수 없습니다. 성경의 잠언집을 한 사람이 수집한 것도 아니지만, 한 사람이 모았다 해도 잠언들은 어느 한 순간에 쓴 글들이 아니라 입에서 입으로 전해지던 가르침입니다. 속담이나 격언에 대해서 처음 그 말을 한 사람을 찾아내는 것은 불가능하지요. 잠언도 마찬가지입니다.

잠언 1,1에서는 "이스라엘 임금 다윗의 아들 솔로몬의 잠언"이라고 말합니다. 하지만 막상 뒷부분으로 가면 "현인들의 말씀"이라는 제목이 붙어 있는 부분도 있고(잠언 22,17; 24,23), 유다 임금 히즈키야의 신하들이 수집한 것(잠언 25,1)으로 되어 있는 부분도 있으며, 심지어 외국인의 이름으로 된 "마싸 사람 야케의 아들 아구르의 말"(잠언 30,1)도 있습니다. 그런데도 책 전체의 표제를 솔로몬의 잠언이라고 하는 것은 솔로몬이 이스라엘의 지혜를 대표하는 인물이기 때문입니다. 잠언 외에도 코헬렛과 지혜서가 솔로몬을 저자로 내세우고 있고, 아가도 마찬가지입니다. 이 책들 가운데 실제로 솔로몬이 쓴 책은 없습니다(잠언의 경우 혹시 정말 솔로몬 시대의 잠언이 여기에까지 전해진 예가 있을 수도 있겠지요). 다윗이 처음 왕조를 세우고 영토를 정복하고 예루살렘으로 수도를 정하는 등의 일에 바빴다면 솔로몬 시대는 이제 어느 정도 틀이 잡힌 나라에서 문화와 경제가 발전한 시대였기에, 그리고 솔로몬 자신도 지혜로운 사람으로 유명했기에 이 책들이 솔로몬의 권위에 의지하는 것일 뿐입니다.

현세의 인과응보

잠언의 내용을 한마디로 말한다면 인생의 지혜라고 말할 수 있겠습니다. 내용이 다양하다 보니 좀 더 세속적이어서 인생의 성공 비결이라고 부를 수 있을 만한 부분도 있습니다. 지혜로운 사람과 어리석은 사람, 부지런한 사람과 게으른 사람, 겸손한 사람과 오만한 사람 등을 대비시키면서 바른 인생길을 알려 주는 가르침을 제시하기도 합니다.

그리고 이러한 가르침의 바탕에 깔려 있는 것은 인과응보의 원칙입니다. 잠언은 의인은 복을 받고 악인은 벌을 받는다는 원칙을 믿는, 고전적인 지혜를 대변합니다. "착한 이는 주님에게서 총애를 받고 교활한 자는 단죄를 받는다"(잠언 12,2). 이와 유사한 잠언들이 매우 많습니다. 흥부놀부 식의 가르침입니다. 더구나 그 복과 벌은 모두 현세에서 이루어집니다. 초기의 지혜문학에서는 아직 내세에 대한 희망이 분명하지 않기 때문입니다.

정말로 의인은 복을 받고 악인은 벌을 받습니까? 더구나 현세에서, 그 원칙이 정확하게 성립됩니까? 꼭 그렇지는 않지요. 나중에 욥이 이 점에 대해 이의를 제기할 것입니다. 욥은 바로 잠언에 표현되어 있는 전통적인 가르침이 현실에서 이루어지지 않는다는 것을 주장하고, 그래서 지혜문학에서 잠언보다 더 늦은 시기의 단계를 보여 줍니다.

잠언의 저자라고 현실을 모르는 것은 아닙니다. "제비는 옷 폭에 던져지지만 결정은 온전히 주님에게서만 온다"(잠언 16,33). 그러나 그가 역설하려 하는 것은 이 세상의 질서에 대한 믿음입니다. 하느님께서 계시기 때문에, 그 하느님께서 이 세상을 다스리시기 때문에 세상은 혼돈과 무질서일 수 없고 불의를 저지르는 사람이 끝까지 잘될 수는 없다는 것입니다. 잠언의 저자를 보고 너무 순진하고 현실을 모른다고 말하는 이들이 있을지도 모르겠습니다. 그러나 세상을 제멋대로 굴러가게 내맡겨 두지 않으시고 자연 질서와 이 세상의 정의를 지켜 가시는 하느님을 경외하지 않는다면, 과연 어떤 삶이 가능할까요. 잠언의 신앙은 우리가 딛고 서 있는 땅과도 같습니다. 앞이 보이지 않는 어둠에서라도, 발밑에 땅이 있다고 믿기에 우리는 발걸음을 뗄 수 있습니다. 우리가 아이들에게 바른 삶을 가르치려 할 때에 그러하듯이, 잠언의 저자는 지혜의 스승으로서 아직 미숙한 그의 제자들에게 이러한 원칙에 대한 믿음을 가르칩니다. 때로는 열심히 노력한 끝에 실망을 겪게 되리라는 것을 알면서도, 하느님을 믿고 선과 악에 대한 갚음을 생각하며 살아가라고 권고합니다. 속임수와 편법으로 성공하려 하지 말고, 부지런히 일하며 올바르게 행동하여 후회 없는 삶을 살라고 말합니다.

지혜라는 여인의 초대

마지막으로 주목할 것은 1-9장입니다. 이 부분에서는 '지혜'라는 여인의 초대와 '우둔함'이라는 여자의 초대를 제시하면서 선택을 촉구합니다. 지혜는 번잡한 길목을 지나다니는 사람들을 부르고 초대하며, 사람들에게 "너희는 와서 내 빵을 먹고 내가 섞은 술을 마셔라"(잠언 9,5) 하고 말합니다. 10장부터 이어지는 지혜의 가르침에 귀를 기울이라는 말입니다. 지혜는, 임금들이 세상을 잘 통치하는 것도, 하느님께서 세상을 질서 있게 창조하고 섭리하시는 것도 바로 그 지혜를 통해서라고 말합니다. 지혜는 하느님께 속하고 하느님께서 당신의 지혜로써 이 세상을 만드셨으니, 그 지혜의 길을 따라야 생명에 이르게 되리라고 가르칩니다.

이런 말들이 전제로서 앞에 붙어 있기에, 단순한 인생 성공 비결을 보여 주는 것처럼 보이는 부분마저도 신앙생활의 가르침으로 변

모됩니다. 잠언은 축적된 인생의 경험만을 바탕으로 처세술을 가르치는 책이 아니라, 주님을 경외하는 사람으로서 이 세상을 어떻게 살아가야 하는지를 알려 주는 책이 되는 것입니다. 다른 말로 하면, 잠언의 첫 부분에 나오는 지혜의 초대는 잠언의 다양한 가르침을 인간이 생명과 행복에 이르기 위하여 하느님의 뜻을 따라 걷도록 인도해 주는 지침으로 제시해 줍니다.

5

욥기

"너무나 신비로워 알지 못하는 일들을"(욥 42,3)

"우츠라는 땅에 한 사람이 있었는데 그의 이름은 욥이었다"(욥 1,1). 이것이 욥에 대한 소개입니다. 욥이 어느 시대 사람인지에 대해서는 한 마디도 나오지 않습니다. 우츠가 어디에 있는지도 정확히 모릅니다. 욥기에서는 이런 점들이 문제가 되지 않습니다. 욥기는 모든 시대 모든 사람을 괴롭히는 문제를 다루고 있기 때문입니다.

전통적 지혜에 대한 이의 제기

착한 사람은 복을 받고 나쁜 사람은 벌을 받는다는 고전적인 지혜의 가르침을 원칙적으로 인정한다 해도, 이 세상에는 설명할 수 없는 고통이 너무나 많습니다. 욥은 그러한 고통을 대변하고 욥의 친구들은 전통적인 가르침을 고집합니다.

고통은 죄의 결과일까요? 욥기는 그렇지 않은 경우도 있지 않느냐고 항변합니다. 흠 없는 사람인 욥이 설명할 수 없는 고통을 겪기 때문입니다. 욥은 많은 자녀를 거느린 부유한 사람이었습니다. 하느님께 축복을 받은 의인이라고 여겨질 수 있었습니다. 그런데 한 순간, 사탄이 그를 시험해 보겠다고 나섭니다.

욥은 처음에는 하느님께서 주신 것을 하느님께서 거두어 가시는 데에 불평하지 않지만, 곧 자신이 태어난 날을 저주하고 하느님을 고발합니다. 친구들이 그를 설득하려 하지만 그는 자신의 무죄함을 주장합니다. 욥기의 대부분을 차지하는 것은 욥과 친구들 사이의 논쟁입니다. 욥의 친구들은 그가 고통을 겪는 것을 보면 분명 그에게 잘못이 있는 것이라고 주장합니다. 선과 악에 대한 갚음이 있다는 믿음에서부터, 모든 고통은 자신이 저지른 악에 대한 갚음이라는 결론을 끌어낸 것입니다.

그러나 욥은 친구들의 대답으로 만족하지 않고, 결국은 하느님의 답변을 듣고야 맙니다. 욥기의 하느님은 38-41장에서 그에게 말씀하십니다. 그런데 하느님께서 욥에게 하신 말씀은 그의 질문 내지 항변과 거리가 멉니다. 실상 하느님은 답변을 하시는 것이 아니라 오히려 욥에게 무수한 질문을 던지십니다. 욥은 인간의 고통과 하느님의 의로우심을 문제 삼고 있는데, 하느님은 그에게 자연과 동물의 세계로 눈길을 돌리게 하시며 당신의 창조 능력과 온 세상에 대한 당신의 지배를, 인간의 이해력을 넘어서는 당신의 신비를 말씀하시기 때문입니다. 전혀 엉뚱한 말씀으로 보입니다. 그러나 사실은 바로 이것이 욥기가 제시하는 응답이고, 이 끝부분의 여러 장에 담겨 있는 하느님의 말씀과 욥의 항변 사이의 관계를 파악하지 못한다면 욥기를 이해할 수 없습니다. 《예루살렘 성경》에서는 이를 훌륭하게 설명해 놓았습니다. "바로 이 담론이 그 앞의 토론들도 욥이 처해 있는 상황도 염두에 두지 않기 때문에, 그리고 그 논쟁을 인간적인 차원에서 순전히 신적인 차원으로 옮겨 놓기 때문에, 이것은 그 문제에 대하여 저자가 간파할 수 있었던 유일한 해답을 제시해 준다. 그 해답은, 하느님의 행위는 신비롭다는 것이다"(《예루살렘 성경》 욥기 입문).

인간 지혜의 한계 앞에서

이 하느님의 답변들에서는 인간이 쉽게 다룰 수 있는 동물이나 이 세상 사물들의 질서가 아니라 인간의 손으로 다스릴 수 없는 영역을 이야기합니다. 의도적이지요. 인간이 이해할 수 없는, 인간의 능력이 미치지 않는 자연의 세계, 그것을 다스리시는 분이 하느님이시고, 그 모든 것이 하느님의 통치 하에 있다는 것을 일깨워 주려는 것입니다. 다른 말로 하면, 인간의 눈에 보이지 않고 인간의 지혜가 파악할 수 없다 하여도 이 세상에는 하느님의 계획이 분명 존재한다는 사실을 깨닫게 하려는 의도입니다. 욥은, 자신의 고통이 설명할 수 없는 것이라는 사실 때문에 하느님께서 이 세상을 무질서하게 내버려 두시고 혼란을 조장하신다고 그분을 비난했습니다. 그러나 하느님의 통치는 욥이 생각할 수 있는 것보다 훨씬 넓은 영역에 미칩니다. 땅과 바다, 빛과 어둠, 하늘과 기후는 욥이 뜻대로 할 수 있는 것이 아니며, 사자와 타조에게 먹을 것을 주는 존재도 욥이 아닙니다. 그럼에도 불구하고 그 모든 자연은 질서를 이루며 살아가고, 그 안에 지혜가 깃들어 있습니다.

이제 욥은, 이 세상에는 인간이 알 수 없는 것이 있다는 사실을 인정하게 됩니다. 인간 지혜의 한계와 정면으로 마주하게 되는 것입니다. 그 순간에 그는, 자신이 겪고 있는 고통 역시 납득할 만한 설명을 구할 수 없는 문제임을 받아들이게 됩니다. 인간의 지혜가 가서 닿을 수 없는 곳, 그곳은 하느님의 영역입니다.

인간의 머리로 하느님이 의로운 분이신지 아닌지를 판단하려 하는 태도에 대해 하느님께서는, "지각없는 말로 내 뜻을 어둡게 하는"(욥 38,2) 것이라고 말씀하십니다. 어쩌면 이 말에서 욥기의 가장 핵심적인 응답을 추출해 낼 수도 있을 것 같습니다. "불평꾼이 전능하신 분과 논쟁하려는가?"(욥 40,2) 피조물인 인간이 하느님을 의롭지 못하신 분으로 정의하는 것, 이것은 지혜로움이 아니라 지각없음이고, 지혜는 오히려 하느님의 뜻에 자리하고 있습니다.

창조주 하느님의 권능 앞에서 인간 자신의 위치를 올바로 인식했을 때, 인간이 취하는 자세는 "손을 제 입에 갖다댈 뿐"(욥 40,4)입니다. 하느님의 두 번째 답변까지 듣고 나서, 욥은 38,1에서 하느님께서 하신 말씀을 인용하며 마침내 "저에게는 너무나 신비로워 알지 못하는 일들을 저는 이해하지도 못한 채 지껄였습니다"(욥 42,3)라고 응답합니다.

기상 현상이든, 동물들의 세계든, 인간의 고통이든, 인간이 깨달아 알 수 없다고 해서 이 세상이 부조리하고 하느님께서 불의하신 것은 아닙니다. 그것은 오직 인간의 한계일 따름입니다. 그 한계 너머에 심연의 나락이 있는 것이 아니라 그 어둠 속에 하느님께서 계심을 믿는 것, 이것이 욥이 도달해야 했던 믿음입니다.

6

코헬렛

"허무로다, 허무!"(코헬 1,2)

스무 살 젊은이가 코헬렛을 이해하기는 어려울지 모릅니다. 열 살 어린이라면 아무리 설명해 주어도 아마 공감에 이르지 못할 것 같습니다. 그러나 환갑이 지나고 칠순이 지나면 좋아지는 책이 코헬렛입니다. 그래서 솔로몬이 썼다고 전해지는 여러 책 가운데서도 코헬렛은 솔로몬이 노년에 썼다고 하는지 모르겠습니다. 코헬렛에는 산전수전을 다 겪은 현인의 지혜가 담겨 있습니다.

인간의 수고에는 보람이 있는가?

욥과 코헬렛은 서로 대비되면서도 사실은 많은 공통점을 지니고 있습니다. 욥은 자신이 누리던 복을 다 잃었을 때에 이 세상의 질서에 대해, 하느님의 정의에 대해 항변했습니다. 반면 코헬렛은 세상에서 누릴 수 있는 것은 모두 누려 보았습니다. 코헬렛 역시 솔로몬을 저자로 내세우고 있는데, 실제 저자가 솔로몬인 것은 아니지만 이 저자는 온 세상을 돌아다니며 많은 업적도 이루었고 누구보다 뛰어난 지혜도 깨달았고 많은 부를 모으기도 했으며 그 어느 것도 잃지 않았습니다. 그러나 결국 그는 "허무로다 허무! 모든 것이 허무로다!"(코헬 1,2; 12,8)라는 결론에 도달하고 맙니다. 코헬렛에서 가장 유명한 구절이지요. 욥과 같은 불행을 당하지 않았어도, 현세에서 얻을 수 있는 모든 것을 다 얻었다 하더라도 결국 인간은 비슷한 결론에 도달하게 마련인 모양입니다.

  코헬렛이 모든 것이 허무하다고 말하는 이유는, 애쓰고 수고한 사람에게 그대로 그 보람이 돌아가는 것이 아니기 때문입니다. 말하자면, 투자에 대해 확실하게 열 배의 수익이 보장된다면 사람들은 빚을 얻어서라도 투자를 할 것입니다. 힘이 드는 일이라 하더라도, 좋은 결과를 얻을 것이 명백하다면 기꺼이 수고를 하겠지요. 하지만 노력의 결과가 확실치 않다면? 아니, 이득을 못 얻을 것이 확실하다면? 그렇다면 작은 수고라도 하려 하지 않을 것입니다.

  온 세상을 다니며 많은 경험을 쌓아 본 코헬렛은, 태양 아래에서 애쓰는 모든 일이 바람을 잡는 일이라고 말합니다. 수고하며 애쓰는 것에 대해 그만큼의 이득이 있을 것인지 알 수 없다는 말입니다. 지혜가 있으면 어리석은 것보다는 낫겠지만, 그나마 죽으면 모든 것이 사라지고 맙니다. 죽음, 이것이 코헬렛에게는 넘어설 수 없는 장벽이었습니다. 잠언에서와 마찬가지로 코헬렛에게도 내세에 대한 희망은 아직 뚜렷하지 않습니다. 그러니 평생 무엇인가 이루려고 노력을 하고 또 실제로 무엇을 이룬다 해도 그것은 어느 순간 나에게 아무 의미를 갖지 못하게 될 것입니다. 그래서 코헬렛은 삶을 싫어하게 되었다고까지 말합니다(코헬 2,17). 욥처럼 고통을 당하고 불행을 겪었기 때문에 삶을 혐오하는 것이 아니라, 지상에서 최고의 행복을 누리고 있으면서도 그 모든 것이 헛되이 사라져 갈 것을 봅니다.

인간의 한계 안에 머물며 즐겨라

그런데 다른 한편으로 코헬렛은 놀랍게도 우리에게 인생을 즐기라고 말합니다. 즐겁게 음식을 먹으며 즐기고, 사랑하는 아내와 행복하게 살고, 젊었을 때는 젊음을 즐기라고 초대합니다. 모두 현세적이고 일시적인 작은 행복들입니다. 그 모든 것이 사라져 갈 것을 알면서도 그것을 즐기라고 말합니다. 그는 영원한 생명에 대해서, 천국의 끝없는 행복에 대해서 말하지 않습니다. 할 수가 없습니다. 그것은 그가 알 수 있는 영역 밖의 것이기 때문입니다. 코헬렛은 누구보다도 인간의 한계를 잘 알았던 사람입니다. 임금의 권력을 갖고 있고, 엄청난 보화를 갖고 있고, 뛰어난 지혜를 갖고 있다 하더라도 인간은 유한하다는 것을 깨달은 이가 코헬렛이었습니다. 그래서 그는 오늘 우리에게 주어지는 작은 행복들을 즐기라고 말합니다. 그것이 덧없는 인생에 주어진 하느님의 선물이기 때문입니다. 코헬렛은 이 즐거움이 영원한 가치, 최고의 가치라고 믿지 않습니다. 그저, 그것이 지상에서 인간에게 허락된 몫이기에 영원하지 않은 그 즐거움이 사라지기 전에 그 즐거움을 누리라고 말합니다.

욥기와 코헬렛은 비슷한 단계의 신학을 보여 줍니다. 여기에서 인간의 지혜는 한계에 부딪힙니다. 잠언은 이 세상의 질서를 말하고 인간이 어느 정도는 그 질서를 파악할 수 있다는 믿음을 전제하지만, 욥기와 코헬렛은 인간이 알 수 있는 영역보다는 알 수 없는 영역을 바라보며 인간의 한계를 절감합니다.

그리고 욥기에서와 마찬가지로 코헬렛은, 인간 앞에 놓인 벽 앞에서 믿음을 선택합니다. 벽 너머에는 무엇이 있을까요? 코헬렛은 자신에게 허락된 영역 너머로 손을 내뻗으려 하지 않습니다. "하느님께서는 하늘에 계시고 너는 땅 위에 있으니"(코헬 5,1). 코헬렛은, 인간이 모든 것을 알 수는 없어 그에게는 인생이 온통 고생처럼 보일지라도 하느님께서는 "모든 것을 제때에 아름답도록 만드셨다"(코헬 3,11)고 믿습니다. 인간이 그 하느님의 영원하신 계획을 깨달을 수 없음을 누구보다 잘 알고 있으면서도, 코헬렛은 그런 믿음으로 자신이 파악할 수 없는 영역은 하느님께 맡기고 그분께서 주시는 작은 즐거움에서 행복을 찾습니다.

지상과 천상, 현세와 내세의 모든 것을 아는 사람의 믿음이 코헬렛의 믿음보다 더 가치 있다고 단언할 수 있을까요? 인간 지혜의 한계를 인정하기에 "책을 많이 만들어 내는 일에는 끝이 없고 공부를 많이 하는 것은 몸을 고달프게 한다"(코헬 12,12)고 하면서, 오히려 "하느님을 경외하고 그분의 계명들을 지켜라"(코헬 12,13)라고 권고했던 코헬렛은 진정한 신앙인이었습니다.

7

집회서

"이국땅에 살면서"(집회서 머리글)

요하난 벤 자카이는 기원후 1세기의 인물이었습니다. 전해지는 이야기에 따르면, 예루살렘이 로마군에 포위되었을 때에 요하난 벤 자카이는 당시에 로마군 지휘관이던 베스파시아누스를 찾아가 그가 장차 황제가 될 것이며 예루살렘이 함락될 것이라고 예고하면서, 그 때에 사람들이 모여 율법을 공부할 수 있는 작은 공간을 남겨 줄 것을 청하여 허락을 받았다고 합니다. 성전이 무너지고 예루살렘이 다 파괴되는 마당에 그 작은 공간이 무슨 의미가 있느냐고요? 그렇지 않습니다. 요하난 벤 자카이는 모든 것이 다 무너졌을 때 민족을 지켜 줄 수 있는 것이 무엇인지를 정확히 알았던 사람입니다. 나라가 망하고 나서 그 백성이 언제 어느 곳에 흩어져 살게 되어도, 율법은 그들을 하나로 묶어 주고 하느님의 백성이라는 그들의 정체성을 지켜 줄 것입니다.

집회서의 작성 목적

집회서가 작성된 배경이 이와 유사합니다. 저자인 예수 벤 시라의 손자는 할아버지가 히브리어로 쓴 책을 그리스어로 번역하면서, 머리글에서 이 책의 취지를 밝혀 놓았습니다. "저는 이국땅에 살면서 배우기를 즐기고, 율법에 맞는 생활 습관을 익히고자 하는 이들을 위하여 이 책을 펴냅니다."

> **집회서의 히브리어 원본과 그리스어본:** 머리글에 나타나듯이 집회서는 본래 히브리어로 된 책을 그리스어로 옮긴 것입니다. 오랫동안 히브리어 원본은 유실되었다가, 19세기 말부터 다시 발견되기 시작했습니다. 지금도 발견되지 않은 부분들이 있지만, 적지 않은 부분이 발견되어 이를 그리스어본과 비교할 수 있습니다.

그래서 집회서의 내용을 이해하려면 시대적 배경을 알아야 합니다. 이 책은 작성 연대가 명확합니다. 머리글에서 밝히듯이 할아버지의 책을 손자가 번역한 것이 기원전 130년대이므로, 책이 처음 작성된 것은 기원전 180년대 정도로 추정됩니다. 이 시기에는 이스라엘 백성 가운데 적지 않은 이들이 팔레스티나 본토를 떠나 이국땅에 살고 있었습니다. 그들은 이집트를 비롯한 여러 지역에서, 한창 꽃피고 있는 다양한 문화를 접하게 됩니다. 헬레니즘 시대, 그리스 문화가 널리 퍼지던 때입니다. 그 속에서 이스라엘의 문화적·종교적 정체성은 어떻게 될까요?

율법, 하느님의 지혜

다른 한편으로, 이스라엘 지혜문학의 흐름에서도 이제 전환점이 필요했습니다. 잠언의 전통적 지혜에 욥기와 코헬렛이 이의를 제기한 다음 이스라엘은 계속해서 나름대로 답을 찾고 있었습니다. 인간의 지혜는 이미 한계에 부딪힌 것 같았습니다. 욥기와 코헬렛에서 고통과 죽음은 인간이 도저히 이해할 수 없는 수수께끼로, 넘어설 수 없는 장벽으로 남아 있었습니다. 신앙을 가진 이스라엘이기에 그 신비가 하느님의 영역이리라고 믿었다 하더라도, 지혜를 추구하는 인간의 갈망은 잠잠해지지 않습니다. 지혜를 찾으려는 시도는 아직도 갈 길이 먼 것처럼 보입니다.

이때에 집회서의 저자 벤 시라는, 지혜로운 분이 한 분 계시니 그분은 하느님이시고 그분께서 인간에게 지혜를 알려 주신다고 말합니다(집회 1,1.8-10). 인간은 도달할 수 없는 그 지혜를 하느님께서는 알고 계시고, 그뿐 아니라 인간에게 그 지혜를 나누어 주신다는 것입니다. 내가 뚫고 들어갈 수 없는 신비인 지혜를, 하느님 편에서 나에게 주십니다. 그 통로가 무엇일까요? 하느님은 언제 어떻게 인간에게 당신의 지혜를 나누어 주실까요? 그것을 말해 주는 것이 집회서 24장입니다. 이 중요한 장에서는 먼저 지혜를 찬미한 다음, 그 지혜가 바로 "지극히 높으신 하느님의 계약의 글이고 야곱의 회중의 상속 재산으로 모세가 우리에게 제정해 준 율법이다"(집회 24,23)라고 밝힙니다. 율법에 하느님의 지혜가 담겨 있다는 뜻입니다. 대단히 중요한 구절입니다. 이제는 멀리서 지혜를 찾을 필요가 없습니다. 다른 나라의 지혜를 부러워할 필요도 없습니다. 하느님께서 이미 모세를 통하여 이스라엘에게 지혜를 주셨기 때문입니다.

이제는 지혜문학이 그동안 거쳐온 길을 돌아볼 때입니다. 지혜문학의 출발점은 인간 이성이었습니다. 인간은 지혜를 찾아내고자 먼 여행을 했습니다. 갈 수 있는 곳까지 모두 가 보았습니다. 인간이 파악할 수 있는 한에서는 세상의 질서를 깨달아 보려 했습니다. 그러나 그렇게 멀리서 찾던 지혜는 실상 가까운 곳에 있었습니다. 집회서 머리글에서 말하듯이, 조상들로부터 물려받은 율법과 예언서와 그 밖의 글들 곧 구약성경 안에 이스라엘은 다른 어떤 민족의 지혜보다 더 뛰어난 지혜를 지니고 있었던 것입니다. 그리고, 인간 이성을 출발점으로 했던 지혜 추구가 이제는 다시 계시를 향하게 됩니다.

이스라엘의 자부심

벤 시라의 시대에, 다른 민족들의 문화를 보면서 이스라엘의 젊은이들은 조상들의 가르침을 따르기보다 새로운 학문과 종교를 추종하려는 유혹을 느낄 수도 있었습니다. 인간 자신의 능력으로 찬란한 지혜를 이루려는 마음도 있었을 것입니다. 그러나 잠언, 욥기, 코헬렛을 거치면서 이스라엘의 지혜문학은 이미 그러한 시도가 어디까지 이를 수 있고 어디에서 멈추게 되는지를 깨달았습니다. 이제 집회서는, 참된 지혜는 하느님께 있고 그분의 말씀에 귀를 기울이는 것이 인간에게는 최고의 지혜라고 말합니다. 하느님의 말씀 없이 인간의 지혜는 불완전할 수밖에 없기에, 잠언 첫 장에서 말했듯이 주님을 경외함이 지혜의 시작이라는 것이 구약성경의 지혜문학에서 가장 중요한 준칙이 되었던 것입니다. 벤 시라는 모든 민족 앞에서 이스라엘의 지혜를 자랑합니다. "율법과 예언서와 그 뒤를 이은 다른 글들을 통하여 위대한 가르침들이 우리에게 많이 전해졌습니다. 그런즉 이스라엘을 그 교훈과 지혜와 관련하여 칭송하는 것은 마땅합니다"(집회서 머리글).

라삐 요하난 벤 자카이가 후손들에게 율법을 가르침으로써 로마 제국에 무너진 민족을 다시 세우려 하였듯이, 벤 시라는 하느님의 지혜가 담긴 율법을 통하여 이국땅에 사는 이스라엘 후손들의 문화적 정체성을 보존하려 하였습니다.

유배 전
예언자들

오경, 구약
성경의 바탕

여호수아
부터 왕국
분열까지

길을
떠나기 전에

VIII 구약 시대의 끝자락

구약 시대의
끝자락

시서와
지혜서

유배기의
예언자들

귀향 후

길 안내

이제 여정의 마지막 단계에 왔습니다. 페르시아를 정복하고 대제국을 세운 알렉산드로스 대왕은 기원전 323년에 세상을 떠납니다. 그 후 팔레스티나는 처음에는 프톨레마이오스 왕조, 다음에는 셀레우코스 왕조의 지배를 받습니다. 셀레우코스 왕조는 그리스 문화와 종교를 강요하고 유다교를 박해했습니다. 이에 저항하여 마카베오 항쟁이 일어났고, 유다는 독립을 되찾아 하스몬 왕조가 세워졌습니다. 그러나 나중에는 그 집안의 분쟁으로 다시 로마군이 이스라엘 땅에 들어와 예루살렘을 점령하게 됩니다.

1

헬레니즘 시대

"알렉산드로스는 열두 해를 다스리고 죽었다"(1마카 1,7)

지금까지 지혜문학을 읽느라고 이스라엘 역사에서 멀어졌지요. 지혜문학은 보편적인 주제들을 다루기에 특정한 시대와 연관되는 일이 적었습니다. 마지막 집회서는 기원전 2세기까지 내려갔지만 그 시대의 역사는 아직 안 다루었지요. 이제 다시 역사로 돌아가겠습니다.

기원전 538년, 이스라엘이 유배에서 돌아온 때부터 페르시아가 패권을 잡고 있는 동안에는 국제 정세에 큰 변화가 없었습니다. 하지만 알렉산드로스 대왕은, 역사를 잘 모르는 사람도 누구나 '대왕'이라고 부르는 엄청난 인물이었습니다. 오늘은 이 시대의 배경을 전체적으로 훑어보고, 마카베오 항쟁의 역사에 대해서는 마카베오기의 본문을 읽으면서 좀 더 자세히 살펴봅시다.

알렉산드로스 대왕

이스라엘, 유다, 이집트, 아시리아, 바빌론, 페르시아 등 지금까지 등장했던 모든 나라는 동방에 속합니다. 물론 우리나라에서 보면 서쪽이지만, 지구가 얼마나 넓은지를 알지 못했던 사람들에게는 이 나라들이 동방이었습니다. 그러니 지금까지의 역사는 모두 동방 안에서 일어난 세력 다툼이었습니다. 그런데 그리스와 로마는 계통이 다릅니다. 알렉산드로스는, 그 '다른 세상'에서 동방으로 침입해 온 인물이었습니다.

기원전 336년, 스무 살에 마케도니아의 임금이 된 알렉산드로스는 동방 원정을 시작하여 기원전 331년에는 페르시아를 꺾고, 이집트로 진출하여 알렉산드리아를 건설하였습니다. 그는 그 밖에도 인도까지 이르는 많은 지역을 점령하였는데, 긍정적으로든 부정적으로든 중요한 것은 그가 정복한 모든 지역에 그리스 문화를 퍼뜨렸다는 것이었습니다. 예수님도 사도들도 모두 아람어를 말했는데 신약성경은 왜 그리스어로 쓰였을까요? 그것은 바로 이 시기에 알렉산드로스가 지배한 모든 지역의 공용어가 그리스어였기 때문입니다. 덕분에 신약성경이 널리 전파될 수 있기도 했지요. 이집트의 알렉산드리아에서 구약성경이 그리스어로 번역된 것 역시, 팔레스티나를 떠나 살고 있던 유다인들이 그리스어를 널리 사용하고 있었기 때문에 이루어진 일이었습니다.

프톨레마이오스 왕조

알렉산드로스가 기원전 323년 33세의 나이로 세상을 떠난 후 그의 아들마저 살해되고 나자, 기원전 315년에는 그의 수하에 있던 장군 넷이 제국의 영토를 나누어 다스리게 되었습니다. 이들 사이에서는 여러 차례의 영토 분쟁이 있었지만, 기원전 300년경 팔레스티나는 이집트를 다스리던 프톨레마이오스 왕가의 통치를 받으면서 비교적 평온하게 지낼 수 있었습니다. 당시의 지배자들은 세금을 많이 거두어들이기는 했지만 적어도 정복민들의 종교 문제에 대해서는 개입을 하지 않았기 때문입니다. 이집트를 다스리던 프톨레마이오스 왕조의 임금들과 시리아를 다스리던 셀레우코스 왕조의 임금들 사이에서 전쟁이 계속되었으나, 유다는 여기에서 적극적인 역할을 하지 않았습니다. 고래 싸움에 새우 등은 이미 터진 셈. 무엇을 더 하겠습니까?

셀레우코스 왕조

그런데 이제 문제가 생겨납니다. 기원전 200년경 셀레우코스 집안이 팔레스티나에서 프톨레마이오스 왕조를 몰아내고 예루살렘을 지배하게 되면서부터입니다. 이때 유다인은 외세에 대하여 서로 다른 시각을 보입니다. 우리나라에 서양 문물이 처음 들어올 때와 비슷한 상황으로 생각할 수 있겠습니다. 유다인들 가운데 어떤 이들은 전통 신앙에 충실하면서도 그리스 문화를 받아들일 수 있다고 생각했던 반면, 다른 이들은 그리스 문화가 유다 문화 및 종교에 큰 위험이 된다고 보아 이를 철저히 거부해야 한다고 생각했습니다.

이렇게 처음에는 유다인 공동체 자체 내의 의견 차이였던 것이, 셀레우코스 왕조의 안티오코스 에피파네스 4세가 임금이 되면서부터 새로운 국면을 맞게 됩니다(기원전 175-164년 재위). 단순히 그리스어와 그리스 문화를 받아들이는 문제가 아니라 종교 문제에서 직접 충돌하는 사태가 벌어집니다. 안티오코스 4세는 모든 유다인들에게 헬레니즘 문화를 강요하기로 작정을 하고 유다교의 특징적 요소인 할례, 돼지고기와 다른 부정한 음식을 금하는 것, 율법에 대한 공경 등을 금지시키고, 유다인들에게 그리스 신들에게 제사를 바칠 것을 강요하며 이를 위반하는 이들에게 사형선고를 내렸습니다(1마카 1장 참조). 종교 박해가 시작된 것입니다. 안티오코스 4세는 예루살렘 성전의 번제단 위에 이교 신의 제단을 세울 것을 명하기까지 했습니다.

대개 이러한 박해는 기원전 167년에 발생하였다고 봅니다. 이때에 유다인들은 두려움 때문에 배교하기도 했고, 어떤 이들은 수동적인 저항을 선택하여 순교자로서 죽음을 맞았으며, 또 어떤 이들은 사제였던 마타티아스와 그의 아들들의 인도로 무장 봉기를 일으켜 적극적으로 대항하였습니다(마카베오 항쟁). 기원전 164년 이들은 예루살렘 성전을 정화하고 새 제단을 봉헌할 수 있었습니다.

이 시기의 역사를 다룬 책들이 마카베오기입니다. 마카베오기 상·하권은 줄거리가 이어지는 책이 아니라, 서로 별개의 책입니다. 그러다 보니 같은 시대의 사건들을 두 권에서 각각 서술하기도 하는데,

두 책 사이에 관점의 차이가 있습니다. 이어지는 두 장에서 마카베오기 상·하권을 읽고 그 둘을 대비해 보면, 같은 시대의 역사를 바라보는 시각에도 서로 차이가 있음을 보게 될 것입니다. 이 책들의 목적은 객관적으로 사실을 열거하는 것이 아니라 그 안에서 하느님과 함께하는 민족의 역사를 읽어 내는 데에 있기 때문입니다.

2

마카베오기 상권

"율법에 대한 열정이 뜨겁고 계약을
지지하는 이는 모두 나를 따라나서시오"(1마카 2,27)

마타티아스, 항쟁의 시작

그리스 종교를 강요하던 안티오코스 4세는 예루살렘 성전에 제우스 신상을 세우고 돼지를 제물로 바치게 하여 성전을 모독했습니다. 이 성전 모독은 신앙에 열성적인 유다인들이 결코 용납할 수 없는 치명적인 사건이었습니다. 예루살렘뿐만 아니라 각 지방에서도 이와 같은 상황이 전개되어, 모데인에서도 임금의 관리들이 이교 제사를 강요했습니다. 그러자 사제 마타티아스는 그리스 신들에게 제사를 바치라는 왕명을 거부하고 모데인 제단에서 이교 제사를 바치려던 사람을 쳐 죽인 다음, "율법에 대한 열정이 뜨겁고 계약을 지지하는 이는 모두 나를 따라나서시오"(1마카 2,27) 하며 아들들과 함께 산으로 들어가 투쟁을 시작했습니다. 이것이 마카베오 항쟁의 시작입니다.

유다 마카베오, 성전 정화

마타티아스가 세상을 떠난 다음 그의 뒤를 이어 항쟁을 이끈 것은 셋째 아들 유다 마카베오였습니다. 그는 기원전 166-160년까지 항쟁을 이끌며, 총독 리시아스를 공격하고 그의 군대를 유다에서 몰아내었습니다. 유다 마카베오는 "우리 백성과 성소를 위하여 싸우자"(1마카 3,43)고 사람들을 격려하며 소수의 군대로 "하늘에서 내려오는 힘"(1마카 3,19)에 의탁하여 승리를 거두었는데, 그의 가장 중요한 업적은 안티오코스 에피파네스 4세가 모독한 성전을 기원전 164년에 정화하여 다시 봉헌한 것입니다. 안티오코스 에피파네스 4세 다음으로 안티오코스 5세가, 그다음으로는 데메트리오스 1세가 왕위에 오르는데, 유다 마카베오는 데메트리오스가 보낸 바키데스와 맞서 싸우다가 전사합니다.

요나탄, 대사제

다음으로는 마타티아스의 막내아들이었던 요나탄이 지도자가 되었습니다(기원전 160-142년). 그는 시리아의 정치적 내분을 이용하였습니다. 그에게서 특히 주목할 점은 그가 셀레우코스 왕조의 알렉산드로스에 의해 대사제로 임명되었다는 사실입니다. 이때부터 로

마가 팔레스티나를 점령할 때까지 하스몬 집안이 대사제직을 계속 수행하게 되는데, 이것은 합법적인 것이 아니었습니다. 다른 나라에서라면 임금이 대사제를 임명하는 것이 당연한 일이었으나, 유다에서는 대사제 집안에 속하지 않은 요나탄에게 그 직무가 주어질 수는 없었기 때문입니다. 이 때문에 율법에 충실하려 했던 일부 유다인들은 더 이상 요나탄을 지지하지 않게 되었습니다. 마카베오 항쟁에 대한 지지에 금이 가기 시작한 것이 보이시지요?

시몬, 하스몬 왕조의 시작

요나탄이 잡힌 다음, 마타티아스의 둘째 아들 시몬이 그의 뒤를 이었습니다. 그는 본래 셀레우코스 왕조 출신이 아닌 트리폰이 아니라 데메트리오스 2세를 지지하였고, 이에 데메트리오스 2세는 유다인들에게 면세를, 곧 실제적인 독립을 허용하였습니다. 이로써 유다인들은 독립을 되찾았고, 시몬은 왕직과 대사제직을 겸하는 하스몬 왕조를 시작합니다. "백칠십년에(기원전 142년) 이스라엘은 이민족들의 멍에에서 벗어났다. 백성은 모든 문서와 계약서에 '유다인들의 총독이며 지도자인 시몬 대사제 제일년'이라고 쓰기 시작하였다"(1마카 13,41-42). 독립입니다. 후에 그는 사위 프톨레마이오스에게 암살되었고 왕위는 그의 아들 요한 히르카노스에게 넘어갔습니다.

하스몬 왕조에 대한 평가

자, 이제 이 역사를 어떻게 바라볼까요? 마카베오 상권만 읽으면 이들의 업적을 높이 기리고 있습니다. 그런데 실상 마카베오 상권은, 성경에서 대사제직과 왕직을 겸했던 하스몬 왕조의 통치에 대해 긍정적으로 바라보는 유일한 책입니다.

이 책의 저자는 그들을 일컬어 하느님을 대신하여 이스라엘을 구원한 사람들의 후손이라고까지 말합니다(1마카 5,62). 이러한 말은 판관들을 지칭하던 신명기계 역사가의 표현을 상기시킵니다. 사실 마카베오 상권은 판관기와 마찬가지로, 전쟁의 역사를 통하여 그 안에서 신앙의 역사를, 하느님께서 엮어 가시는 역사를 봅니다. 승리는 믿음에 대한 응답이고 패배는 죄의 결과로 여겨집니다. 마카베오 집안 사람들이 승리를 거둘 수 있었던 것은 그들이 율법에 대한 열성으로 봉기한 사람들이었고 그래서 하느님께서 그들과 함께 하시고 그들을 통하여 셀레우코스 왕조의 통치에서 이스라엘을 구해 주셨다는 것이 마카베오 상권의 저자가 마카베오 항쟁을 바라보는 시각입니다. 더 나아가서, 저자는 이렇게 하느님께서 그들과 함께하여 승리를 거둘 수 있게 해 주셨다는 사실이 하스몬 왕조의 정당성을 확증해 주는 것이라고 봅니다.

이 책이 작성된 것은 시몬의 아들 요한 히르카노스가 다스리기 시작한 이후이고(기원전 134년) 로마군이 팔레스티나를 점령하기 이전(기원전 63년), 즉 하스몬 왕조가 다스리고 있던 기간 중입니다. 아마도 기원전 100년경이리라고 생각됩니다. 그런데 이 시기에 모든 이들이 하스몬 왕가를 이렇게 긍정적으로 보았던 것은 아니었습니다. 다윗의 후손도 아니면서 왕권을 주장했고 차독 집안도 아니면서 대사제직을 수행했던 이 왕조에 대해서, 그리고 무력 항쟁의 가치와 의미에 대해서도, 비판의 소리는 있었습니다. 마카베오 상권의 저자는 마카베오 집안 사람들이 이스라엘을 위해 싸웠다는 것과 특히 율법에 대한 그들의 열성을 크게 강조하지만, 후에 이들이 세습 왕조가 된 다음 얼마나 심한 내분과 권력 다툼을 겪었는지를 생각한다면 그러한 비판도 충분히 이해할 수 있습니다. 그들은 외세를 물리치기 위해 분연히 일어났지만, 마지막에는 왕위를 둘러싼 집안 싸움에 로마군을 끌어들였고 이 때문에 나라가 망하게 될 것입니다.

3

마카베오기 하권

"대성전의 정화와 제단의 봉헌"(2마카 2,19)

마카베오기 상권과 달리 하권은 하스몬 왕조 전체를 지지하거나 정당화하는 것이 아니라 성전 정화만을 핵심으로 삼습니다. 이제부터 끝까지 '성전'에 주의를 기울이십시오. 저자는 머리말에서 이 책의 내용을 이렇게 요약합니다.

"유다 마카베오와 그 형제들의 이야기, 대성전의 정화와 제단의 봉헌, 안티오코스 에피파네스와 그의 아들 에우파토르와 치른 여러 전쟁, 유다교를 위하여 용감하게 싸운 영웅들에게 하늘에서 내린 현시들, 그리고 그 덕분에 그들이 얼마 되지 않은 수로 이 땅 전체를 차지하고 야만스러운 무리를 몰아내어, 온 세상에 이름난 성전을 되찾고 이 도성을 해방시켰으며, 폐기되어 가던 법을 다시 확립한 이야기, 이렇게 주님께서 당신의 크신 자비로 그들을 대해 주신 이야기"(2마카 2,19-23).

　모두 성전에 관련된 이야기들입니다. 하지만 책의 첫머리는 마카베오 상권 이전의 시대로 거슬러 올라갑니다.

성전의 거룩함

2마카 3-8장에서는 마카베오 항쟁이 일어나기 이전에 있었던 대사제직의 타락상을 전합니다. 오니아스가 대사제였던 때에(기원전 187-175년) 성전의 관리 책임자였던 시몬은 성전 금고에 엄청난 돈이 있다고 시리아와 페니키아 총독 헬리오도로스에게 고하고, 이 말을 전해 들은 임금은 헬리오도로스를 보내 성전 재물을 탈취하도록 합니다. 사람들은 성소가 모독될까 봐 두려워하였으나, 성전을 침탈하려던 헬리오도로스는 하느님께 징벌을 받아 오히려 회개하게 됩니다. 그리고 나서 그는 임금 앞에서 하느님께서 예루살렘 성전을 지켜 주신다는 것을 고백합니다. "하늘에 거처가 있는 그분께서 친히 그곳을 지켜보고 도와주시며, 악한 짓을 하러 그곳에 다가가는 자들을 내리쳐 없애 버리십니다"(2마카 3,39).

　안티오코스 에피파네스 4세는 성전을 모독하고 성전의 기물들을 빼앗아갑니다. 마카베오 하권의 저자에 따르면 이런 일이 벌어진 것은 이 도성에 사는 이들의 죄악 때문에 주님께서 잠시 이곳을 소홀히 하셨기 때문입니다(5,17). 그렇지 않았더라면 안티오코스 4세도 이전에 성전을 모독하려 했던 이들처럼 벌을 받았을 것입니다. 그 후에 임금은 1마카 1장에서 묘사한 바와 같이 유다인들이 율법대로 살지 못하도록 강요하고 성전을 제우스 신전으로 만들었습니다. 저자는 이러한 고난이 닥치게 된 것이 하느님께서 당신 백성의 죄가 절정에 달하지 않도록 그 전에 그들을 교육시키려는 것이라고 설명하며, 이러한 시대에 어떻게 살아야 할 것인가에 대하여 엘아자르의 순교와(2마카 6,18-31) 한 어머니와 일곱 아들의 순교를(2마카 7,1-42) 모범으로 제시합니다.

부르짖음을 들으시는 하느님

그러던 중에 "마카베오가 군대를 조직하자마자 이민족들이 그를 당해 내지 못하게 되었으니, 백성에 대한 주님의 분노가 자비로 바뀐 것이다"(2마카 8,5). 그리하여 유다 마카베오는 니카노르와 고르기아스, 티모테오스와 바키데스 등의 군대를 몰아냅니다. 10장에서 마카베오는 성전과 도성을 되찾아 정화하였고, 그 후에도 이두매아 지방의 총독 고르기아스와 유다 지방의 총독 티모테오스 등의 공격을 물리칩니다.

마카베오기 하권이 마카베오 집안의 역사 가운데 오직 유다의 활동에만 집중하는 것은 다른 무엇보다도 그가 성전을 되찾아 정화했기 때문입니다. 3장 이하에 나오는 이야기들은 "성소의 거룩함과 온 세상이 존중하는 성전의 위엄과 그 불가침성"(2마카 3,12)에 대한 내용입니다. 곧 성전은 헬리오도로스와 같이 오만한 인간이 침범할 수 있는 곳이 아니며, 후에 안티오코스 에피파네스가 성전을 모독할 수 있었던 것은 먼저 예루살렘의 유다인들이 죄를 지었고 대사제들이 타락했기 때문이라는 것을 보여 줍니다. 크게 본다면 이것 역시 신명기적인 주제라고 할 수 있습니다. 당신 백성이 하느님께 충실하게 살아갈 때 하느님은 성전과 당신 백성을 지켜 주신다는 것입니다.

따라서, 성전을 되찾기 위해서 가장 중요한 것 역시 군사력이 아닙니다. 책의 줄거리를 요약해 놓은 데에서는 잘 드러나지 않지만, 개별 본문들을 읽어 보면 사이사이에서 하느님께 간청하는 것을 저자가 얼마나 되풀이하여 강조하는지를 볼 수 있습니다. 유다 마카베오가 항전을 시작할 때부터, 그와 그의 동지들은 하느님께 간청하였습니다. "모든 사람에게 억압당하는 이 백성을 굽어보시고, 사악한 사람들에게 더럽혀진 성전을 가엾이 여겨 주십사고 주님께 간청하였다. 또한 파괴되어 거의 무너져 가는 이 도성에 자비를 베푸시고, 죽은 이들의 피가 당신께 하소연하는 소리를 들어 주시며, 무죄한 아기들이 당한 무도한 학살과 당신의 이름이 받은 모독을 기억하시고, 악에 대한 당신의 혐오감을 드러내기를 간청하였다"(2마카 8,2-4). 외세가 예루살렘을 점령하여 율법의 준수와 성전에서 경신례를 거행하는 것이 불가능하게 되었을 뿐만 아니라 유다인들 사이에서도 야손과 메넬라오스의 악행으로 대사제직이 오염되고 하느님의 진노를 불러 일으키게 되었을 때, 하느님의 자비를 부르는 것은 마카베오 하권에 따르면 순교자들의 피입니다. 백성과 성전과 순교자들의 피가 부르짖는 소리가 하느님의 자비를 부르고,

하느님께서 당신 성전의 거룩함을 지키기 위하여 개입하심으로써 성전 정화가 가능하게 된 것입니다.

죽은 이들의 부활

한 가지 덧붙여 둔다면, 마카베오기 하권에서 율법에 충실하기 위하여 목숨을 바친 순교자들은 죽은 이들의 부활을 믿었습니다. 2마카 7장에서는 순교의 맥락에서 죽은 이들의 부활이 명시적으로 언급되는데, 이는 구약성경의 매우 늦은 시기에 나타난 중요한 발전입니다. 히브리어 성경 가운데에서 죽은 이들의 부활을 명시적으로 말하는 것은 다니엘서 12장뿐인데, 지혜서와 마카베오기 하권 등 그리스어로 된 헬레니즘 시대의 책들에서는 이러한 믿음이 한층 분명하게 확인됩니다.

4

묵시문학

"다니엘에게 말씀이 계시되었다"(다니 10,1)

어렸을 때에 어느 날 저녁 유난히 붉게 물든 저녁놀을 보면서, 혹시 종말이 오는 것이 아닐까 생각했던 기억이 납니다. 요한 묵시록의 내용들이 생각났던 것이지요. 잘못 이해했던 것임은 분명합니다. 그렇다면 묵시문학은 어떻게 읽어야 할까요? 묵시문학은 무엇일까요? 쉬운 질문이 아닙니다. 요한 묵시록이 묵시문학이라는 것은 누구나 다 압니다. 그러나 묵시문학이 무엇인지 물으면 누구도 명확한 대답을 하지 못합니다. 학자들 사이에서도, 묵시문학을 어떻게 정의해야 좋을지 의견을 모으지 못하고 있습니다.

묵시문학의 정의와 그 특징

일단, 묵시록이라는 단어는 요한 묵시록 첫머리에서 나왔습니다. "예수 그리스도의 계시"(묵시 1,1). 여기서 '계시'로 번역된 단어가 다른 곳에서 '묵시록', '묵시'로 번역되는 '아포칼립스'(*apocalypse*)입니다. 가려져 있는 것을 열어 보인다는 뜻입니다. 알지 못하는 것이 알려지는 것이지요.

하지만 묵시문학이라고 할 때에는 그러한 일반적인 의미보다는 더 구체적이고 전문적인 의미로 사용되어, 특정한 형태로 된 문학 작품들이 여기에 속하게 됩니다. 성경에서는 구약의 다니엘서와 신약의 요한 묵시록이 묵시문학에 해당하지만, 묵시문학 작품은 이 둘만이 아닙니다. 기원전 3세기부터 기원후 2세기까지 묵시문학 작품이 많이 생겨났고, 묵시문학은 이 시대의 특징적인 현상이었습니다.

대략이나마 묵시문학을 정의해 본다면, 묵시문학에서는 한 인물에게 어떤 초월적인 내용이 전달됩니다. 그 내용은 시간적으로는 종말의 일들과 관련된 경우가 많고, 공간적으로는 천상이나 다른 어떤 세계를 보여 주는 경우가 많습니다. '경우가 많다'는 표현을 사용하는 이유는, 모든 묵시문학에 공통된 특징이라는 것이 거의 없기 때문입니다. 분명하게 단정지어 규정하다 보면 요한 묵시록은 묵시록이 아니라는 결론이 나온다든가 어딘가 앞뒤가 맞지 않게 되기 때문에, 일반적으로 흔히 나타나는 특징들을 열거해 볼 뿐입니다.

또 많은 경우는, 계시를 받는 사람이 받은 계시의 내용을 바로 이해하지 못하고 천사나 다른 어떤 존재가 해석을 해 주는 경우가 많습니다. 다니엘서에는 천사가 자주 등장하지요. 그만큼 계시의 내용이 신비롭다는 점을 강조하는 장치입니다. 환시를 본 사람 자신도 알아듣기 어려울만큼 신비로운 내용이, 특별한 계시를 통하여 전달된다는 것입니다.

이러한 묵시문학은, 어떤 면에서는 예언서들과 유사하지만 어떤 면에서는 차이를 보입니다. 예언서들에서도 환시가 나타나는 경우가 있지요. 아모스도 환시를 보았고 예레미야도 환시를 보았습니다. 특히 묵시문학에 가까운 것은 즈카르야의 환시들입니다. 그리고 시대적으로도, 예언이 사라져가는 무렵에 묵시문학이 생겨나 꽃을 피우게 됩니다. 여기서도 대략 이야기를 해 본다면, 우리는 유배에서 돌아온 후 예언자들이 점점 종말에 관심을 갖게 되는 것을 보았습니다. 아모스와 같은 유배 전 예언자도 '주님의 날'에 대해 말한 일이 있지만, 즈카르야와 말라키 등 마지막 예언자들에게서는 종말이 점점 더 중요한 주제로 부각되었습니다. 묵시문학은 그 연장선상에서 이해할 수 있습니다.

그런데 묵시문학에서의 종말은, 예언서에서보다 분명하게 현재의 세상과 전혀 다른 새로운 세상의 시작을 의미합니다. 여러 예언자가 심판을 예고했지만, 그들이 예고한 것은 북 왕국 이스라엘과 남 왕국 유다의 멸망 등 많은 경우 역사 안에서 일어나는 사건이었습니다. 그것들이 이스라엘의 역사에서 가장 깊은 영향을 남긴 사건임은 분명하지만 그래도 세상이 끝나는 종말은 아니었습니다. 묵시문학에서는 다릅니다. 여기서 말하는 종말은 이 세상의 역사가 끝나고 완전히 새로운 시대가 시작됨을 의미합니다. 역사의 흐름이 단절되는 것입니다.

상징과 가명

묵시문학의 다른 특징으로는 상징들을 통하여 표현한다는 것과 과거의 권위 있는 인물을 저자로 내세운다는 점을 들 수 있습니다. 상징들은 요한 묵시록에서 많이 볼 수 있고, 다니엘서도 여러 가지 상징을 사용합니다. 환시에 등장하는 여러 동물, 색깔과 숫자 등은 모두 무엇인가를 나타내는 상징입니다. 또한, 일반적으로 묵시문학에서는 실제 저자가 아닌 인물을 저자로 내세웁니다. 대개 창세기의 에녹과 같이 매우 오랜 고대의 인물을 저자로 제시하거나 아니면 이미 확고한 권위를 가진 어떤 인물을 저자로 내놓습니다.

이렇게 다른 인물의 이름을 사용하는 것은, 그 권위에 의지하는 것이기도 하지만 상징을 사용하는 것과 마찬가지로 직접적인 표현을 피하는 수단이기도 합니다. 이러한 수단들을 사용하는 이유는 여러 가지로 설명할 수 있지만, 일단은 묵시문학의 내용이 현재의 상황에서 내놓고 말할 수 있는 것이 아니었다는 점을 생각해야 합니다. 예를 들어 다니엘서가 작성되던 시기에 당시의 지배자였던 안티오코스 에피파네스 4세의 몰락을 말한다거나 요한 묵시록이 작성되던 시기에 로마의 멸망을 이야기하는 것은, 당시의 정치적 상황을 고려할 때에 분명 위험한 일이었습니다.

이렇게 특수한 형태의 책인 묵시문학의 역할은, 단순히 미래에 대한 호기심을 충족시키는 데에 있지 않았습니다. 그것은 오히려, 역사 전체를 하느님의 시각에서 새롭게 바라보게 함으로써 앞이 보이지 않는 현재를 하느님 계획의 일부로 이해하게 하는 데에 있었습니다. 다니엘서나 요한 묵시록을 보면서 우리는 그저 알아들을 수 없는 이상한 책이라고만 생각할 수도 있습니다. 그러나 당시의 저자와 독자들에게 이 책들이 지닌 의미는 그것이 아니었습니다. 그들은 이 책이 말하고자 하는 것이 무엇인지를 틀림없이 알아들을 수 있었고, 이 책들이 말해 주는 역사 이해는 그들에게 어두운 시대를 견딜 수 있는 희망의 원천이 되었습니다.

5

다니엘서

"신비를 드러내시는 하느님"(다니 2,28)

다니엘이라는 인물

제가 만일 어떤 인물에 대한 소설을 쓰는데 주인공의 이름을 놀부라고 한다면, 읽는 이들은 그 이름만 보고도 그가 어떤 사람인지 짐작하겠지요. 다니엘서의 저자도 그와 비슷한 역할을 했습니다. 다니엘은 고대 근동의 전설에서도 등장하는 인물이고, 에제 14,20에도 다니엘이라는 이름이 등장합니다. 사람들은 이미 다니엘이 어떤 인물인지 알고 있었고, 저자는 그 인물을 주인공으로 하여 다니엘서를 쓴 것입니다.

다니엘서는 주인공 다니엘이 유다 임금 여호야킴 제3년(기원전 606년)부터 페르시아 임금 키루스 제3년(기원전 536)까지 했던 활동에 대해 이야기합니다. 그러나 기원후 3세기부터 이 책의 실제 작성 연대가 기원전 2세기의 안티오코스 에피파네스 4세 때라는 의견이 제시되었습니다. 이 책의 내용은 바로 그 시대까지 진행된 이스라엘 역사를 예견하는 것으로 되어 있고, 무엇보다도 안티오코스 에피파네스 4세가 기원전 167년에 예루살렘 성전을 모독한 사건에 대해 아주 구체적으로 언급하고 있기 때문입니다. 암담한 박해의 시대에 다니엘서는, 이 세상의 역사를 어떻게 바라보아야 할 것인지를 말해 줍니다.

네부카드네자르의 꿈

다니엘서 2장에는, 이 책이 세상의 역사를 어떻게 바라보고 있는지를 잘 보여 주는 대목이 나옵니다.

다니엘은 바빌론에 유배를 갔지만 그곳에서 뛰어난 능력을 발휘하여 왕궁에서 일하고 있습니다. 그러던 어느날 바빌론 임금 네부카드네자르가 꿈에 "머리는 순금이고 가슴과 팔은 은이고 배와 넓적다리는 청동이며, 아랫다리는 쇠이고, 발은 일부는 쇠로, 일부는 진흙으로"(다니 2,32-33) 되어 있는 신상을 보는데, 아무도 손을 대지 않았는데 돌이 그 신상을 쳐서 부수어 버립니다. 임금은 꿈의 내용을 아무에게도 알려주지 않은 채 꿈을 해몽하라고 바빌론의 현인들을 다그칩니다. 그들은 꿈의 내용을 모르고서는 해몽을 할 수 없다고 하지만, 임금은 그들을 모두 죽이겠다고 위협합니다. 이때에 다니엘이 나타나 그 꿈을 알아맞히고 그 의미도 풀이해 줍니다.

다니엘이 네부카드네자르에게 풀이해 주는 바와 같이, 네부카드네자르가 꿈에 본 신상은 네부카드네자르와 그의 뒤를 이을 왕국들을 가리킵니다. 부분적으로 의견 차이가 있기도 하지만, 대략 그 신상은 바빌론, 메디아, 페르시아, 그리고 알렉산드로스 제국을 가리키는 것으로 봅니다. 사람이 손을 쓰지 않았는데 돌이 날아와 신상을 부서뜨린다는 것은 하느님께서 직접 개입하여 인간 제국들의 역사를 끝내심을 의미합니다. 마지막에는 하느님께서 세우실 한 나라가 영원히 서게 될 것입니다.

역사를 지배하시며 그 신비를 드러내시는 하느님

그런데 이상합니다. 네부카드네자르는 왜 먼저 꿈 이야기를 들려주지 않았을까요? 그리고 그는 자신의 왕국이 멸망하리라는 예고에도 놀라지 않고, 오히려 꿈을 알아맞히고 해몽을 하는 다니엘의 지혜에 탄복합니다. 다니엘의 풀이를 들은 다음 네부카드네자르가 하는 말은 그의 왕국의 운명에 관한 질문이 아니라 "그대들의 하느님 이야말로… 신비를 드러내시는 분이시다. 그래서 그대가 이 신비를 드러낼 수 있었다"(다니 2,47)는 것입니다. 이렇게 보면, 2장은 앞으로 무슨 일이 일어날 것인지에만 관심을 기울이고 있는 것이 아닙니다. 여기서 우리는 세 가지 측면을 볼 수 있습니다.

첫째는, 다니엘서가 묵시문학으로서 지니는 특성입니다. 묵시문학에서는 감추어진 신비가 어떤 사람에게 계시된다고 했지요. 네부카드네자르에게는 꿈을 통하여 계시가 주어지고, 다니엘에게는

"밤의 환시 중에"(다니 2,19) 신비가 드러납니다. 이와 같이 하느님께서 감추어진 신비를 드러내 보이신다는 것은 묵시문학의 기본 전제입니다.

둘째는, 꿈의 내용이 보여 주는 역사관입니다. 그 꿈은 앞으로 일어날 일들에 관한 것입니다. 앞으로 일어날 일을 지금 말할 수 있는 것은 하느님께서 그 일들을 이미 알고 계시기 때문이지요. 이 점 역시 여러 묵시문학 작품에서 공통적으로 나타납니다. 역사의 흐름은 결정되어 있고 거기에는 분명한 끝이 있습니다. 특히 그 신상이 머리는 순금이지만 아래로 갈수록 점점 가치가 떨어지는 재료들로 이루어져 있다는 것은, 인간의 역사가 점점 발전하는 것이 아니라 시간이 흐를수록 이 세상에 악이 점점 더 증가하며 그 악한 세상을 하느님께서 끝내시리라는 것을 의미합니다. 이 꿈의 내용에 따르면, 다니엘서가 작성된 시기인 안티오코스 에피파네스 4세 시대는 악이 더할 수 없이 커진 시대입니다. 그러니 하느님의 심판도, 이 세상의 끝도 임박했다는 것입니다.

셋째는, 다니엘서의 하느님이 역사의 흐름을 쥐고 계신 분이시라는 점입니다. 환시를 통해 다니엘에게 신비가 드러난 다음 그는 이렇게 하느님을 찬미합니다. "지혜와 힘이 하느님의 것이니 하느님의 이름은 영원에서 영원까지 찬미받으소서. 그분은 시간과 절기를 바꾸시는 분, 임금들을 내치기도 하시고 임금들을 세우기도 하시며 현인들에게 지혜를 주시고 예지를 아는 이들에게 지식을 주시는 분이시다"(다니 2,20-21). 여기에 다니엘서 2장의 신관이 요약되어 있습니다. 하느님은 다른 어떤 존재에 의해 결정된 바를 통보하시는 분이 아니라 당신께서 행하시는 일을 알려 주시는 분으로, 사람들의 눈에는 감추어져 있는 당신의 계획과 당신의 통치를 드러내 보이십니다. 인간들의 왕국을 무너뜨리고 영원한 나라를 세우실 하늘의 하느님이시기에(다니 2,44), 누구도 흔들어놓을 수 없는 당신의 주권을 드러내십니다.

안티오코스 에피파네스 4세가 성전을 모독한 시대는, 악이 가득하여 온 세상이 캄캄하던 때였습니다. 묵시문학인 다니엘서는 그 짙은 어둠 속에서, 이제 하느님의 결정적 개입으로 새로운 시작이 이루어지리라는 희망을 불어 넣습니다.

6

지혜서

"하느님께서는 인간을 불멸의 존재로
창조하시고"(지혜 2,23)

불멸! 지금까지 구약성경의 다른 부분에서는 나오지 않았던 주제입니다. 구약성경에서 가장 작성 연대가 늦은 책인 지혜서에 이르러서야 이 주제가 부각됩니다.

전통적으로는 흔히 이 책을 "솔로몬의 지혜"라고 일컫지만, 솔로몬은 이 책의 저자일 수 없습니다. 내용상으로 볼 때 이 책의 앞부분은 헬레니즘 시대의 가치관과 유다교의 전통적 가치관 사이의 갈등을 반영하고 있습니다. 저자는 유다교와 그리스-헬레니즘 문화를 모두 잘 알고 있으며, 구약성경을 인용할 때에도 그리스어로 번역된 칠십인역을 사용하고 그리스와 로마의 철학과 문학에도 정통한 사람으로 나타나기 때문입니다. 이 책은 아마도 이집트의 알렉산드리아에서, 그리스식 교육을 받은 유다인들 사이에서 생겨난 것으로 보입니다. 작성 연대는 기원전 1세기 중반에서부터 로마가 알렉산드리아를 점령한 기원전 30년 사이가 됩니다.

인간의 지혜를 넘어 하느님의 지혜로

한동안 떠나 왔던 지혜문학으로 다시 돌아가 봅시다.

의인은 복을 받고 악인은 벌을 받는다는 것이 잠언이 말하는 고전적인 지혜의 가르침이었습니다. 그러나 그 후에, 욥기와 코헬렛은 그 원칙에 의문을 품었습니다. 불행하게 살다 죽는 의인들도 있었기 때문입니다. 내세에 대한 희망은 아직 없었습니다. 여기에서 인간의 지혜는 한계에 부딪혔습니다. 이 세상의 질서는 인간의 능력으로는 파악할 수 없는 것으로 보였습니다.

그런데 지혜서는 이 벽을 넘어섭니다. 인간 지혜의 한계에 부딪혀 벽을 넘어설 수 있는 것은, 이미 집회서에서 말한 바와 같이 하느님께서 주시는 지혜에 의지하기 때문입니다. 집회서에서 벤 시라는, 하느님께서 홀로 지혜를 갖고 계시고 그 지혜를 율법을 통해 이스라엘에게 주셨다고 말했습니다(집회 24장). 이제 지혜서는 솔로몬을 주인공으로 내세우면서, 그가 하느님께 청하여 지혜를 받았음을 강조합니다. 솔로몬도 태어날 때에는 다른 사람들과 똑같은 인간이었지만(지혜 7장), 하느님께 기도를 올리자 인간의 능력으로는 도달할 수 없는 지혜가 그에게 주어졌습니다(지혜 9장). 솔로몬이 다른 무엇보다 지혜를 청했다는 이야기는 1열왕 3장에 나오지요. 지혜서 9장에서는 그의 기도를 제시합니다. "당신께서 지혜를 주지 않으시고 그 높은 곳에서 당신의 거룩한 영을 보내지 않으시면 누가 당신의 뜻을 깨달을 수 있겠습니까?"(지혜 9,17)

의인들에게 주어지는 불멸

다음으로 인과응보 문제에 대해, 지혜서는 불멸을 말합니다. 어떻게 하면 불멸을 누릴 수 있을까요? 지혜서는 지혜를 추구함으로써라고 대답합니다. 하느님께서 주시는 지혜를 받아들임으로써 인간은 불멸을 누리게 됩니다.

이제는 의인이 이 세상에서 복을 누리지 못하거나 아니면 일찍 죽는다 해도 그것 때문에 인과응보의 원칙이 뒤흔들리지는 않습니다. 그렇게 죽은 의인은 내세에서 복을 누릴 것이기 때문입니다. 욥기의 마지막에서는 욥이 잃어버렸던 재산을 되찾고 자녀들도 다시 얻게 되지요(욥 42장). 만일 이러한 회복이 없이 그대로 욥이 죽었다면 어떻게 될까요? 지혜서에 따르면 아무 문제가 없습니다. 내세에 대한 믿음이 없었을 때에는 오래 사는 것과 후손이 많은 것이 인간이 누릴 수 있는 최대의 복이었지만, 이제는 악인으로 오래 사는 것보다 의인으로 일찍 죽어 영원한 복을 누리는 것이 낫다는 결론이 나오게 됩니다(지혜 4장). 어리석은 이들의 눈에는 의인들이 죽은 것 같이 보일지라도 그들의 영혼은 하느님 안에 있다고 말하는 지혜서 3장은, 장례 미사 때와 순교자 축일에 읽는 독서이기도 합니다.

불멸에 이르는 길

그러면, 불멸은 얻기 어려운 것일까요? 그렇지 않습니다. 여기서 지혜서는 창세기로 돌아갑니다. 하느님께서는 인간을 당신 모상대로 만드셨습니다. 그래서 인간은 본래 하느님의 본성을 닮아 불멸을 지니고 있습니다. 그런데도 인간이 죽는 것은 인간 스스로 죄를 지음으로써 죽음을 자신 안에 끌어들이기 때문입니다.

이 세상에서 살고 또 죽어가는 인간들을 바라보면, 인간은 본래 사멸할 존재라고 생각하게 되지요. 다른 문화의 신화에서도 신들은 죽지 않는 데 비하여 인간은 죽는다는 것이 신들과 인간의 차이라고 말합니다. 그래서 사멸할 인간은 정말 힘써 노력해야만 진흙 덩어리인 인간이 간신히 영원한 생명을 얻을 수 있다고 여기기 쉽습니다. 그러나 지혜서가 말하는 것은 그와 다릅니다. "하느님께서는 죽음을 만들지 않으셨고 산 이들의 멸망을 기뻐하지 않으신다. 하느님께서는 만물을 존재하라고 창조하셨으니 세상의 피조물이 다 이롭고 그 안에 파멸의 독이 없으며 저승의 지배가 세상에는 미치지 못한다"(지혜 1,13-14).

엄청난 말씀입니다. 그러나 알고 보면, 완전히 새로운 말씀은 아닙니다. 지혜서는 다른 곳이 아니라 창세기에서 그 근거를 찾고 있기 때문입니다. 하느님을 닮은 인간의 위대함과 죄에 떨어진 인간의 나약함, 인간의 그 두 모습 가운데 창세기는 인간의 선한 본성을 먼저 이야기합니다. 비록 죄로 손상되었다 하더라도 인간의 본래 모습은 선하기 때문입니다.

그래서 지혜서에서도, 지혜를 찾고 불멸을 얻는 것이 그렇게 어려운 일이라고 말하지 않습니다. "지혜는 다정한 영"(지혜 1,6), 어원적으로 말하면 '인간을 좋아하는 영'입니다. 인간이 지혜를 찾기 전에 먼저 지혜가 인간에게 오고 싶어 합니다. 비뚤어진 생각과 간악한 마음으로 그 지혜의 길을 막지 않는다면(지혜 1,3-4), 지혜는 우리에게 옵니다. 이러한 가르침을 토대로 지혜서는, 성경 말씀에 담긴 지혜에 귀를 기울이고 영원한 생명을 찾으려는 이들에게 영원한 희망이 있음을 말합니다.

종주를 마치며

저는 경복궁을 좋아합니다. 민속 박물관도 좋아하고, 고궁 박물관도 좋아합니다. 거의 매년 한 번씩 갑니다. 박물관에 전시된 유물들이 바뀌지 않아도 매번 새로운 무엇이 보이고, 경복궁을 새로 짓지 않아도 그 뜰에서는 계절마다 새로운 무엇이 보입니다. 설악산이나 제주도를 좋아하는 분이라면 더 잘 공감하실 것입니다. 매일 보아도 새롭고 놀라운 것이 산이고 섬이겠지요.

그러니 우리가 종주를 마쳤다고 해서 구약성경을 다 알았다고 말할 수 있는 것은 아닙니다. 이 종주 여정 안의 어떤 산이나 섬이나 뜰에 다시 돌아온다면 매번 새로움을 맛볼 것입니다. 그래서 시리아의 성 에프렘은 성경을 샘에 비유하여, 우리가 샘에서 마시는 분량보다 남겨 두는 것이 훨씬 더 많다고 말합니다. 목마른 사람은 샘을 다 마셔 바닥낼 수 없다고 슬퍼하지 않습니다. 오늘 마신 물은 오늘의 몫이고, 남아 있는 것은 앞으로 받을 유산입니다(연중 제6주일 독서기도 제2독서 참조). 그렇다면 아직 성경을 다 알지 못하겠다고, 이 성경에서 만나야 하는 하느님의 얼굴을 다 보지 못했다고 안타까워하지 않아도 되겠습니다.

편안한 마음으로 여행 짐을 풀어 놓습니다. 여행지에서 본 아름다운 장면들을 기억하며, "너희는 맛보고 눈여겨보아라, 주님께서 얼마나 좋으신지!"(시편 34,9)라고 말할 수 있다면 그것으로 충분합니다.

구약 종주
하느님의 얼굴을 찾는 여정

서울대교구 인가: 2017년 1월 11일
초판 1쇄 펴낸날: 2017년 8월 21일
9쇄 펴낸날: 2025년 3월 17일
지은이: 안소근
펴낸이: 나현오
펴낸곳: 성서와함께
06910 서울특별시 동작구 흑석로13길 7
Tel: (02) 822-0125~7 / Fax: (02) 822-0128
http://www.withbible.com
e-mail: order@withbible.com
등록번호 14-44(1987년 11월 25일)

ⓒ 2017 안소근
성경 ⓒ 한국천주교중앙협의회

ISBN 978-89-7635-318-4 93230

*이 책에 실린 내용은 펴낸이의 허가 없이 전재 및 복제할 수 없습니다.